Auf den Spuren des Buddha

Paul H. Köppler

Auf den Spuren des Buddha

Die schönsten Legenden
aus dem Leben des Erleuchteten

Mit einem Vorwort
von Thich Nhat Hanh

O. W. Barth

Anfragen zu weiterführender Literatur, Lehre des Buddha und zeitgemäßer Praxis der Meditation an:

WALDHAUS AM LAACHER SEE
Zentrum für Buddhismus und bewusstes Leben
Seminarhaus des Vereines «Buddhismus im Westen»
Heimschule 1
D-56645 Nickenich
Tel.: 02636/3344
e-mail: budwest@t-online.de
homepage: www.buddhismus-im-westen.de

Erste Auflage 2001

Inhalt

Vorwort

Der Buddha und alle weisen Menschen sind nicht tot. Sie leben in uns – wenn wir sie verstehen und ihren Wegen folgen.

Geschichten über weise Menschen sind ein wunderbarer Weg, ihre Lehren zu verstehen, zu berühren, ihre Wahrheit zu verwirklichen. Die Geschichten in diesem Buch öffnen uns das Tor zum alten Indien und helfen uns, tief in unser Herz zu schauen.

So wie in diesen Legenden beschrieben, könnte der erwachte Siddhattha Gotama gelebt und gewirkt haben. So könnte er kleinste Begebenheiten und große Tragödien zum Anlass genommen haben, den Menschen aller Klassen den universellen Weg zur inneren Befreiung zu weisen.

Diese Geschichten zeigen uns Menschen in ihren Ängsten und Nöten, in ihrem Streben nach Glück und auf der Suche nach Wahrheit. Sie sind ein Spiegel des Lebens, in dem wir uns selbst erkennen können.

Vor allem aber zeigen sie uns jenseits von allen Systemen und Dogmen einen schlichten, aber umfassenden Weg zur Bewältigung unserer Probleme, zum Erlangen von Glück und zum Erwachen.

Mögen viele Menschen von den Worten und Taten des Buddha berührt werden und sich aufmachen, um aus dem Traum zu erwachen und die wahre Schönheit des Lebens zu erkennen.

Plum Village (Frankreich), im Jahre 2001

Thich Nhat Hanh

Einführung

Diese kleinen Weisheitsgeschichten lagen verstreut in alten buddhistischen Texten, in Lehrreden und in den Legenden zum *Dhammapada* – einer uralten Sammlung von Sprüchen, die als das Wort des Buddha betrachtet werden. Schon bei der ersten Begegnung faszinierten mich diese lebendigen Erzählungen von Menschen in Indien vor mehr als 2500 Jahren, doch muss ich gestehen, dass ihre Schönheit oft verdeckt war durch kulturellen Ballast, den indischen Hang zur Übertreibung und eine Neigung zur Magie, missverständliche Begriffe und Deutungen sowie patriarchales Gehabe. Es bedeutete lange Jahre der Sichtung und Reinigung, des Zusammenfügens, Restaurierens und des Ins-rechte-Licht-Setzens. Trotzdem drohte das Vorhaben manchmal zu scheitern, wäre da nicht als hell strahlende Leitlinie die Überzeugung gewesen, dass jede einzelne Geschichte einen tiefen Sinn offenbart und dass alle Änderungen der ursprünglichen Texte nur dazu dienen sollten, diesen Sinn klarer und verständlicher zum Ausdruck zu bringen. So sind es schließlich freie Nacherzählungen geworden, von denen ich hoffe, dass sie die großartige Schönheit und tiefe Weisheit dieser alten geistigen Kultur für Menschen von heute sichtbar machen.

Ich denke, dass diese oft einfachen und manchmal phantastischen Begebenheiten aus dem Leben eines Mannes namens Siddhattha Gotama, genannt der Buddha, in der vorliegenden Form für Jung und Alt leicht verständlich sind, obwohl sich die vielen Schichten der tieferen Bedeutungen erst nach und nach enthüllen werden. Im Laufe meiner Arbeit habe ich die Überzeugung gewonnen, dass jede der Geschichten einen wahren Kern hat und die echten Worte des Buddha enthält. Ich habe versucht, mich in die Art und Weise hineinzuversetzen, wie der Buddha seine Lehre vermittelte, bin mir aber bewusst, dass selbst dann, wenn ich den Buddha sprechen lasse, meine eigene Erfahrung und meine Interpretation der Lehre einen entscheidenden Platz einnehmen. Nur die ständige Praxis der Meditation gab mir schließlich den Mut, mich an diese Aufgabe zu wagen und dem Buddha selbst eine Stimme in unserer Sprache zu geben. Für alle Abweichungen von der wahren Lehre möchte ich alle Buddhas und alle Weisen an dieser Stelle um Verzeihung bitten. Außerdem danke ich all den wunderbaren Lehrerinnen und Lehrern, den Freundinnen und Freunden auf dem Weg sowie meiner Familie, die bewusst oder unbewusst zur zeitgemäßen Gestaltung dieser Geschichten beigetragen haben.

Ich meine, dass diese Legenden allgemein gültige Weisheiten zum Leuchten bringen und auf eine praktische und lebendige Art Wege und Methoden vorführen, die uns die innere Freiheit erlangen lassen. Sie zeigen das Bild eines Mannes, der eine große Bewegung ins Rollen brachte, und demonstrieren, dass seine Lehre kein religiöses Konzept ist, sondern auf etwas abzielt, das jeder Mensch in sich verwirklichen kann. Nicht zuletzt führen sie vor Augen, wie viele Menschen dem Beispiel des Buddha folgten und die Erleuchtung erlangten.

Da in diesen Geschichten die verschiedensten Aspekte der Lehre behandelt werden, bin ich sicher, dass diese Sammlung auch eine kleine Einführung in den Buddhismus darstellt. So hoffe ich, dass Menschen, die nichts von Buddhas Lehre wissen und besonders Kinder (bei vielen Geschichten war mein Sohn der erste Zuhörer) mit diesen Legenden ein Tor zu dieser geistigen Welt finden.

In diesem Sinn wünsche ich mir, dass durch das Lesen und Zuhören viele heilsame Samen gelegt werden, die bald zu wunderbaren Blumen des Erwachens heranwachsen sollen.

Mögen alle Wesen den Weg zur inneren Freiheit finden.

Die Erleuchtung des Fürstensohnes

Siddhattha Gotama, den man später den Buddha – das heißt den Erwachten – nannte, wurde vor mehr als 2500 Jahren in Indien als Sohn eines reichen Fürsten geboren. Die Legende berichtet, dass er schon in vielen früheren Leben sehr verdienstvolle Werke vollbracht hatte. So war er vor sehr langer Zeit ein Brahmane namens Sumedha gewesen, der als Einsiedler gelebt und hohe Stufen der Meditation erreicht hatte. Diesem wurde von einem erleuchteten Meister prophezeit, dass er in ferner Zukunft als ein Buddha in der Welt erscheinen werde. Im nachfolgenden Leben war er ein reicher Mann namens Vessantara, der sich durch außerordentliche Großzügigkeit auszeichnete. Außerdem soll er lange Zeit als ein göttliches Wesen in einer Himmelswelt verbracht haben.

Schließlich wurde er als Sohn eines Fürsten im Norden Indiens als Prinz Siddhattha Gotama wieder geboren. Kurz nach der Geburt wurde ihm von einem Weisen namens Asita eine großartige Zukunft als erleuchteter Lehrer der Menschheit vorausgesagt.

Er wuchs in Glanz und Luxus auf und entwickelte sich zu einem schönen Jüngling, dem es an nichts fehlte. Entsprechend der Jahreszeit verbrachte er seine Tage in verschiedenen Palästen und führte ein behütetes Leben. Er wurde dazu erzogen, die Nachfolge seines Vaters anzutreten, und mit einer standesgemäßen Frau verheiratet.

Doch dann hatte er bei Ausflügen in seinem Fürstentum an drei aufeinander folgenden Tagen drei einschneidende Erlebnisse. Das erste Mal in seinem Leben wurde er mit einem alten Mann, mit einem Kranken und schließlich mit einem Toten konfrontiert. Jedes Mal kam er tief bewegt angesichts der Unvollkommenheit des Lebens nach Hause zurück. Am vierten Tag traf er einen Asketen, einen Mann, der sich von der Welt zurückgezogen hatte, von Almosen lebte und auf der Suche nach dem wahren Sinn des Lebens war. «Wäre es nicht besser, wenn ich mich auch von der Welt zurückziehen und das Leben eines Asketen führen würde», dachte er, und eine tiefe Sehnsucht ließ ihn nicht mehr los. Er ging in den Garten und verbrachte einen ganzen Tag auf einer Bank, indem er über die Sache nachdachte. An diesem Tag erhielt er die Nachricht, dass ihm seine Frau Yasodhara einen Sohn namens Rahula geboren hatte. Er spürte die Liebe für seinen neugeborenen Sohn und dachte: «Dieses Kind wird mich sehr stark an die Welt binden.»

Als er in den Palast zurückgekehrt war, hörte er eine Verwandte singen: «Wahrhaft glücklich ist diese Mutter, glücklich ist dieser Vater, glücklich ist diese Frau, die diesen Prinzen zum Ehemann hat.»

Nachdem er das gehört hatte, zweifelte er an seinem Wunsch, als Asket zu leben, und meinte: «Diese Frau zeigt mir, dass mein wahres Glück nur bei meiner Familie zu finden ist.» In seinen Gemächern legte er sich auf ein Sofa. Wie jeden Tag gab es in seinem Palast Musik, Tanz und berauschende Getränke. Je länger er das ausgelassene Treiben beobachtete, desto geringer wurde seine Freude daran, und seine Abneigung wurde immer größer. Schließlich sanken zu später Stunde all die schön gekleideten, berauschten Menschen zu Boden und lagen mit verdrehten Gliedern und offenen Mündern da. Der Prinz betrachtete sie mit größter Abscheu. So zu leben erschien ihm plötzlich völlig sinnlos. Heimlich und schweren Herzens rief er noch in der gleichen Nacht seinen Wagenlenker Channa, ließ die Pferde anspannen und machte sich auf den Weg in die Einsamkeit. Beim Fluss Anoma legte er seine kostbaren Gewänder ab, schnitt sich die langen Haare ab und wickelte sich in ein einfaches Tuch. So zog er sich vom gewöhnlichen Treiben der Welt zurück und lebte von da an das bescheidene Leben eines wandernden Asketen.

Zuerst hielt er sich in der Nähe von Rajagaha auf, wo er um Almosen bettelte. Dann wanderte er zum Berg Pandava und lebte dort in einer Höhle. Bimbisara, der König von Magadha, fand Gefallen an dem edlen Mann und bot ihm schließlich an, sein Nachfolger zu werden. Der Asket Gotama lehnte dieses Angebot ab, aber er versprach dem König, ihn zu besuchen, sobald er den Sinn des Lebens und die Wahrheit gefunden habe.

Dann suchte er Alara, einen berühmten geistigen Lehrer seiner Zeit, auf. Er studierte bei ihm, bis er all seine Lehren verstanden und verwirklicht hatte. Anschließend ließ er sich noch von einem weiteren Lehrer namens Uddaka unterweisen. Da er aber bei beiden nicht an das Ziel seiner Wünsche gelangte, das in völliger Freiheit bestand, zog er weiter und übte sechs Jahre lang allein. Nachdem er lange Zeit gefastet hatte und schon sehr geschwächt war, erkannte er diesen extremen Weg der Askese als Irrtum und begann wieder regelmäßig zu essen.

Einen Tag vor Vollmond verbrachte er im Mahavana-Hain in tiefer Meditation. Schließlich brachte ihm ein Hirtenjunge ein Bündel frisch geschnittenes Gras. Als er sich darauf setzte, fasste er den Entschluss: «Ich will nicht aufstehen, bevor ich die vollkommene Erleuchtung erlangt habe.»

So setzte er sich unter den Bodhi-Baum mit dem Gesicht nach Osten. Noch ehe die Sonne untergegangen war, hatte er alles Negative in sich überwunden. Im ersten Drittel der Nacht erkannte er viele seiner zahllosen vorhergegangenen Existenzformen. Im zweiten Drittel erkannte er die Natur der Vergänglichkeit und den ewigen Kreislauf der Existenzen und erlangte außergewöhnliche geistige Fähigkeiten. Im letzten Teil der Nacht entwickelte er unendliches Mitgefühl für alle Wesen und richtete seine Achtsamkeit auf die Einheit allen Lebens. So erlangte er bei Sonnenaufgang die Erleuchtung, wurde der vollkommen Erwachte. Während er ausatmete, sprach er zum ersten Mal folgende Worte, deren Bedeutung alle Erleuchteten zu allen Zeiten verstehen.

> Ohne Sinn und Zweck bin ich durch eine unendliche Zahl von Existenzen gewandert und habe den Schöpfer dieser Welt gesucht.
> Immer wieder geboren zu werden bringt keinen wahren Frieden.

Nun sehe ich dich, Schöpfer, du sollst mir kein Haus mehr bauen. Die Mauern sind eingefallen, und die Pläne sind vernichtet. Mein Geist ruht im inneren Frieden und wird nie mehr nach irgendetwas verlangen.

Sieben Wochen verbrachte er an diesem Ort im Besitz vollkommener Weisheit. In der achten Woche wanderte er weiter, meditierte unter Bäumen und dachte über die Tiefe der Lehre nach. Schließlich zweifelte er an seiner Fähigkeit, diese anderen zu vermitteln.

Die Legende berichtet, dass der oberste Gott Brahma mit seinem ganzen Gefolge kam und ihn bat, die Lehre zu verbreiten. Gotama sah auf die Welt mit den Augen eines Erleuchteten und fragte: «Wem soll ich die Lehre zuerst verkünden?» Seine ehemaligen Lehrer Alara und Uddaka waren schon gestorben, aber dann erinnerte er sich an fünf Gefährten aus den Anfangszeiten seines Asketenlebens. So wanderte er nach Benares. Er war noch nicht lange unterwegs, da begegnet ihm der Asket Upaka, der selbst auf der Suche nach der Wahrheit war. Der Asket blieb stehen und sagte: «Bruder, du siehst so heiter und gelassen aus, du strahlst Ruhe und Klarheit aus. Sag mir, wer ist dein Lehrer, und welcher Lehre folgst du?» Der Buddha schaute ihn freundlich an und antwortete: «Ich folge keinem Lehrer. Ich habe alles überwunden, und ich weiß alles. Ich bin vollkommen frei. Ich habe alles abgelegt und das Begehren aufgelöst. So habe ich die Befreiung erlangt. Da ich dieses unvergleichliche Wissen selbst gefunden habe, kann ich nicht sagen, dass irgendjemand mein Lehrer ist.» Upaka ließ weder Zustimmung noch Ablehnung erkennen, zuckte mit den Schultern und setzte seinen Weg fort. Zwei Monate später erreichte der Buddha zu Vollmond den Gazellenhain, in dem die fünf Asketen wohnten. Dort hielt er seine erste Rede und setzte damit das Rad der Lehre in Bewegung, das sich bis heute dreht. Am fünften Tag nach seiner Ankunft erlangten durch seine Belehrungen alle fünf Asketen die Erleuchtung.

Eines Tages kam ein edler Mann namens Yasa, der nach kurzer Zeit Vertrauen zum Buddha fasste. Er war bereit, sein Haus zu verlassen, und der Buddha nahm ihn in seine Gemeinschaft auf mit den Worten: «Komm, Yasa.» Schon am folgenden Tag erlangte Yasa durch die Belehrungen die Erleuchtung. Der Buddha nahm noch weitere Männer in seine Gemeinschaft auf und machte sie zu Mönchen eines neuen Ordens.

In kurzer Zeit hatte er 60 erwachte Mönche um sich versammelt. Er ermutigte sie, auf Wanderschaft zu gehen, mit den Worten: «Geht, Brüder, und verbreitet die Lehre.» Er selbst ging nach Uruvela, gewann weitere Anhänger, nahm eine große Zahl von ihnen als Mönche in seinen neuen Orden auf und führte viele zur inneren Befreiung. Er bekehrte einige Asketen, die selbst zahlreiche Schüler hatten, und so kam es, dass sein Orden sehr schnell wuchs.

Als er schließlich König Bimbisara wie versprochen aufsuchte, umfasste seine Gefolgschaft bereits einige hundert Anhänger.

Schnell verbreitete sich die Kunde: «Der Buddha kommt.» Bei König Bimbisara hielt der Buddha eine Rede, die viel Beifall fand und den König sowie einige Brahmanen von seiner Lehre überzeugte.

Schließlich ging der Buddha nach Rajagaha, und ein reicher Anhänger seiner Lehre namens Veluvana stiftete ein großes Gelände, auf dem Hallen und Unterkünfte für die Mönche errichtet wurden. Wenn die Regenzeit das Wandern im Lande zu beschwerlich machte, verbrachten der Buddha und seine Mönche (später wurden auch Klöster für Nonnen gebaut) ihre Zeit mit Meditation und Studium an solchen Plätzen.

QUELLE: Buddhistische Legenden zum *Dhammapada*, Buch 1, Geschichte 8, Buch 11, Geschichte 8, und Buch 24, Geschichte 9, Spruch 153, 154 und 353. Mittlere Sammlung, Rede 26 und 36.

Der Stellvertreter des Buddha

Sariputta und Moggallana stammten aus befreundeten Brahmanenfamilien und wuchsen zusammen auf. Sie waren reich und hatten die beste Erziehung.

Eines Tages nahmen die beiden jungen Männer an einem großen Fest in ihrer Stadt Rajagaha teil. Es gab Spiele und Kämpfe und sie vergnügten sich, lachten und weinten, machten viele Geschenke und gaben Almosen. Das Fest dauerte sieben Tage, und den jungen Männern erschien das ganze Treiben zunehmend leer und sinnlos. Sie hörten auf zu lachen und zu weinen und machten keine Geschenke mehr, denn beide hatten den einen Gedanken. «Warum sehen wir uns das alles an? Ehe hundert Jahre vorbei sind, werden alle diese Leute gestorben sein. Wir sollten uns nicht so vergnügen, sondern lieber etwas Sinnvolles tun.»

Sie wurden immer stiller, und schließlich sagte Moggallana: «Freund, du siehst so melancholisch aus und freust dich gar nicht mehr. Was hast du?»

Sariputta antwortete: «Lieber Freund, ich dachte eben, dass es mir keine Freude bereitet, all diesen Leuten zuzuschauen. Das bringt alles nichts. Es wäre besser, wenn ich nach einem Weg zum inneren Frieden suchen würde. Aber du siehst auch nicht gerade glücklich aus.» Da erzählte ihm Moggallana, dass er den gleichen Gedanken gehabt hatte.

Daraufhin beschlossen sie, sich vom gewöhnlichen Treiben der

Welt zurückzuziehen und ihr Leben der Suche nach einem Weg zum inneren Frieden zu widmen.

Zu dieser Zeit kam ein wandernder Asket namens Sanjaya in die Stadt, und die beiden schlossen sich ihm an. Während sie seine Schüler waren, erreichte Sanjaya den Gipfel seiner Berühmtheit. Nach kurzer Zeit hatten sie jedoch alles verstanden, was er lehrte, und fragten ihn: «Ist das die ganze Lehre, die Ihr vermittelt, oder gibt es noch mehr?» «Das ist alles», antwortete er. «Ihr wisst jetzt alles.»

Da dachten die beiden: «Wenn das der Fall ist, so bringt es uns nichts mehr, bei diesem Lehrer zu bleiben. Den Weg zur inneren Freiheit können wir hier nicht finden. Aber unser Land ist groß. Wir sollten reisen und Städte, Dörfer und Märkte aufsuchen. Dann werden wir sicher einen Lehrer treffen, der uns den Weg zeigen kann.»

So machten sie sich auf, und wann immer sie von einem gelehrten Mönch, einem Brahmanen oder Asketen hörten, gingen sie hin und sprachen mit ihm. Aber die Fragen, die sie hatten, wurden nicht zu ihrer Zufriedenheit beantwortet. Im Gegenteil: Sie konnten alle Fragen beantworten, die man ihnen stellte. Nachdem sie lange so gereist waren, beschlossen sie, nach Hause zurückzukehren. Ehe sie sich trennten, sagte Sariputta: «Lieber Freund, wer von uns beiden zuerst die Befreiung vom Tod erreicht, soll dem anderen auch den Weg zeigen.» Mit dieser Abmachung verabschiedeten sie sich voneinander.

Zu dieser Zeit lebte der Buddha im Kloster des Veluvana und hatte soeben seine 60 erwachten Mönche ausgeschickt, um zu lehren und zu predigen. Einer von ihnen, Assaji, blieb in der Stadt und machte am nächsten Morgen seinen Almosengang. Auf dem Weg begegnete er Sariputta. Als dieser den Mönch des Buddha sah, dachte er: «Noch nie habe ich so einen Asketen gesehen. Er muss einer von denen sein, die auf dem Weg zum inneren Frieden sind oder ihn gar schon erlangt haben.»

Er folgte dem Mönch, der von Haus zu Haus ging, um Almosen zu erhalten. Dann wartete er, bis der Mönch gegessen hatte, und bot ihm Wasser an. Schließlich sagte er: «Du siehst ruhig und gelassen aus, Bruder, rein und klar ist deine Ausstrahlung. Wer ist dein Lehrer, und welcher Lehre folgst du?»

Der Mönch dachte: «Diese wandernden Asketen sind oft feindlich gegenüber anderen Lehren eingestellt. Daher muss ich versuchen, ihm die Tiefe der Lehre des Buddha begreiflich zu machen.» Aber zunächst sagte er: «Ich bin noch nicht lange Mönch und habe erst wenig von der Lehre gehört, deswegen kann ich sie auch nicht ausführlich darlegen.» Sariputta aber antwortete: «Sag mir so viel oder so wenig, wie es deinen Fähigkeiten entspricht, ich werde es schon verstehen. Erkläre mir nur die Essenz deiner Lehre. Du brauchst nicht viele Worte zu machen.»

Der Mönch erwiderte: «Mein Meister wird der Buddha, der Erwachte, der vollkommen Erleuchtete, genannt. Er zeigt uns den Weg zur inneren Befreiung.» «Aber wie, mein lieber Freund, zeigt er den Weg?», wollte Sariputta wissen.

«Er hat die Wurzel gefunden, aus der alles entsteht. Er zeigt den Grund des ewigen Kreislaufes und die Ursache für alles Leben und Leiden», antwortete der Mönch.

Kaum hatte Sariputta das gehört, spürte er, dass hier eine große Wahrheit verkündet wurde. Obwohl er noch nicht verstand, wusste er, dass dies der Weg zum inneren Frieden war. Als der Mönch das merkte, setzte er seine Rede fort: «Außerdem hat der weise Buddha gezeigt, wie die Ursache für jedes Entstehen durchschaut und aufgelöst werden kann.»

Auch wenn Sariputta durch diese Worte noch keine wirkliche Einsicht gewonnen hatte, wollte er einen Lehrer, der etwas so Außergewöhnliches lehrte, selbst kennen lernen, und deshalb sagte er: «Erkläre mir nichts mehr; es ist genug für mich. Wo finde ich deinen Lehrer?»

«Im Kloster des Veluvana, Bruder», antwortete der Mönch Assaji.

Sariputta fuhr fort: «Ich habe einen Freund, der auch die Wahrheit sucht. Zuerst will ich zu ihm, und gemeinsam werden wir dann zu deinem Lehrer gehen. Dein Weg ist auch unser Weg.»

Als er zu Moggallana kam, sagte dieser: «Heute hast du eine ganz besondere Ausstrahlung, lieber Freund, hast du vielleicht die innere Befreiung erreicht?» Sariputta antwortete: «Ich bin sicher, den Weg dahin gefunden zu haben», und er wiederholte, was er von Assaji gehört hatte. Auch Moggallana spürte die Wahrheit dieser Worte, und beide beschlossen, den Buddha aufzusuchen.

Sariputta aber sagte: «Wir wollen zuerst unserem früheren Lehrer von dieser Lehre berichten. Sie müsste auch seinen Geist erwecken. Er wird sie sicher verstehen und mit uns kommen.

Als sie bei Sanjaya angekommen waren, fragte dieser: «Meine Freunde, habt ihr bei eurer Suche nach der Wahrheit Erfolg gehabt. Habt ihr eine Lehre gefunden, die zur vollkommenen inneren Befreiung führt?»

Die beiden antworteten: «Ja, wir haben einen Lehrer gefunden. Er wird der Buddha, der Erleuchtete, genannt, er soll den Menschen zeigen können, was der Grund für das Leben ist und wie man das Leiden überwinden und völlig frei werden kann. Wir wollen ihn unbedingt aufsuchen und von ihm lernen. Kommt und begleitet uns zu ihm.»

Sanjaya jedoch antwortete: «Geht ihr nur. Ich kann nicht.»

«Warum?», fragten sie ihn.

«Ich bin selbst ein Lehrer für viele Menschen. Für mich wäre es genauso seltsam, wieder Schüler zu werden, wie für einen flüggen Vogel, zurück ins Nest zu kriechen. Ich kann nicht mehr das Leben eines Schülers führen.»

«Überlegt es Euch», sagten die beiden, aber Sanjaya wiederholte: «Ihr mögt gehen, ich kann nicht.»

Sariputta beharrte: «Von überall her werden die Menschen kommen, um den Buddha zu verehren und ihn zu hören. Wollt Ihr nicht doch mitkommen? Was habt Ihr zu verlieren?»

Aber Sanjaya antwortete: «Liebe Freunde, sagt mir, gibt es mehr Dumme oder mehr Weise in dieser Welt?»

Sie sagten: «Dumme gibt es unzählige, aber Weise nur wenige.»

Da antwortete Sanjaya: «Gut, Freunde, dann lasst die Weisen zum weisen Buddha gehen, und die Dummen sollen zu mir, dem dummen Sanjaya, kommen.»

«Damit wirst du sicher noch viele Schüler gewinnen», sagten die beiden und verabschiedeten sich.

Nachdem sie gegangen waren, sprach sich die Begebenheit herum, und ungefähr die Hälfte seiner Schüler verließ Sanjaya, um den Erleuchteten zu hören. Sanjaya brach daraufhin weinend zusammen.

Der Buddha saß inmitten seiner Mönche, als sich Sariputta und Moggallana näherten, und sagte zu den anderen: «Hier kommen zwei Asketen, die die Wahrheit suchen.» Die beiden Freunde verbeugten sich ehrfurchtsvoll, setzten sich und baten um Aufnahme in die Gemeinschaft. Der Erwachte nahm sie mit den Worten auf: «Kommt, Brüder, ich kann euch den Weg zur Erleuchtung zeigen. Von nun führt das einfache Leben der Mönche meiner Gemeinschaft. Unser Ziel ist es, alles Leiden zu beenden und das Reich ohne Geburt und Tod zu finden.»

Obwohl der Buddha ihnen persönlich die Lehre darlegte, gelang es ihnen nicht gleich, das höchste Ziel, die Erleuchtung, zu erreichen. Moggallana übte ausdauernd, aber am siebenten Tag nach seiner Aufnahme in die Gemeinschaft wurde er träge und müde. Der Buddha zeigte ihm einen Weg zur Überwindung der Trägheit. Durch intensive Meditation der Achtsamkeit auf Körper und Geist gelang es Moggallana schließlich doch, das höchste Ziel des Weges zu erreichen.

Sariputta verbrachte 14 Tage in einer Höhle in der Nähe von Rajagaha, wo er intensiv übte. Schließlich hörte er eine Lehrrede des Buddha, die ihm ein junger Mönch vortrug. Er richtete seinen Geist ausschließlich auf den Sinn dieser Rede aus und erlangte am Ende ebenfalls die höchste Erkenntnis und wurde vollkommen erleuchtet.

Bei einer Versammlung erkannte der Buddha, dass seine Gemeinschaft so groß geworden war, dass er sich nicht mehr um alles kümmern konnte. Deshalb bestimmte er Sariputta und Moggallana zu seinen Stellvertretern und gab ihnen die ersten Plätze nach sich selbst. Die anderen Mönche waren überrascht und fragten: «Warum sind nicht die zu deinen Stellvertretern ernannt worden, die zuerst gekommen sind?»

Der Buddha antwortete: «Brüder, ich gebe allen Mönchen nur das, was sie sich schon in früheren Leben ganz fest gewünscht haben. Mein erster Schüler, Anna-Kondanna, zum Beispiel, hatte niemals die Absicht, ranghöchster Mönch zu werden. Er wollte einfach nur der Erste sein, der durch einen Buddha die Erleuchtung erlangt. Sariputta jedoch hat sich vor langer Zeit gewünscht: ‹Möge ich in ferner Zukunft der Stellvertreter eines Buddha werden.› Und Moggallana ebenfalls. Auf diese Weise haben sie heute genau das erhalten, was sie wollten. Was ich gebe, gebe ich ohne persönliche Vorliebe.»

Nachdem der Buddha so gesprochen hatte, wurden Sariputta und Mogallana als die obersten Mönche der Gemeinschaft akzeptiert. Bei passender Gelegenheit erzählten sie, wie sie von dem Mönch Assaji zum ersten Mal von der Lehre gehört hatten. Dann berichteten sie von ihrem früheren Lehrer Sanjaya, indem sie sagten: «Verehrter Meister, ehe wir zu dir kamen, haben wir unseren ehemaligen Lehrer besucht und uns bemüht, ihn von der Tiefe deiner Lehre zu überzeugen. Wir wollten ihn mitbringen. Aber er lehnte ab und sagte, er könne nicht wieder Schüler werden. Er sagte: ‹Lasst die Weisen zum weisen Buddha gehen, und die Dummen sollen zu mir, dem dummen Sanjaya, kommen.›»

Da antwortete der Buddha: «Sanjaya hat keine wirkliche Einsicht, und deswegen kann er nicht zwischen Falsch und Richtig unterscheiden. Wenn wir keine Einsicht haben, hängen wir an unseren Ansichten und halten sie für immer gültig. So kann es sein, dass wir Falsches als wahr ansehen und Wahres als falsch. Macht euch eure Ansichten bewusst. Wir müssen uns bemühen, sie zu erkennen. Erst dann können wir uns von ihnen befreien und so das Tor zum wahren Wissen öffnen.»

QUELLE: Buddhistische Legenden zum *Dhammapada*, Buch 1, Geschichte 8, Spruch 11 und 12.

Sariputtas Gleichmut

Ein Priester besuchte einmal das Kloster im Jetavana-Hain und unterhielt sich mit einer Gruppe von Schülern des ehrwürdigen Sariputta. Die Mönche erzählten von den Tugenden ihres Lehrers und sagten unter anderem: «Unser verehrter Meister ist ein Vorbild an Geduld. Selbst wenn ihn jemand beleidigte oder schlüge, würde er keine Spur von Ärger zeigen.» «Vielleicht hat ihn noch nie jemand richtig beleidigt oder geärgert», sagte der Priester, aber die Mönche blieben bei ihrer Überzeugung. Da dachte der Priester: «Ich werde den Lehrer provozieren. Es gibt niemanden, der nicht wütend wird.» Er wartete, bis Sariputta mit seiner Begleitung den Almosengang antrat, dann näherte er sich ihm und gab ihm einen heftigen Schlag ins Gesicht.

Sariputta schaute ihn verwundert an und fragte: «Was war das?» Als der Priester kein Wort herausbrachte, setzte er lächelnd seinen Weg fort.

Der Gleichmut des Mönchs berührte den Priester derart, dass ihn sofort die Reue packte. Er lief Sariputta hinterher, kniete sich vor ihm auf den Boden, berührte seine Füße und rief: «Verzeiht mir, verehrter Meister!» «Wovon sprichst du?», fragte der Lehrer. «Ich wollte Euren Gleichmut prüfen und habe Euch geschlagen.» «In Ordnung, ich verzeihe dir», antwortete Sariputta. Der Priester bezweifelte jedoch, dass Sariputta es ernst meinte, und sagte: «Wenn Ihr mir wirklich verzeiht, dann kommt bitte in mein Haus und nehmt dort Euer Essen ein.» Sariputta überreichte ihm als Zeichen der Einwilligung seine Bettelschale.

Die zahlreichen Begleiter Sariputtas hatten den Vorfall gesehen und waren über das Verhalten des Priesters empört. Sie folgten den beiden, und als Sariputta das Haus betreten wollte, stellten sie sich ihm in den Weg und sagten: «Verehrter Lehrer, dieser Priester ist ein schlechter Mensch. Wir sollten nicht in ein Haus gehen, in dem wir nicht anständig behandelt werden. Geht nicht hinein.» Sariputta fragte: «Was hat der Priester getan?» «Habt Ihr es nicht bemerkt? Er hat Euch geschlagen», antworteten sie erstaunt. «Ihr sagt es. Er hat mich geschlagen. Und ich habe ihm verziehen. Wenn ihr dieses Haus nicht aufsuchen wollt, so geht weiter. Ich werde seiner Einladung folgen.» So entließ er seine Begleiter und nahm seine Mahlzeit im Haus des Priesters ein.

Die Mönche aber waren immer noch erzürnt, und abends, während der Versammlung, brachten sie die Sache vor den Buddha und sagten: «Unser Lehrer wurde geschlagen und hat trotzdem das Haus seines Gegners aufgesucht. Ist das nicht unter der Würde eines Stellvertreters des Buddha? Verliert er so nicht jeden Respekt in der Öffentlichkeit, bis die Leute sagen: ‹Ach, die Mönche lassen sich beleidigen und laufen jedem nach, um ihr Essen zu bekommen›?»

Der Buddha hielt ihnen einen Vortrag über die Tugend des Gleichmuts und sprach folgende Worte: «Wie wird man gleichmütig? Wenn man etwas sieht und genau beobachtet, wird man erkennen, dass dadurch eine angenehme oder eine unangenehme Empfindung ausgelöst wird. Das führt zu einer inneren Bewegung. Dabei muss man sich klar machen, dass man von solch einer Bewegung frei werden möchte – so kann diese Bewegung zur Ruhe kommen. Auf diese Weise vermag sich echter Gleichmut einzustellen. Das Gleiche kann man üben, wenn man etwas hört, riecht, schmeckt, fühlt oder denkt. Mit der Zeit wird man erschrecken über die Gewalt der angenehmen und unangenehmen Empfindungen. Man möchte nicht mehr das Opfer dieser inneren Bewegung sein und man wird erkennen, dass man die Fähigkeit hat, frei davon zu werden. Schließlich kann man durch weises Betrachten und Erkennen die innere Bewegung überwinden und Meister der Sinne werden. So wird man klar, bewusst und gleichmütig.»

Am Ende der Rede kam der Erwachte nochmals auf seinen Stellvertreter zu sprechen: «Der ehrwürdige Sariputta hat alles erreicht, was es auf dem Weg zu erreichen gibt. Er kann keinen Ärger mehr empfinden. Wenn er einem Menschen verzeiht, der Schlechtes getan hat, so ist ihm verziehen. Zweifelt nicht an Sariputta. Wer das Ziel des Weges erreicht hat, durchschaut die Menschen und handelt zu ihrem Wohle. Wer so weit ist wie Sariputta, dessen Würde kann durch nichts geschmälert werden.»

Quelle: Buddhistische Legenden zum *Dhammapada*, Buch 26, Geschichte 7, Strophe 389 und 390. Mittlere Sammlung, Rede 152.

Rahula, der Sohn des Buddha

Einige Monate nach seiner Erleuchtung besuchte der Buddha mit einem großen Gefolge seine alte Heimat. Er hielt Lehrreden und beeindruckte viele seiner Verwandten. Mancher junge Mann wurde ein Mönch.

Am siebten Tag seines Aufenthalts schickte Yasodhara, die ehemalige Frau des Buddha, ihren gemeinsamen Sohn Rahula mit folgenden Worten zu dem großen Meister: «Lieber Sohn, geh zu diesem Mönch, der ein solch großes Gefolge hat und den die Menschen so verehren. Er ist dein Vater. Früher einmal besaß er großen Reichtum. Seitdem er sich aus der Welt zurückgezogen hat, haben wir ihn nicht mehr gesehen. Frag ihn nach deinem Erbteil, indem du sagst: ‹Lieber Vater, ich bin ein Prinz, und sobald ich geweiht bin, werde ich Herrscher über viele Länder sein. Dazu brauche ich aber Geld. Gib mir deinen Reichtum, denn ein Sohn soll das Erbe seines Vaters bekommen.›»

So vorbereitet ging Rahula zum Buddha. In dem Augenblick, in dem er ihn sah, spürte er eine herzliche Zuneigung zu seinem Vater, Freude erfüllte sein Herz, und er sagte: «Mönch, ich bin froh, dich endlich zu sehen.» Es folgten noch mehr schöne Worte.

Nachdem der Buddha gegessen hatte, sprach er Worte des Segens, stand auf und ging. Rahula aber folgte ihm auf Schritt und Tritt und wiederholte, was seine Mutter ihm gesagt hatte. Der Buddha ging schweigend weiter. Er wies Rahula nicht zurück, und so konnten ihn auch seine Mönche nicht davon abhalten, seinen

Vater zu begleiten. Als sie ein Wäldchen erreichten, setzte sich der Buddha und überlegte: «Das weltliche Erbe, das dieser Junge will, wird ihm nur Leid und Schwierigkeiten bringen. Deswegen will ich ihm das geistige Erbe geben, das ich unter dem Bodhi-Baum bekommen habe. Ich werde ihn zum Herrn eines Erbes machen, das mit der gewöhnlichen Welt nicht zu vergleichen ist.»

Also sprach er mit Rahula und erklärte ihm, dass er allen weltlichen Besitz bereits aufgegeben habe. Er erzählte ihm, dass er ein viel wertvolleres Erbe zu vergeben habe, und zeigte ihm den Weg dorthin. Rahula war sofort begeistert, und so nahm ihn der Buddha als Mönch in seinen Orden auf.

Als der König das hörte, war er in großer Sorge. Er zeigte sich nicht einverstanden damit, dass er nun auch noch seinen Enkel als Nachfolger verloren hatte, und sprach mit dem Buddha. Doch dieser konnte ihn davon überzeugen, dass er nur zum Wohle Rahulas gehandelt hatte. Am Ende akzeptierte der König die Entscheidung Rahulas, aber er sagte zum Buddha: «Du und deine Mönche solltet keinen jungen Menschen ohne die Zustimmung seiner Eltern oder nahen Verwandten in euren Orden aufnehmen.» Der Buddha stimmte dem zu und nahm es als Regel in die Satzung seines Ordens auf.

Als nun Rahula eine Zeit lang Mönch gewesen war, merkte der Buddha, dass es sein Sohn mit der Tugend und besonders mit der Wahrheit nicht allzu genau nahm. So suchte er ihn eines Abends auf, als sich Rahula im Kloster des Mangohains aufhielt. Als der Sohn seinen Vater und Lehrer kommen sah, bereitete er ihm einen Sitz und Wasser zum Waschen seiner Füße. Nachdem der Buddha seine Füße gewaschen hatte, ließ er einen Rest Wasser in der Schale zurück und sagte: «Siehst du diesen kleinen Rest von schmutzigem Wasser? Mein lieber Sohn, dein Leben als Mönch ist nicht mehr wert als dieses Wasser, wenn du nicht darauf achtest, keine Lügen auszusprechen.» Rahula war erschrocken, aber der Buddha drehte nun die Schüssel um und fuhr fort: «So wie dieses Wasser nun nicht mehr zur Reinigung dient, so dient dein Mönchsleben niemandem, wenn du lügst und nicht die Wahrheit sprichst. So hohl und leer wie diese Schüssel ist dann dein ganzes Dasein als Mönch. Wie ein Elefant im Kampf alles einsetzt, so musst auch du alles einsetzen, um diesen Weg zu gehen. Wer fähig ist, bewusst zu lügen, der öffnet zugleich das Tor zu vielen weiteren schlechten Handlungen. Nicht einmal im Scherz solltest du lügen. Das soll deine Übung sein.»

Rahula war sehr betroffen, und nun erklärte ihm der Buddha, wie er bei dieser Übung vorzugehen habe: «Wie man sich in einem Spiegel betrachtet, so solltest du immer, wenn du etwas tun willst, folgende Betrachtung üben: ‹Wird das, was ich tun möchte, mir oder anderen schaden?› Ist das der Fall, so musst du diese Handlung unterlassen. Siehst du aber, dass das, was du vorhast, dich und andere fördert und heilsam ist, dann sollst du es tun. Auf gleiche Weise sollst du eine Handlung betrachten, wenn du sie gerade ausführst, und sollte sie dir oder anderen schaden, so musst du sie sofort beenden.

Genauso sollst du über vergangene Taten nachdenken, und findest du eine, die dir oder anderen geschadet hat, so sollst du darüber mit erfahrenen Brüdern oder mit mir sprechen, sie bekennen und sie auf diese Weise überwinden.

Ebenso achtsam sollst du mit deinen Worten umgehen, nur das sagen, was heilsam ist, und nicht aussprechen, was dir und anderen schadet. Noch wichtiger aber ist es, schon das Denken weise zu betrachten. Tag und Nacht sollst du erkennen, welche Gedanken kommen, da sind und welche gewesen sind. Übe dich darin, nur solche Gedanken weiterzuführen, die heilsam sind und die schädlichen, schlechten Gedanken betrachte mit Abscheu, und hüte dich davor.»

So ermahnte ihn der Buddha, und Rahula hatte verstanden. Er übte in der folgenden Zeit ernsthaft diese Betrachtung von Handlungen, Worten und Gedanken.

Durch die ständige Übung wurde Rahula empfänglich für tiefe Belehrungen, und eines Tages sagte der Buddha zu ihm, als sie eben dabei waren, zum täglichen Almosengang aufzubrechen: «Alle Erscheinungen auf der Welt musst du weise betrachten, damit du erkennst, dass sie nicht dir gehören, nicht dein wahres Selbst sind.»

Rahula fragte nach: «Betrifft das nur die Formen, verehrter Meister?» «Nein, Rahula», antwortete der Buddha, «das betrifft auch die Gefühle, die Wahrnehmungen, das Denken und das Bewusstsein.»

Und da der Buddha die Bereitschaft seines Sohnes erkannte, erklärte er ihm ausführlich eine Übung, mit der es möglich ist, die fünf Elemente des Körpers, nämlich Erde, Wasser, Feuer, Luft und Raum, zu erkennen und zu sehen, dass all diese Elemente nicht das wahre Selbst sind. «Wie soll ich das üben?», wollte Rahula wissen. «Wie die Erde zu sein, so sollst du üben», antwortete der Buddha. «Wie die Erde alles aufnimmt, was auf sie geworfen wird, ohne sich zu sträuben, so soll dein Gemüt das Angenehme wie das Unangenehme gelassen aufnehmen. Außerdem sollst du mit einem liebevollen Gemüt üben, mit Freude und Liebe für dich und andere. Denn so wirst du jede Unlust und Trägheit überwinden. Und schließlich sollst du, während du übst, immer daran denken, dass nichts vollkommen ist und alles vergehen muss.»

Schließlich erklärte er ihm genau die einzelnen Stufen der so genannten Satipatthana-Übung, von der Betrachtung des Atems über den Körper bis zu den Gedanken und den Erkenntnissen. Rahula übte eifrig und entschlossen gemäß den Anweisungen seines Vaters.

Einige Jahre vergingen, und der Buddha wanderte durch das Land, belehrte die Menschen und verbrachte die Regenzeit in verschiedenen Klöstern. Eines Tages kam er wieder nach Savatthi in das Kloster, das Anathapindika errichtet hatte. Dort lebte Rahula. Der Buddha freute sich, zu sehen, dass er ganz der Übung hingegeben war, achtsam, gesammelt und ein Vorbild für die anderen. Eines Abends sagte er: «Komm, setzen wir uns dort unter die Bäume. Lass uns miteinander sprechen.» Sie setzten sich nebeneinander, und der Buddha prüfte das Verständnis Rahulas, indem er fragte: «Du siehst die Welt durch deine Augen. Sind es deine Augen?» Rahula wusste nicht, was der Buddha meinte. Dieser fuhr fort: «Sind deine Augen unvergänglich oder vergänglich?» «Alles, was zu meinem Körper gehört, ist vergänglich», antwortete Rahula. «Kann etwas, das vergänglich ist, dauerhaftes Glück und Wohl bringen?», fragte der Buddha. «Nein, es wird eines Tages schwinden, und das ist sicher schmerzlich und traurig.» «Ist es also richtig zu sagen, dies sind meine Augen, wenn ich sie doch nicht behalten kann? Ist es richtig zu sagen, dies ist mein Körper, ich bin dieser Körper, was ich als mein Selbst empfinde, ist von diesem Körper abhängig?» «Nein, verehrter Meister, dieser Körper ist nicht das Selbst», antwortete Rahula.«Gibt es denn außerhalb oder innerhalb dieses Körpers irgendetwas anderes, das nicht vergänglich ist? Hat zum Beispiel das Gefühl, das in dir entsteht und vergeht, etwas Gleichbleibendes, Unvergängliches? Oder die Wahrnehmung, das Denken oder das Bewusstsein?»

Rahula begann zu begreifen. Der Buddha fuhr nach einer Pause fort: «Wenn du den ganzen Körper in rechter Weise betrachtest, alle Wahrnehmungen, angenehme und unangenehme Empfindungen, alles Denken so siehst, wie es ist, nämlich frei von einem unveränderlichen Selbst, dann schwindet das Begehren nach der Fortsetzung des Körpers, der Wahrnehmungen, des Gefühls, der Gedanken oder des Bewusstseins. Dann wendest du dich ab und bist erlöst.»

Da erkannte Rahula diese tiefe Wahrheit, und noch in derselben Nacht erlangte er die Erleuchtung.

QUELLE: Buddhistische Legenden zum *Dhammapada*, Buch 1, Geschichte 9. Mittlere Sammlung, Rede 61, 62 und 147.

Nanda, der Stiefbruder des Buddha

Nachdem der Buddha das Rad der Lehre in Bewegung gesetzt hatte, wohnte er im Kloster des Veluvana nahe bei Rajagaha. Da sandte sein Vater, König Sudhodanna, mehrere Botschafter nacheinander zu ihm, die den Auftrag hatten, ihn nach Hause zu bringen. Aber die Botschafter ließen sich von der Lehre überzeugen, traten der Gemeinschaft bei und kehrten nicht mehr zurück. Erst der Letzte konnte den Buddha zu einem Besuch in der alten Heimat veranlassen, und brachte ihn und sein großes Gefolge nach Kapilaparu. Zu Hause hielt der Buddha einige Reden, und es gelang ihm, sowohl in seinem Vater als auch in seiner Mutter Vertrauen zu seiner Lehre zu erwecken.

Eines Tages kam der Buddha während seines Almosengangs zum Haus seines Stiefbruders, des edlen Nanda, der eben Vorbereitungen für seine Hochzeit traf. Der Buddha ging in das Haus, drückte Nanda seine Almosenschale in die Hand und wünschte ihm viel Glück. Er blieb eine Weile, sprach gute Worte und erhob sich dann, ohne Nanda die Schale abzunehmen. Nanda war gut erzogen, immer freundlich und erfüllte gerne die Erwartungen anderer. Deshalb wagte er es nicht zu sagen: «Verehrter Meister, nehmt Eure Schale», sondern dachte: «Er wird sie sicher am Ende der Treppe nehmen», und folgte ihm. Aber der Buddha ging einfach weiter. Eigentlich wollte Nanda wieder in seinen Palast zurück, aber eine seltsame Sehnsucht erfüllte ihn, das Leben des Buddha und seiner Mönche kennen zu lernen, und so folgte er schweigend dem Mann, der vollkommen achtsam vor ihm herging. Als sie im Kloster angekommen waren, bemerkte der Buddha die Anwesenheit Nandas. Er nahm seine Schale und sagte: «Oh, Nanda, wolltest du mir nur die Schale bringen, oder hast du Interesse am Leben in meiner Gemeinschaft und an meiner Lehre?»

Nanda war sehr beeindruckt von der friedvollen Atmosphäre im Kloster und antwortete: «Ich weiß es nicht, Bruder. Aber nun bin ich schon hier und würde mich freuen, wenn Ihr mir zeigtet, was Ihr hier macht.»

Da führte ihn der Buddha herum, erklärte ihm die Regeln der Mönche, die Vorteile eines einfachen, bescheidenen Lebens und die Grundzüge der Lehre. Am Ende des Tages war Nanda so überwältigt von dem, was er gehört und gesehen hatte, dass er beschloss, gar nicht mehr in seinen Palast zurückzukehren, sondern den Buddha zu bitten, ihn in die Gemeinschaft aufzunehmen. So wurde Nanda Mönch im Orden des Buddha.

Zu der Zeit hatte Anathapindika, ein reicher Anhänger des Buddha, das Kloster Jetavana nahe der Stadt Savatthi gebaut, und der Buddha zog mit vielen Mönchen dorthin.

Nach einigen Wochen bereute Nanda seinen schnellen Entschluss. Er sagte zu seinen Brüdern: «Ich bin unzufrieden. Ich versuche, ein geistig ausgerichtetes Leben zu führen, aber ich kann es nicht länger aushalten. Ich will die Mönchsgelübde aufgeben und wieder in meinem Palast leben.»

Als der Buddha davon hörte, ließ er Nanda zu sich kommen und fragte: «Ist es wahr, dass du unzufrieden bist und die Gemeinschaft verlassen willst?»

«Ja, verehrter Meister, es ist wahr.»

«Warum bist du unzufrieden?»

«Meister, als ich mein Haus verließ, wollte ich gerade heiraten. Meine Braut wird mich sicher vermissen, und ich sehne mich nach ihr. Ich muss immerzu an ihre schöne Gestalt denken, deswegen kann ich das geistige Leben nicht führen. Ich möchte die Gelübde aufgeben und in mein altes Leben zurückkehren.»

Da sagte der erwachte Lehrer: «Gut, aber zuerst möchte ich dich noch etwas fragen. Weißt du, wohin ein Leben, das von der Begierde nach Macht und Reichtum bestimmt wird, führen kann?» Nanda überlegte: «In die Welt der Dämonen?» Der Buddha stimmte ihm zu: «Und weißt du, wie es dort aussieht?» «Nicht genau», antwortete der Mönch.

«Ich kenne diese Welt sehr gut, Nanda», sagte der Buddha. «Stell dir ein endloses, verbranntes Feld vor, auf dem zahllose affenähnliche Wesen sitzen. Sie klagen und schreien ununterbrochen, weil ihre Ohren, Nasen und Schwänze im Feuer brennen.» So anschaulich schilderte der Buddha diese Welt, dass Nanda meinte, alles vor sich zu sehen.

Nun fuhr der Buddha fort: «Weißt du, wohin ein tugendhaftes, geistiges Leben führen kann?» Nanda antwortete: «In die Welt der himmlischen Götter.» Wieder stimmte der Buddha zu und fragte: «Kennst du diese Welt?» «Ich glaube nicht», gab Nanda zu. «Ich kenne auch diese Welt sehr gut», sprach der Buddha. «Stell dir einen lichtdurchfluteten, strahlenden Garten vor, in dem die himmlischen Wesen, mächtige Götter, wunderschöne Elfen und Nymphen immerzu glücklich leben. Sie tanzen zu göttlicher Musik, spielen und lachen, haben keine Sorgen, und ihre Freuden sind mit nichts auf der Welt zu vergleichen.» Auch diese Welt schilderte der Buddha so anschaulich, dass Nanda meinte, alles vor sich zu sehen.

Der Buddha fragte nun: «Was glaubst du, wo ist es schöner, im Luxus deines Palastes mit Frau und Gefolge oder in der himmlischen Welt?»

«Verehrter Meister», antwortete Nanda, «wenn es auch tausendmal besser ist, in meinem Palast mit meiner Frau zu leben als auf dem verbrannten Feld mit den armen Affenwesen, so muss es noch tausendmal schöner sein in der himmlischen Welt. Die himmlische Welt und all ihre Wesen sind unendlich schön, sie sind mit der irdischen Schönheit nicht zu vergleichen.»

«Dann freue dich, Nanda», sagte der Buddha, «denn du kannst diese Welt der Götter erreichen.»

Nanda verstand und erklärte nach einer Weile: «Dann will ich weiterhin das Leben eines Mönchs in Eurer Gemeinschaft führen.»

In seiner Begeisterung erzählte Nanda einigen seiner Mitbrüder von diesem Erlebnis. Es sprach sich bald herum, und die Mönche begannen, Nanda zu verspotten: «Unser ehrwürdiger Bruder

Nanda ist aus einem bestimmten Grund Mönch geworden. Das Ziel seines geistigen Lebens ist es, ein Gott zu werden und mit den wunderschönen Elfen und Nymphen zu tanzen und zu spielen.»

Zum ersten Mal in seinem Leben kümmerte sich Nanda jedoch nicht um die Meinung der anderen. Stattdessen bemühte er sich umso mehr, lebte zurückgezogen, achtsam, eifrig und fest entschlossen. Es dauerte nicht lange, und er erreichte das Ziel des geistigen Lebens. Er erwachte aus dem großen Traum und wusste: «Ich werde nicht mehr geboren, das heilige Leben ist erfüllt, die Pflicht ist getan. Ich gehöre nicht mehr dieser Welt.» So gab es wieder einen Mönch, der erleuchtet war.

Im Laufe dieser Nacht erschien Nanda beim Buddha, verbeugte sich und sagte: «Verehrter Meister, ich bin frei von dem Wunsch, in einem Götterhimmel wieder geboren zu werden. Ich bin frei von allen Wünschen.»

Da sagte der Buddha lächelnd: «Ich sehe, Nanda, du hast alles Begehren und alle Ablehnung überwunden. Du hast das große Wissen erlangt und bist frei und unabhängig. Jetzt kannst du es selbst sehen. Nur das Begehren treibt uns immer weiter und lässt uns leiden. Wer diese Täuschung vollkommen durchschaut hat, wird weder von Lust noch von Schmerz, weder von Gier noch von Hass bewegt.»

Einige Zeit später wollten die anderen Mönche Nanda ein wenig necken und sagten: «Nun, bist du immer noch unzufrieden? Wann willst du den Orden verlassen?»

Nanda antwortete: «Brüder, ich bin nicht unzufrieden, und nichts kann mich mehr dazu bewegen, wieder in der gewöhnlichen Welt zu leben.» Die Mönche aber glaubten ihm nicht und berichteten dem Buddha von Nandas Worten. Der aber sagte: «Brüder, Nandas Antwort entspricht der Wahrheit. Von dem Tag an, an dem er die himmlische Welt gesehen hatte, bemühte er sich unablässig, das höchste Ziel des geistigen Lebens zu erreichen, und jetzt hat er es erreicht . Er ist erleuchtet.»

Um auch die anderen auf ihrem Weg zu bestärken, hielt er dann eine Rede, worin er über die Kraft des Begehrens und dessen Überwindung sprach. Am Ende sagte er:

«Es ist ganz wichtig, den Geist auf eine Sache auszurichten. Wenn der Geist aufmerksam und bewusst auf ein Ziel konzentriert ist, kann kein anderes Begehren oder Verlangen ihn davon abbringen. Er ist dann wie ein gut gedecktes Dach, das unser Haus sicher vor Regen und damit vor Schaden schützt.»

QUELLE: Buddhistische Legenden zum *Dhammapada*, Buch 1, Geschichte 9, Spruch 13 und 14.

Der freigebige Brahmane und seine Frau

In der Nähe des Jetavana-Klosters lebte ein reicher Brahmane mit seiner Frau. Sie besaßen viele Ländereien und überließen den ersten Teil ihrer Ernte und ihrer Mahlzeiten Bedürftigen und den Mönchen der Gemeinschaft des Buddha. Von Zeit zu Zeit besuchte der Buddha die beiden, denn er merkte, dass sie gute Voraussetzungen hatten für den Weg zur Erleuchtung.

Eines Tages kam der Buddha zur Mittagszeit und stellte sich mit seiner Almosenschale vor das Gartentor. Der Brahmane saß auf der Terrasse vor seinem Haus mit dem Gesicht zur Tür, aß und bemerkte den Buddha nicht. Die Frau jedoch, die ihren Mann bediente, sah den Buddha vor dem Tor und dachte: «Mein Mann hat heute schon die Gaben verteilt und isst nun selbst die Reste. Nun steht der Mönch Gotama draußen, und wenn mein Mann ihn sieht, wird er ihm sicher sein eigenes Essen geben. Dann muss ich nochmals eine Mahlzeit kochen, und das schaffe ich heute nicht mehr. Der Meister ist zu spät gekommen. Er muss wieder gehen.» Sie stellte sich mit der Absicht hinter ihren Mann, den Buddha vor seinen Augen zu verbergen. Es war, als hätte sie versucht, den Vollmond mit der flachen Hand zu bedecken.

Aus den Augenwinkeln beobachtete sie den Buddha in der Hoffnung, er würde nun weiterziehen. Als sie jedoch merkte, dass er sich nicht von der Stelle rührte, schlich sie sich an seine Seite und flüsterte: «Verehrter Meister, wir haben heute leider kein Essen mehr übrig, geht bitte weiter und versucht es bei unseren

Nachbarn.» Aber der Buddha hatte beschlossen, nicht zu weichen, und schüttelte den Kopf. Als die Frau den großen Lehrer der Menschheit sah, wie er vor dem Tor stand und den Kopf schüttelte, konnte sie nicht mehr an sich halten und brach in lautes Lachen aus.

Daraufhin drehte sich der Brahmane um und sah den Buddha. Er durchschaute die Situation sofort und schrie seine Frau an: «Bist du von allen guten Geistern verlassen. Willst du mich ruinieren? Wenn unser verehrter Lehrer vor meinem Tor steht, musst du mir das sagen. Wie kannst du nur so dumm sein!»

Er nahm seine Mahlzeit, von der er bereits die Hälfte verzehrt hatte, bot sie dem Buddha an und sagte. «Verehrter Meister, ich habe den ersten Teil der Mahlzeit bereits anderen gegeben und esse nun hier den Rest. Diesen teile ich in zwei Teile. Ich habe freilich meinen Teil schon verzehrt, wollt Ihr also bitte so gütig sein, Euch zu setzen und den zweiten Teil der Mahlzeit annehmen?»

Der Buddha antwortete: «Mein lieber Freund, bekomme ich den ersten Teil, so ist es recht, wird das Essen geteilt und ich bekomme den zweiten Teil, so ist es auch recht. Bekomme ich den letzten Rest, so ist es auch recht. Guter Mann, wir Mönche sind wie die Vögel, die von dem leben, was auf den Boden gestreut wird. Wer von der Unterstützung anderer abhängig ist, der sollte auch den geringsten Rest Nahrung annehmen, ohne ihn zu verachten.»

Der Brahmane war voll Freude über die Antwort des Erwachten und glücklich, als sich der Buddha setzte, um zu essen.

Am Ende der Mahlzeit, nachdem er Wasser zum Waschen gereicht hatte, fragte er: «Verehrter Meister, Ihr nennt Eure Schüler Mönche. Auch andere Lehrer haben Gemeinschaften mit Asketen und Mönchen. Wodurch unterscheiden sich Eure Mönche von anderen? Was macht einen wahren Mönch aus?»

Der Buddha dachte: «Wie kann ich den Brahmanen so belehren, dass er den größten Gewinn davon hat?» Er wusste, dass sowohl der Brahmane als auch seine Frau schon eine gewisse Einsicht in das Wesen von körperlichen und geistigen Erscheinungen hatten. Deswegen sagte er: «Lieber Freund, wahre Mönche sind solche Menschen, die vom Körperlichen und vom Geistigen nicht mehr angezogen und gefesselt werden. Wenn sie den Körper sehen, sehen sie nur die Form, wenn sie den Geist sehen, sehen sie nur den Begriff. Sie denken nicht mehr: ‹Dieser Körper und dieser Geist gehören mir, das bin ich.› Sie wissen, dass Körper und Geist vergehen, aber sie leiden nicht mehr darunter und sind frei davon. Diejenigen, die das erkannt haben, nenne ich wahre Mönche.»

Am Ende dieser Rede erreichten sowohl der Brahmane als auch seine Frau tiefe Einsichten auf dem Weg zur Erleuchtung.

QUELLE: Buddhistische Legenden zum *Dhammapada*, Buch 25, Geschichte 6, Spruch 367.

Ein Tag ohne Essen

Der Buddha hielt sich einige Tage in der Nähe eines Dorfes auf, in dem einige Menschen seine Lehre hören wollten. So ging der Erwachte jeden Vormittag in das Dorf, bekam dort bei einer Familie sein Essen und hielt anschließend einen Vortrag. Einige Familienmitglieder, vor allem die Frauen, waren von der Lehre des Buddha begeistert und kurz davor, die ersten Stufen tieferer Einsicht zu erreichen. Die anderen Dorfbewohner hingegen blieben skeptisch und kümmerten sich nicht um den Buddha.

Eines Tages wurde in einem benachbarten Dorf ein Fest gefeiert. Die Familie, die den Buddha die letzten Tage versorgt hatte, war eingeladen, und so kam es, dass alle Familienmitglieder schon am frühen Morgen unterwegs waren. Als der Buddha beim Haus der Familie eintraf, war weit und breit niemand zu sehen. Der Lehrer setzte sich in den Schatten und meditierte. Die Zeit verstrich, und es wurde Mittag. Andere Dorfbewohner beobachteten den Meister, wie er geduldig wartete, aber niemand war bereit, ihm etwas zu essen zu bringen. Schließlich verließ der Buddha das Dorf mit einer völlig leeren Schale.

Am Rande des Dorfes stand ein Mann, der schon während der letzten Tage die Besuche des fremden Mönchs mit Ärger betrachtet hatte. Die ganze Zeit hatte er nicht verstanden, wieso ein bettelnder Asket, der nicht arbeiten wollte, von einer Familie des Dorfes so gut versorgt wurde.

Als der Buddha nun vorbeikam, grinste er voll Schadenfreude

und sagte: «Nun, habt Ihr heute nichts erhalten?» Der Buddha blieb stehen und sagte freundlich: «Warum möchtet Ihr wissen, ob ich etwas bekomme oder nicht?» Der Mann antwortete: «Glaubt ja nicht, dass ich Euch etwas gebe. Ich versorge keine herumziehenden Bettler. Aber Ihr könnt ja nochmals ins Dorf gehen. Vielleicht wart Ihr nicht bei den richtigen Leuten.» Und er dachte: «Wenn er nochmals in das Dorf geht und nichts bekommt, werden ihn die Kinder verspotten und zum Narren machen. Ich hoffe, dass er dann einsieht, dass dies nicht der rechte Platz für ihn ist, und uns für immer in Ruhe lässt.»

Während dieser Unterhaltung kamen die Leute, die bei dem Fest gewesen waren, in das Dorf zurück. Sie begrüßten ihren Lehrer respektvoll und entschuldigten sich für ihre Abwesenheit. Als nun der Mann den Buddha im Kreise seiner Anhänger sah, sagte er: «Da Ihr heute noch nichts bekommen habt, müsst Ihr vor Hunger ganz schwach sein und sehr leiden. Eure Wohltäter haben Euch im Stich gelassen, und Ihr seid nun der Dumme. Wenn es so weitergeht, werdet Ihr eines Tages verhungern.»

Der Buddha antwortete lächelnd: «Die Zeit, zu der ich esse, ist bereits vorüber. Aber auch wenn ich einen Tag lang nichts zu mir nehme, bin ich nicht schwach und leide auch nicht. Mein Glück ist nicht abhängig vom Essen. Wie immer werde ich den Tag in himmlischer Freude verbringen. Ich besitze nichts und brauche auch nichts. Wenn ich nichts zu essen bekomme, ernähre ich mich, wie die Götter, von himmlischer Freude. Wer nichts besitzt, trägt keine Last. Wer nichts erwartet, wird alles bekommen, was er braucht, denn Vertrauen sättigt mehr als Sorgen. Wer unabhängig ist, ernährt sich von der Freude über jeden Augenblick des Lebens.»

QUELLE: Buddhistische Legenden zum *Dhammapada*, Buch 15, Geschichte 2, Spruch 200.

Der Buddha pflegt einen kranken Mönch

Ein junger Mann aus guter Familie hörte einmal den Buddha reden und fand Gefallen an seiner Lehre. So trat er in die Gemeinschaft ein und wurde ein Mönch namens Tissa. Obwohl er eifrig übte, wurde er nach einigen Jahren krank und von einem Ausschlag befallen. Zunächst waren es nur kleine Pusteln, aber sie wurden immer größer, brachen auf, und zuletzt war sein ganzer Körper von offenen, eitrigen Wunden bedeckt. Bald konnte er sich kaum mehr bewegen und war auf die Hilfe seiner geistigen Brüder angewiesen. Die aber ekelten sich vor ihm und kümmerten sich deshalb kaum um ihn. Zuletzt konnten sie seine Gegenwart nicht mehr ertragen, und so trugen sie sein Bett nach draußen und ließen ihn dort liegen.

Als der Buddha über das Gelände des Klosters ging, sah er den kranken Mönch und erkannte, dass dieser dem Tod nahe war. Außerdem gewahrte er, dass Tissa alle Fähigkeiten entwickelt hatte, um die Erleuchtung zu erlangen. Der Buddha sagte zu sich selbst: «Dieser Bruder wurde von seinen Gefährten verlassen. Niemand kümmert sich mehr um ihn. Er braucht unbedingt meine Hilfe.»

Der Buddha ging in den Raum, in dem das Feuer brannte. Er nahm einen großen Topf, füllte ihn mit Wasser, und als es heiß war, ging er damit zu Bruder Tissa. Er setzte sich zu ihm und wusch ihm das Gesicht.

Einige Mönche bemerkten dies und sagten: «Verehrter Meister, wir werden den Bruder mit seinem Bett wieder hineintragen.» Nachdem sie das getan hatten, veranlasste der Buddha, dass sie sein über und über von getrocknetem Blut und Eiter beschmutztes Gewand nahmen und säuberten. In der Zwischenzeit wusch der Buddha selbst den Körper des kranken Mönchs sorgfältig mit warmem Wasser. Dann brachte man die in der Sonne getrocknete Kleidung, und so erfrischt und mit ruhigem Geist lag der Mönch in seinem Bett. Der Buddha setzte sich zu ihm und sagte: «Bruder, dein Bewusstsein wird dich verlassen, dein Körper wird nutzlos werden und bald wie ein umgestürzter Baum auf der Erde liegen. Schnell geht der Körper des Menschen zugrunde, wird weggeworfen, hat kein Bewusstsein mehr, ist unnütz wie ein alter, morscher Baumstamm.»

Am Ende dieser Erklärung verließen Tissa die körperlichen Kräfte. Ruhig und vollkommen zufrieden blickte er den Buddha an, und völlig im Einklang mit sich und der Welt starb er. Da aber sein Geist durch die Worte des Buddha auf die Wahrheit ausgerichtet war, konnte er den Übergang zum Tod nutzen. Während sein Körper aufhörte zu existieren, erlangte sein Geist die Erleuchtung und ging in das Reich ohne Geburt und Tod ein. Der Buddha selbst führte die Sterberituale aus und veranlasste, dass seine Asche in einem besonderen Schrein aufbewahrt wurde.

Während der abendlichen Versammlung fragte ein Mönch: «Verehrter Meister, könnt Ihr uns sagen, wo Tissa wieder geboren wird?»

Der Buddha antwortete: «Tissa ist in das Reich ohne Geburt und Tod gegangen.»

«Aber verehrter Meister, wie war es möglich, dass Tissa die Anlagen zur Erleuchtung hatte, jedoch mit diesem entstellten Körper leben musste? Was hatte seine Krankheit verursacht?», wollte ein Mönch wissen.

Der Buddha antwortete: «Alles, was wir erleben, ist die Wirkung früherer Ursachen. In einem vergangenen Leben war Tissa ein Vogelfänger, der allen Vögeln Flügel und Beine brach, damit sie ihm nicht mehr entkommen konnten. Es waren diese und andere Grausamkeiten, die ihm den kranken Körper bescherten. Zugleich aber war Tissa mildtätig und großzügig, gab von seinem Besitz den Armen und unterstützte die Menschen, die sich geistigen Wegen widmeten. Eines Tages begegnete er einem Erleuchteten und bewirtete ihn mit den besten Speisen. Dabei entstand in ihm der feste Wunsch, selbst einmal diese innere Freiheit zu erreichen. Infolge dieser guten Taten und dieser festen Absicht konnte Tissa seine Krankheit akzeptieren und wurde am Ende seines Lebens selbst erleuchtet.»

QUELLE: Buddhistische Legenden zum *Dhammapada*, Buch 3, Geschichte 7, Spruch 41.

Bruder Radha lässt sich belehren

Eines Tages tauchte ein armer, ungebildeter Mann im Kloster des Buddha bei Savatthi auf und ging nicht mehr weg. Die Mönche blickten auf ihn herab, aber sie wollten ihn auch nicht fortjagen. Der Mann war sehr bescheiden, nahm sich nur von dem Essen, das die Mönche übrig ließen, und versuchte, sich nützlich zu machen. So kam es, dass er bald einfache Dienste verrichten durfte wie Gras schneiden, Zellen kehren und Wasser zum Waschen warm machen. Die Mönche behandelten ihn freundlich, dachten aber nicht daran, ihn als ein gleichberechtigtes Mitglied in ihren Orden aufzunehmen. Tatsächlich jedoch hatte der einfache Mann großen Gefallen am Klosterleben gefunden und wollte unbedingt Mönch werden.

Während eines Rundgangs durch das Kloster sah ihn der Buddha und erkannte seine guten Anlagen und besonderen Fähigkeiten. Er blieb stehen und fragte ihn: «Bruder, was machst du hier?» «Ich verrichte kleinere und größere Dienste für die Mönche, verehrter Meister», antwortete er. «Behandeln sie dich freundlich?», wollte der Buddha wissen. «Ja, verehrter Meister, ich bekomme genug zu essen», sagte der Mann leise. «Bist du damit zufrieden?», fragte der Buddha. Nach einer Pause kam die zögernde Antwort: «Nun, ich habe schon noch einen Wunsch. Ich möchte auch Mönch werden, aber die anderen denken gar nicht daran, mich in den Orden aufzunehmen.»

Da berief der Buddha eine Versammlung ein und sagte: «Dieser arme Bruder möchte in den Orden aufgenommen werden. Wer will für ihn sprechen?» Doch alle schwiegen. Der Buddha fuhr fort: «Gibt es denn niemanden, der etwas Gutes über diesen Mann sagen kann, der irgendeine Eigenschaft kennt, die ihn würdig macht, in eure Mitte aufgenommen zu werden?»

Da meldete sich der ehrwürdige Sariputta, der ranghöchste Mönch im Kloster und sagte: «Verehrter Meister, ich kann etwas sagen. Dieser Mann hat alles, was man ihm aufgetragen hat, bestens erfüllt. Ich habe nie gesehen, dass er irgendetwas unwillig getan hat. Ich habe ihm selbst einige Male etwas erklärt und ihn über bestimmte Verrichtungen belehrt. Er hat alles mit Freude und großer Gewissenhaftigkeit angenommen.» Da sagte der Buddha: «Sariputta, wenn jemand so willig ist und so leicht zu belehren, wäre es dann nicht angebracht, ihm den Weg zu zeigen, der zur inneren Freiheit führt?» Sariputta antwortete: «Ihr habt Recht, verehrter Meister, ich will ihn in den Orden aufnehmen.» So wurde der Mann ein Mönch namens Radha und erhielt einen Sitz im äußeren Kreis der Mönche. Sariputta gefiel die Lernbereitschaft des neuen Bruders, und so kam es, dass er ihn immer wieder mitnahm auf seine Rundgänge, sich persönlich um ihn kümmerte und ihn belehrte und ermahnte: «Das musst du so machen; das darfst du so nicht tun.»

Der neue Mönch folgte mit Freude und Hingabe allen Anweisungen, erfüllte gewissenhaft seine Aufgaben und versenkte sich in die Belehrungen, die ihm Sariputta gab. Da er völlig ungebildet war, machte er etliches falsch und verstand vieles nicht, aber wenn er kritisiert wurde, war er niemals beleidigt, sondern versuchte immer, seine Fehler zu korrigieren. Auf diese Weise übte Bruder Radha ausdauernd und folgte seinem Lehrer Sariputta auch auf dem geistigen Weg Schritt für Schritt. Er erfüllte nicht nur seine Pflichten als Mönch, sondern durchlief nach und nach alle Stufen des geistigen Erwachens. Bereits nach einem Jahr hatte er in aller Bescheidenheit und Stille das Ziel des geistigen Lebens erreicht und die Erleuchtung erfahren.

Wieder gab es in der Gemeinschaft des Buddha einen Erleuchteten mehr, und diesmal war es einer, dem man es nicht zugetraut hatte. So kam es, dass eines Abends in der Versammlungshalle die Mönche darüber redeten, wie es möglich war, dass Bruder Radha so schnell die Erleuchtung erlangt hatte. Der Buddha hörte ihrem Gespräch zu und fragte dann Sariputta: «Wie hat sich Bruder Radha verhalten, als er noch dein Schüler war?»

«Vorbildlich», antwortete Sariputta. «Er hat immer versucht, alle Anweisungen so gut wie möglich zu befolgen. Ich musste ihn oft kritisieren und ermahnen. Aber ganz egal, was ich ihm sagte, niemals fand ich auch nur den Schatten einer Ablehnung, niemals auch nur den Hauch von Kränkung oder Beleidigung. Ich wünschte, alle meine Schüler wären so.»

Da wandte sich der Buddha an die Versammlung und sagte: «Hört mir zu, ihr Mönche, so wie Bruder Radha solltet ihr euch verhalten, wenn eure Fehler aufgezeigt werden. Wenn ihr ermahnt werdet, dürft ihr nicht beleidigt sein. Wenn euch jemand tadelt, solltet ihr dem Betreffenden so verehren wie jemanden, der euch einen unermesslichen Schatz geschenkt hat. Gerade wer klug ist und schon einige Fortschritte auf dem Weg erzielt hat, lässt sich nicht gerne etwas sagen. Leicht glaubt man sich über alle Kritik erhaben, meint selbst alles besser zu wissen, und ist empört, wenn man getadelt wird. So sollte man sich nicht verhalten.

Wenn dir jemand zeigt, was du vermeiden sollst, wenn dich jemand kritisiert, dann denke: Hier ist einer, der mir verborgene Schätze zeigt, der mich erkennen lässt, was wichtig ist. Sieh jeden, der dich ermahnt, als deinen klugen und weisen Lehrer an, und sage dir: So einem Lehrer will ich gerne folgen. Vielleicht denkst du, das sei schlecht für dich und würde dir schaden. Aber glaube mir, wenn du fähig bist, dich so zu verhalten, wird es letzten Endes immer nur zu deinem eigenen Vorteil sein.»

QUELLE: Buddhistische Legenden zum *Dhammapada,* Buch 6, Geschichte 1, Spruch 76.

Der geizige Kosiya

Nicht weit von Rajagaha lebte ein reicher Mann namens Kosiya, der furchtbar geizig war. Er gab aus Überzeugung niemandem etwas ab und gönnte sich selbst und seiner Familie kaum das Notwendigste. Sein Reichtum war wie ein sumpfiger Teich, der keinen erfreute.

Eines Tages befand sich Kosiya nach einem Besuch beim König auf dem Rückweg nach Hause. Es war noch früh am Morgen, und unterwegs sah er einen Mann, der einen frisch gebackenen runden Fladen aß. Da bekam er großen Appetit. Zu Hause sagte er nach einigem Zögern zu seiner Frau: «Ich hätte heute einen ausgefallenen Wunsch. Könntest du nicht gebackene Fladen machen?» «Backfladen? Natürlich, das ist eine gute Idee», antwortete die Frau voller Begeisterung. «Ich werde mich gleich an die Arbeit machen. Ich werde so viele backen, dass wir auch die Armen und die Bettelmönche versorgen können.»

«Bist du verrückt?», rief da der Geizige. «Was kümmerst du dich um die Armen? Die sollen lieber arbeiten und sich selbst um ihr Essen kümmern!» «Gut, gut», antwortete sie, «ich mache nur so viel, dass unser ganzes Haus davon zu essen hat.» «Ich habe immer schon gewusst, dass du einen Hang zur Verschwendung hast», murmelte er. «Wenn wir für das ganze Haus Fladen backen, dann wollen sie auch noch Gemüse und Soße dazu.» «Dann werde ich eben nur so viel machen, dass es für uns beide reicht», gab sie nach. «Ich wusste nicht, dass du auch welche wolltest?», stellte er sich erstaunt. «Ich verstehe», resignierte die Frau, «ich werde für dich ganz alleine backen.» «Das ist gut», lächelte er endlich zufrieden. «Lass uns in die Küche gehen, aber schließ die Tür ab, damit uns keiner überraschen kann.»

Zur gleichen Zeit sagte der Buddha zu seinem Stellvertreter Moggallana: «Nicht weit von hier wohnt ein reicher Mann namens Kosiya. Er ist Schatzmeister, und ich kenne ihn. Hat er der Gemeinschaft schon einmal etwas gegeben?» «Noch nie», antwortete Moggallana, «er ist so geizig, dass er selbst seinen eigenen Leuten nichts gönnt.» «Dann geh doch zu ihm und versuche, mit ihm zu sprechen. Wenn er dich anhört, zeig ihm die Vorteile und den Segen, die der Geber durch seine Gaben erfährt. Vielleicht gelingt es dir, ihm die Augen zu öffnen. Es wäre schön, wenn er seinen Reichtum besser nutzen und heute unsere Gemeinschaft mit Essen versorgen würde. Willst du das tun, lieber Bruder?» «Mit Vergnügen», antwortete Moggallana.

Nicht lange danach war Moggallana beim Haus des Schatzmeisters angelangt. Er ging um das Gebäude herum und bemerkte, dass in der Küche Feuer brannte und gebacken wurde. Da stellte er sich demonstrativ vor das Küchenfenster, mit seiner Bettelschale in den Händen.

Als der Geizige den Mönch erblickte, erschrak er: «O nein, das darf nicht wahr sein», rief er, «wegen solcher Bettler habe ich mich in der Küche eingesperrt, und da kommt so einer und stellt sich vor mein Fenster.» Er öffnete die Tür und sagte ärgerlich: «Was erwartest du hier vor der Hintertür? Du kannst von mir aus auch auf und ab gehen, bis du einen Pfad ausgetreten hast. Von mir bekommst du nichts.» Moggallana sagte kein Wort und begann vor der Tür auf und ab zu gehen. Nach einer Weile sagte der Geizige: «Was denkst du, was dein Auf- und Abgehen bringt? Du kannst dich auch hinsetzen und meditieren. Hier gibt es nichts.» Nach diesen Worten setzte sich der Mönch direkt vor die Tür und fiel in tiefe Versenkung.

Einige Zeit später schaute der Geizige aus dem Fenster und der Mönch saß immer noch da. Da rief er ihm zu: «Was bezweckst du mit deinem Herumsitzen? Selbst wenn dir vor lauter angestrengtem Nachdenken, wie du an mein Essen kommst, der Kopf zu rauchen beginnt, kriegst du nichts.» Zur gleichen Zeit zog der

Ofen, auf dem die Frau des Geizigen die ersten Fladen gebacken hatte, nicht mehr, und die ganze Küche begann sich mit Rauch zu füllen. Da bekam Kosiya einen großen Schreck. Er dachte, der Mönch hätte mit übernatürlichen Fähigkeiten den Rauch hervorgerufen, und er hatte Angst, dass sein Haus in Flammen aufgehen könnte. Daher sagte er zu seiner Frau: «Meine Liebe, gib doch diesem Mönch da einen ganz kleinen Fladen.»

Die Frau nahm ein tüchtiges Stück Teig und warf es in die Pfanne. Daraus wurde in kurzer Zeit ein riesiger, goldbrauner Fladen. Die Frau legte das Stück auf die schon fertig gebackenen zum Trocknen. Der Geizige suchte einen recht kleinen aus und bemerkte dabei, dass alle Fladen aneinander klebten. Voll Angst um seine Fladen sagte er zu seiner Frau: «Die hängen ja alle zusammen. Hilf mir, sie auseinander zu ziehen.» Die Frau packte am anderen Ende zu und zog. Da riss der kleinste Fladen ab, und alle anderen flogen in hohem Bogen direkt in die Bettelschale von Moggallana.

Der Mönch lächelte und sagte: «Wer großzügig gibt, hat selbst den größten Segen.» Und er hielt den beiden einen Vortrag über die Vorteile des Gebens. Zum ersten Mal hatte der Geizige etwas gegeben, und während Moggallana sprach, spürte er plötzlich tief in seinem Herzen die einzigartige, tiefe Freude, die vom Geben kommt. Er fiel dem Mönch ins Wort und sagte: «Ich habe schon verstanden, aber bitte, nun macht uns auch die Freude und setzt Euch zum Mahl hin.» Da antwortete der weise Mönch: «Großer Schatzmeister, wenn wir Mönche reichlich zu essen bekommen, teilen wir die Gaben mit unseren Brüdern. Nicht weit von hier sitzt unser Meister, der Buddha, umgeben von einigen hundert Mönchen. Mit ihnen will ich deine großzügige Gabe teilen.»

Da rief Kosiya: «Nicht doch, nicht doch, verehrter Bruder, das ist doch viel zu wenig für so viele Mönche. Wir werden noch mehr Fladen backen. Mein ganzes Haus soll helfen, und auch andere Speisen werden wir euch bringen. Geht nur und sagt dem Buddha, noch ehe die Sonne den höchsten Stand erreicht hat, sind wir bei euch, um ihn und die ganze Gemeinschaft zu verköstigen.»

Und so geschah es. Kosiya, seine Frau und alle Mitglieder ihres Haushalts versorgten an diesem Tag den Buddha und seine Schüler, und alle hatten reichlich zu essen. Nach der Mahlzeit hielt der Buddha eine Dankesrede. Kosiya und seine Frau waren so von Freude erfüllt, dass sich ihre Herzen diesen Worten öffneten. So kam es, dass beide unerschütterliches Vertrauen zu der Lehre fassten. Von dieser Zeit an waren sie treue Anhänger und teilten ihr Vermögen mit Armen, Bedürftigen und den Mönchen.

Als sich an jenem Abend die Gemeinschaft des Buddha in der Halle der Wahrheit versammelte, lobte sie Moggallana für die Kraft seiner Überzeugung, die sogar den Geizigen zum Geben und auf den Weg des Buddha gebracht hatte.

Der Buddha aber erklärte ihnen die wahre Tugend eines weisen Mönchs und sprach: «Brüder, ihr habt Recht, mein Sohn Moggallana hat den Geizigen überzeugt und ihm die Augen geöffnet. Diese Kraft hat er aber nur, weil er ein guter Mönch ist, ein vorbildliches Mitglied meiner Gemeinschaft. Wer aber ist ein guter Mönch? Das ist einer, der von niemandem etwas will, niemanden überredet oder unter Druck setzt, nicht argumentiert und nicht streitet. Ein guter Mönch tut nichts, was einen anderen beeinflusst oder ihm gar schaden könnte. Ein guter Mönch will nichts erhalten, nichts erreichen und nichts gewinnen. Ein guter Mönch ist wie eine Biene. Ohne eine Pflanze auch nur im Geringsten zu schädigen, ohne im Geringsten ihren Duft oder ihre Farbe zu verändern, sammelt sie den Blütenstaub für ihren Honig. Genauso, liebe Brüder solltet ihr euch verhalten, so solltet ihr in euren Städten und Dörfern von Haus zu Haus gehen, wenn man euch wirklich weise nennen soll.»

QUELLE: Buddhistische Legenden zum *Dhammapada*, Buch 4, Geschichte 5, Spruch 49.

Ein Kind im Kloster

In Savatthi lebte ein reicher Kaufmann, der ein Anhänger der Lehre des Buddha und ergebener Schüler von Sariputta, dem ranghöchsten Mönch des Ordens war. Er hatte eine Tochter, die ebenfalls die Lehre verstand und liebte. Nachdem sie geheiratet hatte, brachte sie bald einen Sohn zur Welt, und kurz nach der Geburt wurde er von Sariputta selbst gesegnet und bekam den Namen Pandita, das heißt der Weise. Das Kind war wirklich außergewöhnlich begabt, und als es in die Schule gehen sollte, zeigte sich, dass es den Gleichaltrigen schon weit überlegen war. So verwunderte es niemanden, dass es sehr bald große Zuneigung zur Gemeinschaft des Buddha zeigte und im Kloster ein und aus ging.

Als der kleine Pandita acht Jahre alt war, sagte er zu seiner Mutter: «Ich möchte nicht mehr zur Schule gehen. Kann ich nicht bei den Mönchen und Sariputta die heiligen Texte lernen? Ich will auch ein Mönch werden.»

Die Mutter war derart überzeugt von der besonderen Begabung ihres Sohnes, dass sie ihm nicht widersprechen wollte. So lud sie am nächsten Tag Sariputta zum Essen ein und trug ihm die seltsame Bitte ihres Sohnes vor. Noch nie war ein Kind als Mönch aufgenommen worden. Sariputta kannte den kleinen Pandita recht gut, und nach einer kurzen Meditation sagte er: «Der Weg des Buddha ist ein Weg für Menschen, die nicht mehr ganz blind durchs Leben gehen. Es ist ein Weg für Menschen, die bereit sind, ihn eifrig, aufrecht und entschlossen zu gehen. Ob dieser Mensch ein Greis ist oder ein Kind, spielt keine Rolle. Komme morgen mit deinem Sohn, und wenn unser verehrter Meister einverstanden ist, soll der kleine Pandita als Novize aufgenommen werden.»

Am nächsten Tag begab sich die ganze Familie mit reichen Geschenken ins Kloster, und da auch der Buddha zustimmte, wurde Pandita in einer feierlichen Zeremonie als Novize aufgenommen. Sariputta erklärte ihm die acht grundlegenden Regeln, und der Junge wiederholte sie und gelobte, sie einzuhalten.

So wuchs Pandita bei den Mönchen auf, und diese bemühten sich, ihm alles beizubringen, was er auch in der Schule zu lernen gehabt hätte. Er musste sich nicht die Haare scheren und keine Robe tragen. Er konnte wie jedes Kind im Dorf frei herumspringen. Aber er zeigte sich aus eigenem Antrieb überaus interessiert am Leben der Mönche, hörte die Lehrreden, lernte die Texte und begann auch bald, nach den meditativen Übungen zu fragen.

Da Pandita noch kein Mönch war, durfte er nicht am Bettelgang teilnehmen. So kam es, dass der Junge jeden Tag, nachdem die Mönche aufgebrochen waren, das Kloster aufräumte. Da Sariputta ihn aber nicht gern alleine ließ, blieb er oft bei ihm und unterrichtete ihn nach dem Aufräumen. So lernte Pandita alles Notwendige, bemühte sich sehr und machte große Fortschritte im Wissen und Verstehen. Damit der Novize aber auch die Welt kennen lernte, nahm ihn der ältere Mönch immer wieder mit, wenn er auf seinen Wanderungen die Menschen in Dörfern und Städten besuchte.

Einige Jahre waren vergangen und Pandita war ein junger Mann geworden, der bald ein richtiger Mönch werden sollte. Eines Tages, als er mit seinem Lehrer Sariputta unterwegs war, kamen sie an einem Feld vorbei, das von vielen Kanälen durchzogen wurde, die zur Bewässerung dienten. Pandita hatte etwas Derartiges noch nicht gesehen und fragte nach ihrer Bedeutung. «Das ist eine Bewässerungsanlage», erklärte Sariputta. «Dadurch wird das Wasser an die Stellen geleitet, an denen es den meisten Nutzen bringt.» Pandita dachte nach: «Hat denn das Wasser Verstand, dass es weiß, wo es hin soll?» «Nein, natürlich nicht», erwiderte Sariputta. «Dann sind es also die Menschen mit ihrem Verstand, die das Wasser so lenken und leiten, wie es ihnen gefällt?» Der Novize blieb stehen, da er einen neuen Gedanken hatte: «Kann man den eigenen Verstand auch lenken wie das Wasser?», fragte er. «Sicher», bestätigte der Lehrer, «das ist die Übung, die zur Erleuchtung führt.»

Einige Tage später sahen sie auf einem anderen Gang in einem Dorf einen Bogenmacher bei der Arbeit. Sie schauten zu, wie das Holz für die Pfeile erhitzt und geformt wurde. Wieder wurde Pandita nachdenklich, und er fragte: «Hat das Holz Verstand, dass es in der Form bleibt?» «Nein, natürlich nicht», war die Antwort. «Dann ist es also der Verstand des Menschen, der das Holz nach seinem Willen formt. Kann man den Verstand auch formen und gestalten nach dem eigenen Willen?» Der Lehrer bestätigte: «Das ist der Weg der Übung, der zur Erleuchtung führt.»

Einige Wochen später kamen die beiden während einer Wanderung an einer Schmiedewerkstatt vorbei. Als Pandita sah, wie das Eisen geformt wurde, stellte er wieder die Frage: «Hat denn das Eisen Verstand?» Und wieder antwortete der ältere Mönch, wie er es zuvor getan hatte. Da verstand der Novize endlich, und er sagte: «Jetzt weiß ich, was ich zu tun habe. Ich möchte gleich ins Kloster zurückgehen und meinen Verstand so lange lenken und formen, bis ich die Erleuchtung erlangt habe.» Sariputta lächelte und sagte: «Geh nur und übe dich darin, deinen Geist zu lenken.»

Pandita zögerte: «Wenn ich mich heute der Übung widme, wer wird sich dann um mein Essen kümmern? Könntest du mir etwas von deinen gesammelten Speisen bringen?» Sariputta sah die Ernsthaftigkeit und Begeisterung des jungen Mannes, und wieder musste er lächeln: «Geh nur, ich werde dir schon etwas bringen.» Pandita ging ins Kloster, setzte sich in seiner Zelle in Meditationshaltung hin, bemühte sich, den Körper zu beobachten, den Geist zu lenken und so sein Selbst zu durchschauen und zu erkennen.

Nachdem Sariputta in dem Haus, in dem er zum Essen eingeladen war, sein Mahl beendet hatte, erzählte er den Gastgebern von seinem Schützling Pandita. Bereitwillig füllte man seine Schale mit den besten Speisen, und Sariputta machte sich auf den Weg, denn er dachte: «Gewiss ist mein Schüler in der Zwischenzeit schon sehr hungrig geworden und wartet sehnsüchtig auf das Essen.»

Zu dieser Zeit hatte der Buddha selbst schon sein Mahl beendet und war gerade im Kloster angekommen. Als er an Panditas Zelle vorbeikam, sah er den Jungen und erkannte mit einem Blick, dass dieser Schüler in tiefster Versenkung weilte und nahe daran war, zum wahren Wissen durchzubrechen und die Erleuchtung zu erlangen.

Da hörte er ein Geräusch, und er sah Sariputta, etwas schneller als gewöhnlich, durch das große Tor kommen. Er ging ihm entgegen und fragte: «Sariputta, warum so eilig? Was hast du in deiner Schale?» Der Mönch antwortete: «Eine Portion vom feinsten Essen, verehrter Meister, für unseren Schüler Pandita, der vermutlich in seiner Zelle sitzt und schon darauf wartet.» «Wir sollten ihn nicht stören», sagte der Buddha, «jetzt noch nicht. Lass uns in der Halle warten, bis er kommt.» Sie gingen in die Halle, Sariputta stellte seine Schale ab, und der Buddha verwickelte ihn in ein Lehrgespräch über die Bedeutung der Sinneswahrnehmungen beim Essen und nach dem Essen.

In dieser Zeit gelang es dem jungen Pandita, seinen Geist derart zu formen, dass er zu den tiefsten Einsichten fähig war, und schließlich erreichte er das wahre Wissen. So wurde er zum jüngsten erleuchteten Mitglied in der Gemeinschaft des Buddha.

Es war schon spät geworden, da erschien Pandita in der Halle. Voll Dankbarkeit verbeugte er sich vor seinem Lehrer Sariputta. Dieser gab ihm die Schale und sagte: «Du hast heute noch nichts gegessen. Komm und iss.» Pandita setzte sich bescheiden in eine Ecke und verzehrte das Mahl. Nachdem er die Schale sorgfältig gewaschen hatte, gab er sie seinem Lehrer zurück.

Inzwischen hatten sich schon viele Mönche in der Halle versammelt, verwundert darüber, dass der oberste Mönch dem jungen Mann Essen in seiner Schale gegeben hatte.

Am Abend hielt der Buddha eine Rede und sagte: «Ja, ihr Mönche meiner Gemeinschaft, einer unter euch, der Jüngste und selbst noch kein Mönch, hat sich heute bemüht, hat Körper und Geist durchschaut und die Erleuchtung erlangt. Während er in seiner Zelle saß und meditierte, wollte Sariputta ihm sein Essen bringen. Ich habe Sariputta davon abgehalten, und so hatte unser junger Bruder Gelegenheit, seine Sammlung aufrechtzuerhalten und seinen Geist weise zu lenken. Auf rechte Weise hat mein Sohn beobachtet, wie Gärtner die Felder bewässern,

Bogenmacher das Holz formen und Schmiede das Eisen biegen. Diese lenken das Wasser, formen das Holz und das Eisen. Wir lenken und formen unseren Geist, wenn wir Erleuchtung erfahren wollen.»

QUELLE: Buddhistische Legenden zum *Dhammapada*, Buch 6, Geschichte 5, Spruch 80.

Der Mönch, der den Buddha liebte

In Savatthi lebte der Sohn eines Brahmanen. Er sah den Buddha, der seinen Almosengang durch die Stadt machte, und war so überwältigt von der Ausstrahlung und schönen Erscheinung des Erwachten, dass er zu sich sagte: «Von nun an muss ich immerzu in der Nähe dieses Meisters sein.» Er schloss sich der Gemeinschaft des Buddha an, wurde Mönch und bekam den Namen Vakkali. Er versuchte, immer in der Nähe des Buddha zu bleiben, und verbrachte, ohne die Texte zu lernen und zu rezitieren oder sich der meditativen Übung zu widmen, seine ganze Zeit damit, den Erwachten anzustarren. Der Buddha sagte zunächst kein Wort. Eines Tages jedoch hatte er den Eindruck, dass Vakkali bereit sei, endlich mehr zu verstehen, und sprach ihn an: «Vakkali, was bringt es dir, wenn du immer nur auf diese vergängliche Masse schaust, die der Körper des Buddha genannt wird? Nur wer meine Lehre versteht, nur wer auf die Wahrheit blickt, sieht mich wirklich.» So ermahnte er den Mönch.

Vakkali aber war noch nicht so weit und konnte trotz dieser Belehrung nicht aufhören, den Buddha anzustarren. Da dachte der Buddha: «Wenn dieser Bruder nicht aufgerüttelt wird, erreicht er niemals wahre Einsicht und Erleuchtung.»

Als es für die Mönche wieder an der Zeit war zu wandern, machte sich der Buddha mit einer Gruppe von Mönchen auf den Weg, Vakkali jedoch schickte er mit folgenden Worten weg: «Bleib hier, Vakkali, dein Weg ist nicht unser Weg.»

Vakkali wusste, dass er nun den Buddha mehrere Monate lang nicht sehen konnte, und dachte: «Der Buddha mag mich nicht mehr.» Ohne die Möglichkeit, täglich den Buddha zu sehen, wurde er immer lustloser und trauriger. Schließlich war er völlig verzweifelt und überlegte: «Was hat mein Leben für einen Sinn, wenn ich den Buddha nicht mehr sehen kann? Wozu soll ich dann noch länger leben? Ich werde mich vom Gipfel eines Berges stürzen.» Und er bestieg zu diesem Zweck den Geierberg, den der Buddha oft mit seinen Schülern erklommen hatte, um dort oben zu meditieren und Belehrungen zu geben.

Inzwischen hatten wandernde Mönche dem Buddha vom traurigen Zustand des Bruders Vakkali berichtet. Der Erwachte überlegte: «Wenn dieser Mönch kein Zeichen von mir bekommt, dann ist es gut möglich, dass er keinen anderen Ausweg mehr sieht und sich das Leben nimmt. Damit wird er für lange Zeit die guten Voraussetzungen zerstören, die er schon hat, um erleuchtet zu werden.» Deshalb begab sich der Erwachte in eine tiefe Versenkung und sandte dem armen Mönch die ganze Kraft seiner umfassenden Liebe und seines tiefen Mitgefühls.

Vakkali schleppte sich, in trüben Gedanken versunken, den steilen Berg hoch. Er dachte an die schönen Zeiten, als er noch achtsamen Schrittes neben dem Buddha gegangen war. Tränen füllten seine Augen, als es ihm plötzlich so vorkam, als wäre da ein heller Lichtschein. Er blickte nach oben und glaubte, die leuchtende Gestalt des Buddha zu gewahren. Er sah, wie ihn der Buddha liebevoll anblickte und lächelte. So beeindruckend war diese Erscheinung, dass er wie gebannt dastand, alle Sorgen von ihm abfielen und sein Herz sich mit Freude füllte. Es schien dem Mönch so, als würde der Buddha ihm zuwinken und sagen: «Ich bin bei dir, Vakkali, ich bin bei dir.»

Der Mönch wusste nicht, wie lange er da gestanden und seinen geliebten Meister betrachtet hatte. Schließlich stieg die Sonne höher, und es schien so, als hätten ihre Strahlen das Bild des Buddha aufgelöst. Der Mönch blieb noch eine Weile stehen, bis ihm klar geworden war, dass er nur eine Erscheinung gesehen hatte.

Trotzdem erfüllte ihn weiterhin überirdische Freude. Obwohl er nur einer Vision begegnet war, wusste er jetzt, dass ihn der Buddha nicht verlassen hatte. Seine Verzweiflung war grenzenlosem Vertrauen gewichen, und er war sicher, dass ihn der Meister liebte, beschützte und ihn auf seinem Weg begleitete, wo immer er war.

Es dauerte nicht mehr lange, dann war die Wanderzeit vorbei, und der Buddha kehrte mit seinen Schülern in das Kloster unterhalb des Geierberges zurück. Bald schon fand Vakkali eine Gelegenheit, mit seinem Meister zu sprechen, und er berichtete ihm voll Freude von seinem wunderbaren Erlebnis. Da sagte der Erwachte zu ihm: «Lange Zeit warst du nur von meiner Gestalt gefesselt. Als ich dich verließ, dachtest du, ich hätte dich aufgegeben. Schließlich aber hat dir eine Erscheinung gezeigt, dass ich immer da bin. Erst dadurch hast du wahres Vertrauen zu mir gewonnen. Solch unabhängiges Vertrauen ist selten und führt, wie du erlebst hast, zu überirdischer Freude. Nun aber kommt der nächste Schritt. Wenn du nicht nur meiner Gestalt oder meiner Erscheinung folgst, sondern meiner Lehre, werde ich dich aus dem Leiden herausziehen, wie man einen Elefanten an einem Seil aus dem Sumpf zieht.

Auch die Freude, in der du jetzt lebst, ist vergänglich, ist bedingt. Folge mir vertrauensvoll, und lasse auch diese Freude los. Du kannst nicht mehr in deinen früheren Zustand zurückfallen. Wenn du jedoch diese Freude überwindest, dann bist du imstande, auf meinem Weg weiterzukommen und tatsächlich die innere Befreiung, die Erleuchtung zu erfahren.»

Vakkali begann nun erst mit der ernsthaften Übung. Er folgte genau den Anweisungen des Buddha, übte ausdauernd und erreichte nach und nach alle tiefen Stufen der Versenkung. Er überwand die große Freude, erlebte den vollkommenen Gleichmut und schließlich die höchsten Bewusstseinszustände. Endlich, nach langer Übung, gelang es ihm, alles loszulassen. So erreichte er die innere Befreiung und wurde ein Erleuchteter.

Bei verschiedenen Gelegenheiten erzählte der Buddha seine Geschichte als Beispiel dafür, wie die durch grenzenloses Vertrauen gewonnene Freude zur Erleuchtung führt. So wurde Vakkali als der Bruder bekannt, dem es durch die Kraft des Vertrauens gelungen war, den Weg des Buddha bis zum Ende zu gehen.

Quelle: Buddhistische Legenden zum *Dhammapada*, Buch 25, Geschichte 11, Spruch 381.

Der beleidigte Mönch

Der reiche Kaufmann Citta begegnete einmal einer Gruppe von Mönchen, deren ältester der Lehrer Mahanama war. Er war so beeindruckt von ihrer Würde, dass er sie in sein Haus einlud, sie mit Essen versorgte und einer Rede des Ältesten zuhörte. Er war ganz begeistert von der Lehre des Buddha und fasste großes Vertrauen zu diesem Weg. Daher vermachte er der Gemeinschaft ein riesiges Grundstück zum Wohnen und Üben. Somit hatte die noch junge Bewegung ein erstes solides Fundament gefunden.

Es dauerte nicht lange, da hatte sich die Großzügigkeit von Citta herumgesprochen, und eines Tages kamen sogar die obersten Mönche des Buddha, Sariputta und Mogallana. Als Citta von ihrer Anreise hörte, ging er ihnen entgegen. Er begleitete sie bis zum Kloster und versorgte sie mit allem, was sie brauchten. Schließlich bat er sie um eine Belehrung. Obwohl sie von der langen Reise müde waren, hielten sie eine kurze Rede, an deren Ende der Kaufmann eine weitere Stufe der Einsicht erreichte.

Dankbar wandte er sich an die Mönche und sagte: «Bitte kommt morgen mit Eurem ganzen Gefolge in mein Haus, damit ich Euch entsprechend bewirten kann.» Da sah er seinen Hausmönch namens Sudhamma, der von Anfang an der oberste Mönch in diesem Kloster gewesen war, und er beeilte sich hinzuzufügen: «Verehrter Herr, auch Ihr seid natürlich eingeladen.» Sudhamma dachte ärgerlich: «Er hat mich als letzten eingeladen», und beleidigt lehnte er ab, obwohl ihn der Kaufmann noch mehrmals bat. Beim Abschied sprach ihn Citta abermals an: «Ich bitte Euch, morgen zu kommen, verehrter Sudhamma.» Der Mönch ging schweigend weg.

Am nächsten Morgen aber war Sudhamma neugierig auf den Empfang, so dass er doch im Haus des Citta erschien. Der Kaufmann freute sich und sagte: «Nehmt doch Platz.» «Nein, nein», erwiderte Sudhamma schnell, «ich mache gleich meinen Almosengang durch das Dorf.» Neugierig schaute er in die Schüsseln und Pfannen, und um den Kaufmann zu ärgern, fügte er belehrend hinzu: «Hausherr, Euer Essen sieht zwar gut aus, aber es fehlt eine wichtige Sache. Ihr habt keinen Sesamkuchen.» Da war die Geduld des Kaufmanns zu Ende, und er antwortete ungehalten: «Ihr seid wie eine Krähe, die nach einem verdorbenen Korn sucht.» Sudhamma wurde so wütend, dass er das Haus ohne ein Wort verließ. Er machte sich auf den langen Weg nach Savatthi, um dem Buddha zu berichten, wie schlecht der hoch geachtete Citta einen Mönch des Erleuchteten behandelte.

Der Buddha hörte sich die ganze Geschichte an und sagte dann: «Du bist äußerlich ein Mönch, aber was den Stand deiner geistigen Bemühungen anlangt, so bist du dem Kaufmann Citta weit unterlegen. Du hast durch dein Verhalten den aufrichtigen Mann beleidigt. Geh zurück, und entschuldige dich. Es war alles deine Schuld.»

Schweren Herzens wanderte der Mönch den weiten Weg zurück, suchte Citta auf und sagte zähneknirschend: «Hausherr, es war alles meine Schuld. Tut mir Leid. Verzeiht mir.» Aber Citta antwortete: «Ich bin nicht davon überzeugt, dass dir dein Verhalten wirklich Leid tut. So einfach kann ich dir nicht verzeihen.» Da wusste Sudhamma nicht mehr, was er tun sollte, und so nahm er nochmals den weiten Weg auf sich, um den Buddha um Rat zu fragen.

Der verehrte Meister sagte zu ihm: «Ich kann dir nur raten, einige Mönche mitzunehmen, nochmals den weiten Weg zu Citta zu machen und ihn erneut um Verzeihung zu bitten. Du musst wirklich allen Stolz überwinden und jedes schlechte Denken. Wir Mönche haben keinen Besitz, und wir dürfen niemals etwas erwarten oder denken, dass wir ein Recht auf etwas hätten. Uns gehört gar nichts. Wir haben keinen Anspruch auf eine bestimmte

Wohnung oder Versorgung durch einen bestimmten Menschen. Nur ein Narr kann denken, er sei in meiner Gemeinschaft, um etwas zu sein und zu gelten, um Anerkennung und Ehre zu gewinnen.»

Daraufhin übte sich Sudhamma in Bescheidenheit und erkannte sein falsches Verhalten. Er kehrte zu Citta zurück, und diesmal war seine Reue ehrlich. So wurde ihm ganz leicht verziehen.

Citta blieb einer der großen Förderer des Buddha und seiner Gemeinschaft und wurde später vom Buddha selbst besucht. Je mehr er gab, desto mehr wurde er mit Reichtum aus seinen Geschäften belohnt.

Sudhamma übte unermüdlich nach den Anweisungen des Buddha und wurde zu einem Vorbild an Bescheidenheit für die anderen Mönche.

Quelle: Buddhistische Legenden zum *Dhammapada*, Buch 5, Geschichte 14, Strophe 73 und 74.

Die Frau, die die Mönche hasste

Es war einmal eine arme Frau, die trotz ihrer geringen Mittel sehr gerne Asketen, Mönche und arme Leute bewirtete. Sie hatte eine Tochter namens Kana, und als diese alt genug war, wollte sie einen Mann aus der Nachbarschaft heiraten. Wie es damals der Brauch war, wurde der zukünftige Ehemann zu einem Festmahl eingeladen. An diesem Tag jedoch kamen am frühen Morgen einige Mönche des Buddha vorbei, und die Mutter gab ihnen in ihrer Großzügigkeit das meiste Essen. Als der Mann mit seiner Familie eintraf, waren nur noch schäbige Reste übrig und er ging enttäuscht nach Hause. Sie luden ihn ein zweites Mal ein, aber es geschah das Gleiche, denn die Mutter hatte das Essen wieder verschenkt. Da wiederholten sie noch einmal ihre Einladung, doch der Zufall wollte es, dass genau an dem Tag noch mehr Mönche des Buddha kamen. Die Frau brachte es nicht übers Herz, die Mönche hungrig gehen zu lassen, und so kam es, dass zu Mittag nicht einmal mehr ein winziger Essensrest zu finden war. Da reichte es dem jungen Mann, er ging beleidigt nach Hause und heiratete eine andere Frau.

Zuerst weinte die Tochter sehr, aber dann wurde sie wütend auf die Mönche des Buddha. «Sie sind daran schuld, dass ich diesen Mann nicht bekommen habe», dachte sie. Von diesem Tag an beleidigte und beschimpfte sie jeden Mönch, den sie sah. Es kam so weit, dass sich die Ordensleute des Buddha nicht einmal mehr in die Straße trauten, in der Kana wohnte.

Der Buddha hörte davon, und eines Tages ging er selbst in das Haus. Kana wagte nicht, ihn zu beschimpfen, sondern versteckte sich. Die Mutter, die schon lange keinen Mönch mehr gesehen hatte, bewirtete den Buddha voll Freude. Nachdem er sein Frühstück verzehrt hatte, fragte er: «Wo ist deine Tochter Kana?»

Die Mutter antwortete: «Sie ist in ihrem Zimmer und heult vor Zorn, denn sie hasst dich und alle deine Anhänger.»

Da ließ der Buddha Kana rufen, und widerwillig kam sie. Er fragte: «Sag mir, was macht dir Sorgen, warum versteckst du dich und warum weinst du?»

Kana konnte nichts sagen, so dass ihre Mutter für sie antwortete und erzählte, wie es gekommen war, dass der Mann, den Kana hatte heiraten wollen, davongelaufen war. Da wandte sich der Buddha an die Tochter und sagte: «Weißt du eigentlich, wie wir Mönche und Nonnen leben?» Kana erwiderte kurz: «Keine Ahnung.»

Nun erklärte der Buddha: «Meine Mönche und Nonnen gehen jeden Morgen durch die Stadt, bleiben vor den Häusern stehen und warten. Wenn sie etwas bekommen und eingeladen werden, ist es gut. Wenn sie nichts bekommen, gehen sie schweigend weiter. Deine Mutter war immer sehr großzügig und hat sich damit große Verdienste erworben. Niemals bitten die Mönche des Buddha um etwas, niemals verlangen sie etwas, und niemals danken sie.» Da fragte Kana interessiert: «Und wenn ihr nichts bekommt?» Der Meister lächelte: «Wir sind niemals ärgerlich oder ungehalten, wenn wir nichts bekommen. Deine Mutter gab uns zu essen, weil sie ein gutes Herz hat, und wird dafür mit reichem Segen belohnt werden. Bitte sag mir aufrichtig, wenn du irgendeine Schuld in meinem Verhalten oder in dem meiner Mönche siehst?»

Kana war von dieser Antwort sehr beeindruckt und fragte: «Welchem Zweck dient solch ein Leben?» Der Buddha erkannte, dass Kana nun bereit war, die Lehren der Wahrheit zu hören, und er erklärte ihr den Segen, den der Geber durch seine Großzügigkeit zu erwarten hat. Am Ende der Rede gewann Kana die Gewissheit, dass sie nicht mehr von dem Weg zur Erleuchtung abkommen konnte.

Der Buddha ging wieder in sein Kloster zurück. Auf dem Weg

kam er am Palast des Königs vorbei. Der König sah ihn und schickte einen Diener, der den Buddha höflich einlud. Als der Buddha im Hof des Palastes stand, kam der König selbst heraus und fragte ihn, wo er gewesen sei. Der Buddha antwortete: «Ich komme eben aus dem Haus von Kana.» Der König wollte es nicht glauben: «Aber Kana hasst dich und all deine Mönche.» – «Deshalb ging ich hin, großer König. Nun hat sie aufgehört, die Mönche zu beleidigen und zu beschimpfen. Außerdem hat sie erkannt, dass großzügiges Geben, auch wenn man arm ist, reichen Segen bringt.»

Der König war so erfreut über diese Wandlung, dass er sagte: «Von dir wurde sie mit innerem, geistigem Reichtum beschenkt, ich werde sie mit äußerem, weltlichem Reichtum beschenken.»

Der König sandte ihr einen großen Wagen voll mit Schätzen und behandelte sie von nun an wie seine eigene Tochter.

Kana öffnete ihr Haus für alle Mönche und Nonnen, und jeder, der an ihre Tür kam, wurde reichlich versorgt.

Am Abend sprachen die Mönche in der Versammlung über diesen wunderbaren Vorfall. «O wie groß ist die Macht des Buddha», sagten sie, «dass es ihm gelingt, aus Feinden Freunde zu machen.»

Der Buddha fragte, worüber sie redeten und als sie es ihm erzählten, sprach er folgende Worte:

«Glaubt nicht, dass es eine persönliche Macht ist, die diese Verwandlung bewirkte. Es ist die Macht der wahren Lehre, die wunderbare Veränderungen auslösen kann. Wer offen und bereit ist und dann die wahre Lehre hört, dessen Geist verliert alle unheilsamen Eigenschaften und wird ruhig, tief und klar wie ein See, wenn sich der Sturm gelegt hat.»

QUELLE: Buddhistische Legenden zum *Dhammapada*, Buch 6 , Geschichte 7, Spruch 82.

Zwei Freunde – zwei Wege

Es waren einmal zwei Männer, die saßen oft bis spät in die Nacht, diskutierten und versuchten, die Wahrheit und den Sinn des Lebens zu erfassen. Eines Tages hörten sie den Buddha in einer Versammlung reden und waren begeistert. So beschlossen sie, ihr Leben den geistigen Übungen zu widmen, in die Ordensgemeinschaft des Buddha einzutreten und Mönche zu werden.

Nachdem sie einige Jahre als Mönche gelebt und noch immer nicht den Sinn des Lebens gefunden hatten, sprachen sie mit dem Buddha. Der erklärte ihnen: «Meine Brüder, wer wirklich auf dem Weg vorankommen will, muss sich ernsthaft bemühen. Es gibt allerdings zwei Wege. Der eine führt über die praktische Übung, die Meditation, und erfordert fortwährende Achtsamkeit auf jede Tätigkeit. Der andere Weg führt über das Studium. Hier gilt es, sich mit den Lehrreden zu beschäftigen, fleißig zu lernen und über die großen Wahrheiten so lange zu kontemplieren, bis sich das Auge der Weisheit öffnet.»

Da sagte der Ältere: «Ich bin nicht mehr so jung, und das Lernen fällt mir schwer. Aber ich will gerne den Weg der Übung gehen.» Also gab ihm der Buddha genaue Anweisungen, die geeignet waren, ihn zur Erleuchtung zu führen. Er zog sich zurück, übte ausdauernd und beharrlich. Schließlich erreichte er nach mehreren Jahren beständiger Übung das Ziel des Weges.

Der Jüngere aber wählte den Weg des Studiums und lernte die

Lehrreden auswendig. Er begann, selbst zu lehren, zog von Ort zu Ort und wurde berühmt.

Der Ältere lebte im Wald, und nach und nach gesellten sich einige Mönche zu ihm, von denen viele ebenfalls erleuchtet wurden.

Zu dieser Zeit weilte der Buddha in einem Kloster, in dem sich auch der Jüngere aufhielt und viele Menschen unterrichtete. Eines Tages kamen einige der Mönche aus der Gemeinschaft des Älteren und überbrachten dem Buddha Grüße. Als der Jüngere das vernahm, freute er sich sehr und fragte die Mönche: «Wie geht es meinem alten Freund? Was macht ihr in eurer Gemeinschaft? Welche Texte lernt ihr? Welche Themen diskutiert ihr?» Als er jedoch merkte, dass die Mönche aus der Gemeinschaft des Älteren keine Ahnung von irgendwelchen Texten hatten, wunderte er sich sehr und war davon überzeugt, dass sie allesamt auf dem falschen Weg waren.

Es dauerte nicht lange, da kam der ältere Mönch selbst in das Kloster, um den Buddha zu besuchen, und der Jüngere hielt das für eine ausgezeichnete Gelegenheit, dem alten Freund einige Fragen zu stellen, ihm seine Unwissenheit vor Augen zu führen und ihn so wieder auf den rechten Weg zu bringen.

Die beiden Mönche trafen sich in der großen Versammlungshalle, begleitet von ihren Schülern. Als die Zeit für ein Gespräch gekommen war, sagte der Jüngere: «Lieber Freund, wir haben uns lange nicht gesehen. Darf ich dir eine Frage stellen?»

In diesem Moment jedoch betrat der Buddha die Halle und erkannte, was der Jüngere vorhatte. Um zu verhindern, dass einer den anderen beleidigte, ergriff er das Wort und sagte zu dem Jüngeren: «Du bist der gelehrteste von allen Mönchen, deswegen möchte ich dir zum Wohle aller Anwesenden eine Frage stellen. Wie nennt man die erste Stufe der Versenkung, und welche Kennzeichen hat sie?» Nachdem der Jüngere zur Freude seiner Schüler alles richtig beantwortet hatte, stellte der Buddha eine Frage zur zweiten Stufe der Versenkung. Wiederum konnte der Jüngere Auskunft geben. Schließlich bat ihn der Buddha, den achtfachen Pfad zu erklären, und auch dabei glänzte der Jüngere durch seine vorbildliche Darstellung. Schließlich fragte der Buddha: «Nun sag mir, welche Erfahrung es ist, wenn man das unerschütterliche Vertrauen auf dem Weg gewinnt?» Hier stockte der Jüngere und konnte die Erfahrung nicht beschreiben.

Der Buddha richtete die gleiche Frage an den Älteren, und dieser gab eine kurze und klare Antwort, die aus dem Herzen kam. «Ausgezeichnet», lobte ihn der Buddha und stellte noch weitere Fragen zu Erfahrungen auf dem Weg zur Erleuchtung. Während der Jüngere stumm bleiben musste, konnte der Ältere alles ohne zu zögern beantworten, und man merkte, dass er es erfahren hatte. Da lobte ihn der Buddha, und alle Versammelten spendeten reichlich Applaus. Nur die Schüler des Jüngeren blieben ruhig und sprachen leise miteinander. Da fragte sie der Buddha freundlich: «Worüber sprecht ihr, sagt es uns.» Sie erwiderten: «Verehrter Meister, wir verstehen es nicht. Der ältere Mönch bekommt Eure ganze Anerkennung, obwohl er kaum etwas von den Schriften kennt. Unser eigener Lehrer jedoch, der alle heiligen Worte auswendig kann, dem wir vertrauen als Vermittler des wahren Wissens, der schweigt und weiß nichts mehr zu sagen. Wem sollen wir glauben?» Der Buddha antwortete, indem er ihnen folgende Belehrung gab:

«Es ist ein guter Weg, die Lehrreden und heiligen Texte zu lernen. Dieser Weg aber führt nur zum Ziel, wenn man über die Texte so weise nachdenkt, dass sie schließlich zur eigenen Erfahrung werden.

Wer alle weisen Texte kennt, aber ihren Inhalt durch die Übung der Achtsamkeit nicht erfahren hat, der gleicht einem Hirten, der die Kühe eines anderen hütet, jedoch ihre Produkte nicht selbst nutzt.

Ohne die Erfahrung der Wahrheit ist das ganze Wissen nicht viel wert. Wer hingegen kaum etwas weiß, dafür aber durch Achtsamkeit und Tugend im Einklang mit der Wahrheit lebt, der hat das Ziel meiner Lehre auch ohne die heiligen Worte erreicht. Viel wichtiger als die Kenntnis der Worte ist es, Gier, Hass und Verblendung zu überwinden, recht zu leben und recht zu handeln.

Am wichtigsten ist es, an nichts zu hängen, weder in dieser noch in einer zukünftigen Welt.»

Quelle: Buddhistische Legenden zum *Dhammapada*, Buch 1, Geschichte 14, Spruch 19 und 20.

Juwelier, Mönch und Reiher

Es war einmal ein Juwelier, in dessen Haus ging ein Mönch des Buddha ein und aus und wurde wie ein Sohn täglich mit Essen und allen lebenswichtigen Dingen versorgt. Eines Tages saß der Juwelier an einem Tisch und schnitt Fleischstücke für das Mittagessen, während ihm der Mönch Gesellschaft leistete. Da kam ein Diener des Königs herein, überreichte ihm einen kostbaren Edelstein und sagte: «Der König möchte, dass du diesen Stein reinigst, mit einem Anhänger versiehst und zurücksendest.» Der Juwelier nahm mit seinen blutigen Händen den Stein und legte ihn in eine Schachtel. Dann brachte er das Fleisch in die Küche, und danach wusch er sich die Hände.

Im Haus lebte ein zahmer Reiher, der, von dem Geruch des Blutes angelockt, den Stein entdeckte. Im Glauben, es sei ein Stück Fleisch, verschluckte er den Stein vor den Augen des Mönchs.

Als der Juwelier zurückkam, suchte er nach dem Edelstein, rief seine Frau und seine Kinder und fragte: «Hat jemand von euch den Stein des Königs genommen?» «Niemand von uns war in diesem Raum», sagte seine Frau. Der Juwelier blickte sich um und flüsterte seiner Frau ins Ohr: «Es bleibt nur noch der Mönch, er muss den Stein genommen haben.» Die Frau antwortete empört: «Das ist Unsinn. Er kommt schon so lange zu uns, und niemals hat er etwas Unrechtes getan. Der Mönch war es bestimmt nicht.»

Trotzdem ging der Juwelier zum Mönch und fragte: «Habt Ihr

den Edelstein genommen, den mir der Diener des Königs gebracht hat?» – «Nein, verehrter Hausherr, ich war es nicht.» Der Juwelier aber fuhr fort: «Lieber Freund, sonst war niemand hier in diesem Raum. Nur Ihr alleine könnt den Stein genommen haben. Gebt ihn sofort zurück.»

Der Mönch beteuerte weiterhin, er habe den Stein nicht, was den Juwelier immer wütender machte. Schließlich sagte er: «Wenn Ihr es nicht zugebt, werde ich Euch fesseln und durchsuchen. Ihr müsst den Stein haben.» Nun mischte sich die Frau ein und beschwor ihren Mann: «Mach keinen Unsinn. Du darfst einen Mönch nicht fesseln und quälen. Es wäre besser, dem König den Verlust zu melden, als sich an einem Mönch zu vergreifen.» «Das glaubst du», rief der Mann, «wenn der König davon erfährt, werden wir alle als Sklaven verkauft.» Er holte ein dickes Seil und band den schweigenden Mönch an einem Balken fest.

Als er damit begann, ihm die Robe von den Schultern zu reißen, kam der Reiher und setzte sich auf die Schulter des Mönchs, als wolle er ihn beschützen. Der Juwelier wurde dadurch noch wütender. Er schrie: «Weg mit dir, du blödes Tier!» und versetzte dem Vogel einen Schlag. Er traf ihn so heftig, dass der Reiher tot auf den Rücken fiel.

Da öffnete der Mönch den Mund und sagte: «Seht nach, ob der Reiher wirklich tot ist.» Der Juwelier antwortete barsch: «Was kümmert Ihr Euch um den Reiher? Wenn Ihr mir jetzt nicht den Stein herausgebt, lasse ich Euch hier hängen, bis auch Ihr tot seid.» Da antwortete der Mönch: «Dieser Reiher hat Euren Stein verschluckt. Wäre er jetzt nicht tot, so hätte ich es Euch nicht gesagt, selbst wenn Ihr mich hättet verhungern lassen.»

Der Juwelier holte ein Messer, öffnete den Körper des toten Reihers und fand tatsächlich den vermissten Edelstein. Hastig befreite er den Mönch und warf sich vor ihm zu Boden: «Verzeiht mir bitte, verzeiht mir. Was ich getan habe, ist schrecklich. Ich tat es aus Unwissenheit. Es tut mir so Leid.» Der Mönch antwortete sanft: «Was Ihr getan habt, ist nicht Eure Schuld. Solange Unwissenheit da ist, wiederholt sich so etwas immer wieder im Kreislauf der Existenzen. Ich verzeihe Euch.» Der Juwelier schöpfte ein wenig Hoffnung: «Wenn Ihr mir wirklich verzeiht, dann kommt wieder jeden Tag in mein Haus und nehmt Euren gewohnten Platz ein. Ich lasse Euch mit den besten Speisen versorgen.»

Der Mönch schüttelte den Kopf und entgegnete: «Ich habe durch Euch etwas gelernt. Von nun an werde ich das Haus keines weltlichen Menschen mehr betreten. Unser Konflikt war das Resultat meines bequemen Lebens bei Euch. Von jetzt an werde ich eine gute Regel des Buddha einhalten und meine Speisen nur noch vor den Türen der Häuser in Empfang nehmen. Der Buddha hat gesagt: ‹Für die Weisen gibt es Essen überall, ein wenig hier, ein wenig dort, mal bei diesem Haus, mal bei jenem. Solange man noch gehen kann, sollte man nirgendwo lange verweilen, sondern sich bewegen, um das notwendige Essen zu erhalten.»

QUELLE: Buddhistische Legenden zum *Dhammapada*, Buch 9, Geschichte 10, Spruch 126.

Der Brahmane, der seinen Sohn verlor

Zu Buddhas Zeiten lebte in Savatthi ein Brahmane, den man Adinna nannte, was so viel heißt wie «Gebenichts». Das kam daher, dass er furchtbar geizig war und niemals etwas freiwillig hergab. Er hatte einen Sohn, den er über alles liebte. Als der Junge 16 Jahre alt war, bekam er eine schwere Gelbsucht. Die Frau des Brahmanen sagte: «Du musst einen Arzt holen», aber da es ihm um das Geld Leid tat, das er dafür bezahlen sollte, ging er zu verschiedenen Ärzten und ließ sich kostenlose Ratschläge geben. Und dann bereitete er selbst Medizin für seinen Sohn zu, aber es half nichts, und dem Jungen ging es schlechter und schlechter. Schließlich ließ er doch noch einen Arzt kommen, aber die Krankheit war schon so weit fortgeschritten, dass der Heiler nichts mehr tun konnte und den Jungen aufgab. Da erkannte der Brahmane, dass sein Sohn im Sterben lag, und dachte: «Wenn sich das herumspricht, werden alle meinen Sohn besuchen wollen. Wenn sie aber ins Haus kommen, sehen sie meinen ganzen Reichtum, deshalb werde ich sein Bett in den Garten stellen.» Und das tat er.

Am nächsten Tag ging der Buddha in Begleitung einiger Mönche durch die Straßen von Savatthi. Als sie am Haus des Brahmanen vorbeikamen, sah der Buddha den todkranken jungen Mann im Garten liegen und erkannte, dass er ein offenes, vertrauensvolles Herz hatte. So trat er näher.

Mattha, so hieß der Sohn des Brahmanen, schlief gerade, aber die Freundlichkeit des Buddha strahlte so sehr, dass Mattha ein goldenes Licht wahrnahm, das ihn weckte. «Woher kommt dieses wunderbare Licht?», fragte er, und dann sah er den Buddha. Dieser setzte sich an sein Bett, und Mattha sagte mit schwacher Stimme: «Ihr seid sicher der Buddha. Es war immer mein Wunsch, Euch zu sehen und Eure Lehren zu hören. Aber mein Vater gab mir nicht die Erlaubnis, zu Euch zu gehen und Eurer Gemeinschaft etwas zu spenden. Sein Geiz ist so groß, dass er sich das Geld für einen Arzt sparte, und nun kann ich nicht mehr euer Schüler werden. Ich bin so schwach, dass ich mich kaum noch bewegen kann, aber ich spüre, dass ich grenzenloses Vertrauen zu Euch habe. Ihr seid meine ganze Zuflucht.» Dann konnte er nicht mehr weitersprechen. Der Buddha verließ mit seinen Mönchen den Garten, und auf der Straße sagte er zu ihnen: «Er hat genug getan.»

Kurz darauf starb Mattha und wurde kraft seines Vertrauens zum Buddha in der himmlischen Welt als ein mächtiger Gott wieder geboren.

Als sein Sohn tot war, war der Brahmane verzweifelt. Er schaffte den Körper zur Verbrennungsstelle und verbrachte dort Stunde um Stunde, weinend und klagend. «Wo bist du mein Sohn, mein einziger Sohn?»

Als er eines Abends wieder jammernd auf der Erde lag, hörte er in seiner Nähe ein noch lauteres Klagen. Er blickte sich um und sah einen jungen, prächtig gekleideten Mann, der seinem Sohn ähnelte. Verwundert sprach er ihn an: «Verzeiht mir, Ihr seid so jung und schön, so gut gekleidet und reich geschmückt. Darf ich fragen, was Euch einen solch großen Schmerz verursacht?»

Der junge Mann sagte: «Ich habe einen wunderbaren Wagen, der glänzt und leuchtet. Er ist aus purem Gold. Aber ich besitze keine Räder für diesen Wagen. Und wenn ich keine finde, werde ich vor lauter Kummer darüber sterben.»

Da rief der Brahmane: «Wollt Ihr Räder aus Kupfer, aus Silber, aus reinem Gold oder aus Edelsteinen? Sagt mir nur, was Ihr möchtet, und ich werde sie Euch beschaffen.»

«Wie groß könnt Ihr die Räder machen?», fragte der junge Mann.

«So groß, wie ihr wollt», antwortete der Brahmane.

«Gut, dann möchte ich Sonne und Mond als Räder für meinen goldenen Wagen. Gebt sie mir.»

Da erwiderte der Brahmane: «Junger Herr, Ihr seid ein großer Narr. Ihr wollt etwas haben, was man nicht haben kann. Ich denke, Ihr werdet eher sterben, als dass Sonne und Mond Räder an Eurem Wagen werden.»

Aber der edle Herr antwortete: «Wer ist wohl der größere Narr – derjenige, der etwas verlangt, das es immerhin gibt, oder derjenige, der um etwas weint, das er gar nicht kennt. Sonne und Mond kann man sehen, aber wisst Ihr, wo jemand hingeht, wenn er gestorben ist? Wer von uns ist also der größere Narr?»

Da löste sich der Schmerz des Brahmanen, und er sagte nachdenklich: «Es ist wahr, ich bin der größere Narr. Wie ein Kind, das einer verlorenen Puppe wegen weint, habe ich um meinen Sohn geweint, ohne zu wissen, was aus ihm geworden ist. Ich war im Feuer, aber Ihr habt Wasser darauf gegossen und meinen Kummer gemildert. Ihr habt den Pfeil der Sorge aus meinem Herzen gezogen. Ich danke Euch. Nun sagt mir, wer Ihr seid?»

Der junge Mann erklärte: «Ich war dein Sohn, um den du geweint hast, den du selbst zur Verbrennungsstätte gebracht hast. Aufgrund meiner Verdienste bin ich nach dem Tod im Himmel als einer der mächtigen Götter wieder geboren worden.»

Der Vater wunderte sich sehr und sagte: «Welche Verdienste hast du dir in deinem Leben als mein Sohn Mattha erworben. Ich habe nicht gesehen, dass du jemals in meinem Haus anderen Menschen geholfen hättest, und für Spenden und reiche Gaben hattest du kein eigenes Geld. Ich sah dich auch nicht beten oder fasten – was also hast du getan, um in den Himmel zu kommen?»

Da sagte das göttliche Wesen: «Als ich krank war und schwach, als mein Körper im Sterben lag, da kam der vollkommen Erleuchtete, der Buddha, in unser Haus und hüllte mich in den Lichtstrahl seiner grenzenlosen Güte. Da erkannte ich seine Weisheit und fasste Vertrauen zu ihm. In diesem Augenblick war mein Geist frei von Verlangen, frei von Zweifel, glücklich und zufrieden. Große Freude durchströmte mich und Liebe und Verehrung für den Buddha, der meine ganze Zuflucht wurde. In diesem Zustand des Geistes starb ich, und mein innerer Friede bewirkte, dass ich im Götterhimmel wieder geboren wurde.»

Kaum hatte er seine Rede beendet, fühlte auch der Brahmane überirdische Freude durch seinen Körper strömen, und er sagte:

«Wunderbar klingt das, großartig. Ich wünschte, ich könnte auch diesen inneren Frieden erfahren.»

Der Gott antwortete: «Das ist nicht schwer. Nimm Zuflucht beim Buddha, und führe ein tugendhaftes Leben. Töte und verletze kein Lebewesen, lüge nicht, sei aufrichtig, und verzichte auf berauschende Mittel. Nimm dir nichts, was dir nicht gegeben wird, und vor allem sei großzügig und freigebig.»

Von Freude durchströmt und voll Dankbarkeit warf sich der Brahmane zu Boden, um die Füße des göttlichen Wesens zu umfassen. Als er sich wieder aufrichtete, war die Erscheinung verschwunden.

Der Brahmane ging nach Hause, und als er dort ankam, wusste er nicht mehr, ob er die Begegnung vielleicht nur geträumt hatte. Deswegen sagte er zu seiner Frau: «Ich möchte den Mönch Gotama, den sie alle den Buddha nennen, einladen und ihn etwas fragen. Lass uns ein Festmahl vorbereiten.» Während sie noch ganz überrascht von seinem Sinneswandel war, stürzte er ins Kloster, und ohne sich zu verbeugen oder jemanden anzusprechen, stellte er sich vor den Buddha und sprach seine Einladung aus. Der Erwachte nahm sie mit einem Nicken an.

Am nächsten Tag kam der Buddha mit seinem Gefolge und wurde fürstlich bewirtet. Viele Gäste hatten sich eingefunden, um den Buddha zu hören: solche, die Vertrauen zu seiner Lehre hatten, aber auch solche, die hofften, der Buddha werde im Haus eines gelehrten Brahmanen in Rede und Antwort versagen. Als das Mahl beendet war, setzte sich der Brahmane an die Seite des Buddha und sagte: «Verehrter Meister, ich habe eine Frage: Ist es möglich, dass man in den Himmel kommt, selbst wenn man keine guten Werke getan hat? Dass man ein Gott wird nur durch Vertrauen?»

Der Buddha antwortete: «Vertrauen alleine genügt, Brahmane, und viele Wesen haben durch Vertrauen und durch Zuflucht zu einem Erleuchteten und seiner Lehre den Weg zum Himmel gefunden. Warum fragst du, Brahmane?»

Da konnte der Brahmane nicht anders und erzählte die ganze Geschichte vom Tod seines geliebten Sohnes bis zu dessen Erscheinen als göttliches Wesen. Der Buddha aber merkte, dass der Brahmane und auch ein großer Teil der Gäste immer noch an der Kraft des Vertrauens zweifelten. Deshalb sagte er:

«Brahmane, der Himmel öffnet sich nicht durch reiche Gaben allein, sondern es ist der Zustand des Geistes, der zum Schlüssel wird.»

Und dann erklärte er ihnen: «Unser Denken, unser Geist ist die Quelle all unserer Handlungen, ob sie nun gut oder schlecht sind. Von unseren Gedanken werden alle Handlungen bestimmt. Am Anfang ist der Geist. Alles, was irgendwann geschieht, hat seinen Ursprung im Geist. Glück oder Unglück, Reichtum oder Armut, Himmel oder Hölle haben ihre Wurzeln im Zustand des Geistes. Im Grunde genommen ist die gesamte Materie und sind alle Erscheinungen vom Geist geschaffen. Wenn dein Geist voll Vertrauen ist und auf das Gute ausgerichtet, werden auch deine Taten gut und heilsam sein. Dann werden als Folge davon Glück und Freude erscheinen, so sicher wie die Tatsache, dass uns der eigene Schatten nie verlassen kann.»

Am Ende dieser Belehrung waren alle Zweifel des Brahmanen verflogen, und ihn erfüllte die gleiche Freude, die er bei den Worten des göttlichen Wesens erfahren hatte. Er verbeugte sich tief, berührte die Erde und nahm Zuflucht zum Buddha, zur Lehre und zur Gemeinschaft. Voll Vertrauen gelobte er, von nun an den Weg des Buddha zu gehen.

QUELLE: Buddhistische Legenden zum *Dhammapada*, Buch 1, Geschichte 2, Spruch 2.

Die Rettung der Kindermörderin

In Savatthi lebte die Tochter eines Kaufmanns. Sie heiratete jung und zog mit ihrem Mann in ein eigenes Haus. Sie waren recht glücklich, dennoch brachte der Mann nach einiger Zeit eine zweite Frau von einer Reise mit.

Die erste Frau war alles andere als erfreut darüber, sie verstand es, ihre Rivalin so zu behandeln, dass diese zu einer reinen Dienstmagd im Hause wurde.

Schließlich wurde die erste Frau schwanger und freute sich, dass sie als Mutter eines möglichen Erben ihre Vorrangstellung noch weiter ausbauen konnte. Als die andere von der Schwangerschaft erfuhr, dachte sie: «Ich muss verhindern, dass diese Frau ein Kind bekommt. Wenn sie unfruchtbar bleibt, wird er sich mir zuwenden, und ich erlange die Vorherrschaft.»

Kurz nach der Geburt des Kindes schlich sie sich in das Gemach und tötete das Kind so geschickt, dass man nicht erkennen konnte, woran es gestorben war. Die Eltern waren sehr traurig, aber an der Situation im Haus änderte sich nichts. Nach einiger Zeit wurde die erste Frau wieder schwanger und brachte ein gesundes Kind zur Welt. Abermals schlich sich die zweite Frau in das Kinderzimmer und wiederholte die schreckliche Tat.

Als die junge Frau schließlich ein drittes Mal schwanger wurde, sagte sie zu ihrem Mann: «Zweimal habe ich in diesem Haus mein Kind verloren. Manchmal habe ich das seltsame Gefühl, dass meine Kinder keines natürlichen Todes gestorben sind. Ich will niemanden zu Unrecht beschuldigen, aber ich habe kein Vertrauen zu deiner zweiten Frau. Ich möchte mein nächstes Kind nicht mehr in diesem Haus zur Welt bringen. Bitte lass mich rechtzeitig vor der Geburt zu meinen Eltern gehen.» Der Mann liebte seine Frau sehr, und um sie zu beruhigen, erfüllte er ihr diesen Wunsch.

Die zweite Frau war so besessen von dem Wunsch, eines Tages die Erste im Haus und die Mutter eines Erben zu werden, dass sie dachte: «Geh du nur in das Haus deiner Eltern, dort bist du geschützt, aber einmal musst du es wieder verlassen, und dann werde ich dein Kind töten.»

Die erste Frau bekam das Kind im Haus ihrer Eltern, und diesmal geschah nichts Besonderes. Der Sohn war gesund und entwickelte sich gut. Nach einigen Monaten sagte die erste Frau zu ihrem Mann: «Unserem Kind fehlt nichts, und ich denke, es droht ihm keine Gefahr mehr. Lass uns wieder zurück in unser Heim gehen.» So kehrten sie nach Hause zurück.

Dort ging das Leben scheinbar seinen gewohnten Gang. Allerdings war die erste Frau sehr vorsichtig geworden und ließ ihr Kind keinen Augenblick aus den Augen. So bot sich der zweiten Frau keine Gelegenheit zur Wiederholung ihrer schrecklichen Tat.

Der kleine Junge konnte gerade laufen, als die erste Frau mit ihrem Mann einen Ausflug an einen See machte, der in der Nähe des Klosters lag, in dem der Buddha mit seiner Gemeinschaft wohnte. Es war heiß, und so beschlossen die beiden zu baden, während der kleine Junge allein am Ufer im Sand spielte. Heimlich war ihnen die zweite Frau gefolgt und sah nun ihre Chance gekommen. Sie schlich sich heran und wollte das Kind packen. Der Mann schwamm weit draußen, aber die Mutter war in der Nähe des Ufers geblieben, und plötzlich sah sie die Rivalin. Sofort erkannte sie ihre Absicht. Mit der Kraft der Verzweiflung stürzte sie aus dem Wasser, riss ihr Kind an sich und schrie laut: «Das ist die Mörderin meiner Kinder!» Da ihr Mann nicht rasch genug ans Ufer kam und auch sonst niemand in der Nähe war, rannte sie mit dem Kind im Arm so schnell sie konnte auf das Kloster zu, die Mörderin hinter ihr her. Die Angst verlieh ihr große Kraft, und so gelang es ihr, vor ihrer Verfolgerin ins Kloster zu kommen.

Der Buddha saß gerade in der großen Versammlungshalle und sprach zu einer stattlichen Zahl von Zuhörern, als die junge Frau hereinstürzte, das Kind zu seinen Füßen legte und rief: «Verehrter Lehrer, ich gebe Euch mein Kind. Bitte rettet meinen Sohn.»

In diesem Moment kam die zweite Frau herein. Als sie jedoch die große Versammlung sah, wollte sie schnell wieder umkehren. Der Buddha aber sagte zu Ananda: «Gehe zum Eingang, und bitte diese Frau, die eben hereinkam, zu mir.» Ananda sprach freundlich mit der wild aussehenden Frau und brachte sie zum Buddha. «Das ist die Mörderin meiner Kinder», rief die junge Mutter. «Hab keine Angst», sagte der Buddha, «lass sie kommen, und verhalte dich ruhig.»

Als die Frau vor ihm stand, fragte der Buddha: «Was treibt dich, so zu handeln?»

Da die Frau schwieg, fuhr der Buddha fort: « Dich treibt die Gier nach Anerkennung, denn du willst die Erste sein. Der Hass auf die, die dich daran hindert, treibt dich an. Nicht nur in diesem Leben kämpft ihr gegeneinander. In vielen vergangenen Leben habt ihr euch großes Leid zugefügt. Wenn du sie weiter verfolgst und ihre Kinder tötest, wird sie wiederum an dir Vergeltung üben, und so weiter. Es ist ein unendlicher Kreislauf, aber ich kann euch den Weg aus diesem Kreislauf zeigen. Lasst euch nicht von bösen Handlungen zu neuem Hass treiben! Hass wird nicht durch Hass überwunden, sondern nur durch Liebe. Das ist ein ewiges Gesetz.»

Durch diese Worte wurden beide Frauen tief im Innern bewegt, und sie erkannten das Gesetz, von dem der Buddha sprach. Da begann sich ihr Hass aufzulösen, und sie fassten Vertrauen zur Lehre des Erwachten. Der Buddha hatte ihre innere Wandlung bemerkt und sagte zu der Mutter: «Du kannst ihr nun ruhig das Kind geben. Hab keine Angst. Sie wird weder deinem Kind noch dir etwas zuleide tun.»

Da legte die Mutter das Kind in die Arme der zweiten Frau. Diese streichelte und küsste es, und schließlich gab sie ihr das Kind zurück. Dann begann sie leise zu weinen. «Warum weinst du?», fragte sie der Buddha. «Verehrter Meister, die Menschen hier glauben, dass ich Kinder töte. Sie werden mich vertreiben, und ich werde in der Wildnis sterben.» «Mach dir keine Sorgen», entgegnete der Buddha, und zu den Eltern des Kindes sagte er: «Verstoßt sie nicht, sondern lasst sie in eurem Haus leben. Sie wird es euch eines Tages danken und für euch ein großer Segen werden.»

So lebten sie weiterhin in einem Haus, aber es ging nicht lange gut. Der Mann wollte mit seiner früheren zweiten Frau nichts mehr zu tun haben, und diese hatte immerzu ein schlechtes Gewissen an der Stätte ihrer vergangenen Untaten. So bat sie darum, woanders untergebracht zu werden. Sie lebte einige Zeit im Brunnenhäuschen, aber das war ihnen immer noch zu nahe. Dann hauste sie in der Backstube, darauf in der Scheune, und schließlich gaben sie ihr eine kleine Hütte außerhalb der Siedlung, versorgten sie regelmäßig mit Essen, und hier fand sie endlich ihren Frieden.

Eines Tages sagte die Einsiedlerin zu den Eltern: «Ich glaube, dieses Jahr wird viel Regen fallen. Ich würde deshalb das Getreide lieber an einem eher trockenen Platz anbauen.» Es kam so, wie sie gesagt hatte, und die Familie erntete dadurch mehr Getreide als alle anderen im Dorf. Auch im nächsten Jahr traf ihre Voraussage ein, und die junge Familie hatte den größten Ertrag weit und breit. Als die anderen Bewohner des Dorfes nach dem Grund für ihren Erfolg fragten, sagten sie: «Wir kennen eine weise Frau. Sie sagt uns im Voraus, welches Wetter wir haben werden und wo wir anpflanzen sollen. Dafür versorgen wir sie mit allem, was sie braucht.» Da brachten die Dorfleute der hellsichtigen Frau ebenfalls Essen und Geschenke, und freimütig gab sie ihnen die gleichen guten Ratschläge. Bald schon hatte das ganze Dorf die besten Ernten, und es entstand ein großer Wohlstand. Von da an wurde die ehemalige Kindermörderin als guter Geist der Gemeinschaft von allen verehrt.

Quelle: Buddhistische Legenden zum *Dhammapada*, Buch 1, Geschichte 4, Spruch 5.

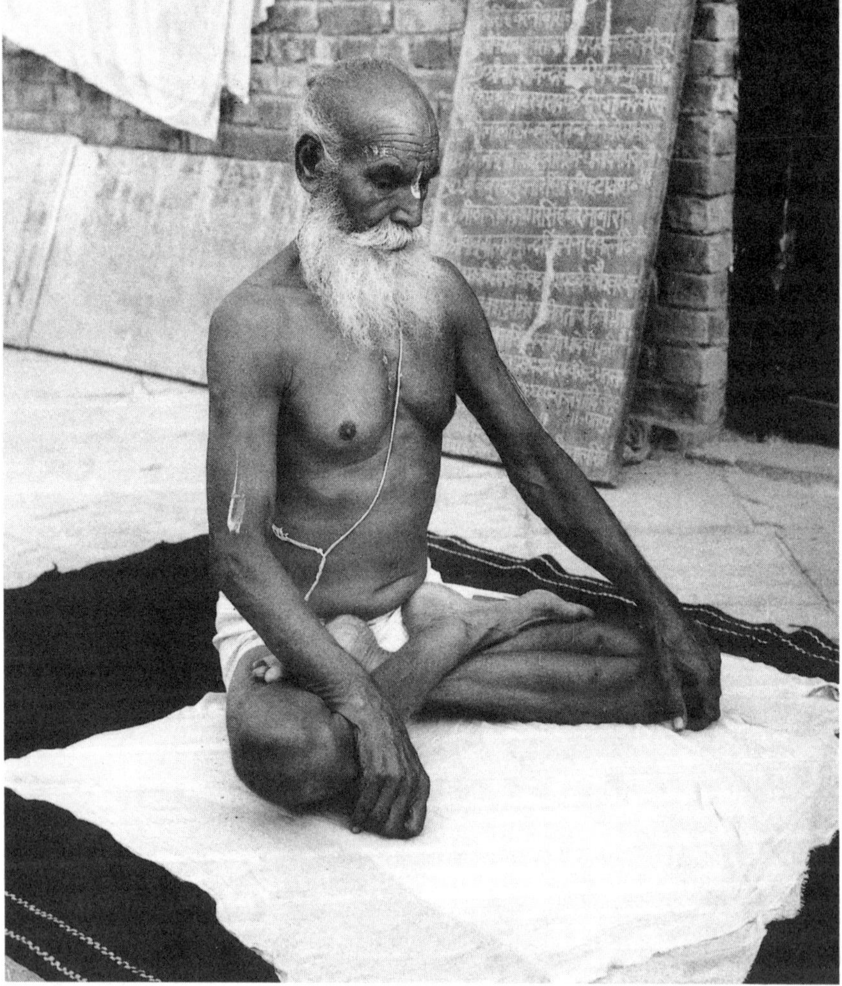

Der Asket Jambuka

In der Nähe der Stadt Rajagaha lebten einige Anhänger einer merkwürdigen Sekte. Diese Asketen versuchten, erleuchtet zu werden, indem sie ein extrem hartes Leben führten. Sie liefen stets völlig nackt und mit Dreck und Asche beschmiert herum, bettelten und verharrten einige Stunden unbeweglich in der glühenden Sonne auf einem Bein stehend oder in einer anderen ungewöhnlichen Haltung. Einer von ihnen war ein junger Mann namens Jambuka.

Jeden Tag gingen die Anhänger dieser Sekte in die Stadt und bettelten um Nahrung. Jambuka aber schloss sich ihnen niemals an. Er wollte die Selbstüberwindung noch viel weiter treiben. Und so stieg er jedes Mal, wenn seine Brüder unterwegs waren, in den großen, stinkenden Abfallhaufen der Stadt und aß das, was er an noch Genießbarem fand.

Eines Tages entdeckten ihn seine Brüder dabei und sagten entsetzt: «Das geht uns zu weit. Es soll nicht heißen, dass wir von stinkendem Abfall leben. Mit dir wollen wir nichts mehr zu tun haben.»

Jambuka lebte nun wie ein Einsiedler in der Nähe des Abfalls und ernährte sich nachts heimlich davon. Tagsüber aber stand er, mit einer Hand auf einen Felsen gestützt, unbeweglich auf einem Bein, den anderen Fuß auf seinem Knie. Den Mund hielt er weit geöffnet. Wenn Leute kamen, fragten sie: «Meister, warum steht Ihr mit offenem Mund da?» Dann sagte er: «Ich esse den Wind.

Davon lebe ich, ich nehme nichts anderes zu mir.» Und wenn sie ihn fragten: «Warum steht Ihr auf einem Bein?», pflegte er zu antworten: «Ich bin ein Asket. Ich habe mir die strengste Übung auferlegt. Dadurch habe ich große Kräfte gewonnen. Deshalb muss ich sehr vorsichtig sein. Wenn ich mit beiden Beinen die Erde berühre, gibt es ein Erdbeben. Deshalb stehe ich immer nur auf einem Bein. Und niemals wird man sehen, dass ich sitze oder liege.»

So verbrachte er viele Jahre und war in der ganzen Gegend als der strengste Asket bekannt. Die Menschen brachten ihm reichlich Essen, aber er weigerte sich, etwas anzunehmen. Die Leute hielten ihn für einen großen Weisen, einen Heiligen und Erleuchteten. Immer wieder sagten sie: «Verehrter Meister, bitte seid so gütig und nehmt etwas von unseren Speisen. Wenn ein Heiliger wie Ihr unsere Gaben akzeptiert, werden wir für eine lange Zeit mit Wohlergehen gesegnet sein.»

Schließlich nahm er hin und wieder ein wenig von ihren Speisen und sagte: «Geht nun, das wird genügen, um euch für lange Zeit Wohlergehen und Segen zu bringen.»

Auch im Kloster des Buddha erzählten die Besucher manchmal von dem nackten Asketen Jambuka, der nur vom Wind lebte. Eines Tages sagte der Buddha zu Ananda, dem Mönch, der den Buddha stets begleitete: «Heute Abend werde ich den Asketen Jambuka aufsuchen.» «Verehrter Meister», erwiderte Ananda überrascht, «höre ich richtig? Ihr wisst doch, dass Jambuka am großen Abfallhaufen der Stadt wohnt.» «Ich weiß», sagte der Buddha, «gerade dorthin werde ich gehen und eine Nacht bei ihm verbringen. Mir wird es nicht schaden, aber für ihn wird es ein großer Segen sein.»

An diesem Nachmittag kam ein gewaltiger Regen. Die Wassermassen ergossen sich über Straßen und Plätze. Eine riesige Flut lief auch über den Felsen, auf dem Jambuka wohnte, und riss allen Unrat und Dreck mit sich. Als der Regen vorbei war, sah der ganze Platz erstaunlich sauber aus.

Während der Dämmerung ging der Buddha los und erreichte sein Ziel, als es schon dunkel war. Er räusperte sich und sagte: «Jambuka!» Der Asket aber dachte: «Was für ein eingebildeter Kerl wagt es, mich einfach Jambuka zu nennen.» Und er sagte: «Wer ist da?» «Ich bin Gotama. Ich bin auch ein Asket», antwortete der

Buddha. «Und was willst du von mir?», fragte Jambuka murrend. «Gib mir eine Unterkunft für diese Nacht», entgegnete der Buddha. Jambuka erwiderte: «Hier gibt es keine Unterkunft.» Der Buddha sagte eindringlich: «Jambuka, schick mich nicht weg. Gib mir einen Platz nur für eine Nacht. Denn Tiere suchen die Gesellschaft von Tieren, die Menschen die Gesellschaft von Menschen, und wir Asketen suchen die Gesellschaft von Asketen.»

«Bist du denn überhaupt ein Asket?», fragte Jambuka misstrauisch, und der Buddha antwortete: «Du kannst mir glauben, ich bin einer.» «Woran soll ich das erkennen?», zweifelte Jambuka. «Verharrst du in der glühenden Sonne, fügst du dir Schmerzen zu, isst du täglich nicht mehr, als auf die Spitze eines Grashalms passt?» «Das alles habe ich getan», antwortete der Buddha, «aber meine Askese geht noch viel weiter, Jambuka, viel tiefer. Doch mach dir deswegen keine Gedanken. Sag mir lieber, wo ich eine Unterkunft für heute Nacht finde.» «Aber hier gibt es wirklich keine Unterkunft», beharrte Jambuka.

Da schritt der Buddha über den Platz, deutete auf eine Höhle im Felsen und fragte: «Wohnt jemand in dieser Höhle?»

«Nein, da wohnt niemand.»

«Dann erlaube mir, dort zu übernachten.»

«Mir soll es recht sein», antwortete Jambuka.

Der Buddha machte sich in der Höhle ein Lager zurecht und setzte sich zur Meditation hin.

Jambuka saß auf dem Felsen und dachte über seinen seltsamen Gast nach. Es dauerte nicht lange, da schien es ihm, als strahle ein helles Licht über den Platz. Es kam ihm so vor, als würden Engel zu der Höhle schweben.

Nach einiger Zeit erlosch das Licht, aber im zweiten Drittel der Nacht begann es noch stärker zu leuchten. Jambuka glaubte nun, ein göttliches Wesen über den Platz schweben zu sehen. Auch dieses Licht erlosch nach einer Weile, doch am Ende der Nacht war der ganze Wald erleuchtet, so, als sei Brahma, der höchste aller Götter, selbst erschienen.

Kaum war die Sonne aufgegangen, da ging Jambuka zur Höhle seines Gastes, begrüßte ihn freundlich und sagte: «Großer Asket, ich sah wunderbares Licht heute Nacht aus eurer Höhle scheinen. Am Anfang der Nacht sah ich die Engel, in der Mitte ein göttliches Wesen, und zuletzt erschien Brahma, der höchste der Götter. In all den Jahren, die ich hier auf einem Bein stehe und Wind esse, ist mir das noch nicht passiert. Wie kann das sein?»

Da antwortete der Buddha: «Jambuka, es mag sein, dass mich heute Engel und Götter besucht haben und ihr Licht die Nacht erhellte. Wer sich wünscht, dass ihm dieses Licht erscheint, ist kein wahrer Asket. Der wahre Asket ist unabhängig von äußerem Glanz. Er versucht, das wahre Licht zu finden, das in einem selbst erstrahlt und das die Welt erleuchtet.»

Da warf sich Jambuka vor dem Buddha auf den Boden und bat: «Zeigt mir, wie man das innere Licht zum Strahlen bringt, das sogar die Götter anzieht und die Welt erleuchtet.» Der Buddha ließ ihn zu seinen Füßen sitzen und erzählte ihm, wie sich gute und schlechte Handlungen auswirken. Schließlich unterrichtete er ihn in den grundlegenden Wahrheiten und erklärte ihm den Weg zur Erleuchtung.

Jambuka hörte aufmerksam zu und fasste so großes Vertrauen zu der Lehre, dass er beschloss, Schüler des Buddha zu werden. Er gab sein seltsames Asketenleben auf und wurde Mönch in der Ordensgemeinschaft.

Das sprach sich schnell herum, und eines Tages kam eine große Schar seiner ehemaligen Anhänger, die nicht glauben wollten, dass ihr Meister freiwillig ein Schüler des Buddha geworden war. Nachdem sie sich versammelt hatten, sagte der Buddha: «Bruder Jambuka, zerstreue die Zweifel deiner Anhänger.» «Verehrter Meister», erwiderte Jambuka, «es gibt nichts, was ich lieber täte.» Dann wandte er sich an die Menge und rief: «Der erhabene Buddha ist mein Meister, und ich bin aus freiem Willen sein Schüler geworden.»

Daraufhin hielt der Buddha eine Rede über die Grundlagen der Lehre und das wahre Asketentum. Am Ende sagte er: «Mein Bruder Jambuka hat viele Jahre die strengste Askese geübt und täglich kaum etwas gegessen. Wenig zu essen ist eine gute Übung, denn wer wenig isst, überwindet seine Gier und macht sich klar, dass Essen nur zur Erhaltung des Körpers dient. Wer aber denkt, dass extreme Askese und Hunger zur Erleuchtung führen, hat eine falsche Vorstellung. Man sollte weder täglich hungern noch sich gierig den Bauch vollschlagen. Der Weg des Buddha ist der mittlere

Weg. Wer auf der Suche nach Wahrheit in der Askese extreme Wege beschreitet, wird nicht viel erreichen. Viel weiter kommt hingegen derjenige, der weise über die Gesetze des Lebens nachdenkt.»

QUELLE: Buddhistische Legenden zum *Dhammapada*, Buch 5, Geschichte 11, Spruch 70.

Der eifersüchtige Meister

In der Stadt Savatthi lebte eine Frau, die oft von einem spirituellen Meister namens Pathika aufgesucht wurde. Sie versorgte den Mann mit Essen und ließ sich von ihm belehren. In dieser Zeit wurde der Buddha immer bekannter, und die Frau hörte viel Gutes über ihn. Sie sprach mit ihrem Meister darüber und sagte: «Alle loben den Buddha und nennen ihn einen Erleuchteten. Ich möchte gern in sein Kloster gehen und ihn einmal hören.» Er antwortete: «Ihr sollt nicht dorthin gehen, damit bin ich nicht einverstanden.» Die Frau überlegte: «Wenn er mir nicht erlaubt, in das Kloster des Buddha zu gehen, so werde ich mich daran halten. Aber ich werde den Buddha in mein Haus einladen und Pathika deswegen gar nicht fragen.»

Sie sandte ihren Sohn zum Erwachten mit dem Auftrag, ihn für den nächsten Tag einzuladen. Der Sohn aber ging auf seinem Weg zunächst zur Hütte des Pathika und berichtete ihm von seiner Mission. Sofort sagte dieser: «Du darfst da nicht hingehen.» Der Sohn antwortete: «Aber ich muss, sonst bestraft mich meine Mutter.» Pathika überlegte und sprach: «Dann geh hin, übermittle deine Einladung, aber sag nicht, wer du bist und wo du wohnst. Dann wird der Buddha nicht kommen, und wir beide werden das vorbereitete Festessen bekommen.» Der Sohn erledigte seinen Auftrag auf diese Weise und lief schnell nach Hause, bevor man ihn nach dem Namen fragen konnte.

Man sagt, Erleuchtete würden alle Wege kennen, die zum

Himmel, zur Hölle oder zur Erleuchtung führen, und daher auch alle irdischen Wege. Deshalb darf es nicht verwundern, dass der Buddha am nächsten Vormittag zur rechten Zeit das Haus der Frau betrat. Diese war hocherfreut, führte ihn zum vorbereiteten Platz und versorgte ihn mit den besten Speisen. Nach dem Händewaschen bat sie ihn um einige Worte, und der Buddha begann mit einer kleinen Belehrung für die achtsame Frau. Sie war davon berührt und rief aus: «Wunderbar, herrlich. Das habt ihr gut gesagt.»

Meister Pathika hatte die ganze Zeit im Hinterzimmer gesessen und alles gehört. Als die Hausherrin den Buddha derart lobte, konnte er nicht mehr an sich halten. Er sprang auf, stürmte in den Essraum und rief: «Ihr seid meine Schülerin. Wenn Ihr diesen Meister anerkennt, seid Ihr für immer verloren.» Er beschimpfte die beiden in übler Weise und rannte aus dem Haus.

Der Buddha versuchte nun, seine Rede fortzusetzen, aber bald schon merkte er, dass die Frau so verstört von den Worten ihres alten Meisters war, dass sie gar nicht mehr zuhören konnte. Da sagte er: «Du kannst dich nicht auf meine Worte konzentrieren, nicht wahr?» «Ja», antwortete sie, «ich bin so aufgebracht über die schlimmen Worte und das Verhalten meines alten Lehrers.» Der Erwachte entgegnete: «Du solltest seinen Worten keine Beachtung schenken. Wenn man beleidigt wird, sollte man nicht darüber nachdenken. Man sollte sich überhaupt nicht verletzt fühlen von dem, was andere reden oder tun. Schau nicht auf die Fehler der anderen, suche nicht die Schuld bei ihnen. Das Einzige, was man beachten und betrachten sollte, sind die eigenen Fehler, die eigenen Worte und Taten.»

QUELLE: Buddhistische Legenden zum *Dhammapada*, Buch 4, Geschichte 6, Strophe 50.

Die treue Frau

Schon lange, bevor der Buddha in der Welt erschien, wussten die Menschen, dass es nicht nur diese Erdenwelt gibt, sondern noch viele andere Welten, in denen Wesen geboren werden und sterben, die für die Menschen nicht sichtbar sind. Es war ihnen klar, dass es Welten gibt, in denen die schmerzlichen Erfahrungen und das Leiden überwiegen, und diese nannten sie Geister- oder Höllenwelten. Sie hatten aber auch eine Ahnung von Welten, in denen überwiegend Freude und Glück erlebt werden, und diese bezeichneten sie als die Welten der Götter oder als himmlische Bereiche.

In solch einem Himmel lebte ein Wesen, das nichts anderes zu tun hatte, als die schönsten Farben und Formen hervorzubringen, zum eigenen Vergnügen und zur Freude der anderen Himmelswesen. Dieser Gott der tausend Farben lebte in enger Gemeinschaft mit einem anderen Wesen, und auf der Erde hätte man sie wohl als Mann und Frau bezeichnet.

Eines Tages spielte die Frau, die ihren Mann über alles liebte, allein im himmlischen Park, als sie plötzlich merkte, dass ihr wunderbares Leben zu schwinden begann.

Wenn Götter sterben, so geschieht das, wenn die ihnen zugeteilte Zeit abgelaufen ist. Sie werden nicht alt oder krank, sondern ihre nur aus Licht und Energie bestehende Gestalt beginnt sich plötzlich aufzulösen. In kurzer Zeit sind sie völlig verschwunden, ohne dass eine Spur von ihnen zurückbleibt.

Die Frau des Gottes der tausend Farben wurde kurz darauf, zur Zeit des Buddha auf der Erde, in der Stadt Savatthi als Tochter eines reichen Kaufmannes wieder geboren. Schon als Kind war sie ein außergewöhnliches Mädchen und ahnte, dass sie einst eine Göttin gewesen war. Nachdem sie verheiratet worden war, war sie ein Vorbild an Tugend und Mildtätigkeit. So kam sie auch in Kontakt mit dem Buddha und seiner Gemeinschaft, fand großen Gefallen an der Lehre und versorgte die Mönche regelmäßig mit allem, was sie brauchten. Außerdem tat sie viel Gutes für die Armen und Kranken. Sie wurde von allen geliebt, zog vier Kinder groß und führte ein nahezu heiliges Leben. Durch ihre Meditation wurde ihr Geist sehr klar, und sie erkannte ihre göttliche Existenz im früheren Leben. Während sie noch auf dieser Erde lebte, fühlte sie sich stark der himmlischen Welt verbunden. Schließlich aber wurde sie im Alter von 50 Jahren zum Bedauern aller krank und starb kurz darauf. Ihr gutes Leben und ihre große Sehnsucht nach der göttlichen Welt und ihrem früheren Mann, dem Gott der tausend Farben, führten dazu, dass sie in der gleichen göttlichen Gestalt im gleichen Himmel wieder geboren wurde.

Der Gott der tausend Farben ging im Park spazieren, als er sie auf einer Bank sitzen sah. «Oh, ich habe dich den ganzen Tag nicht gesehen», sagte er, «wo bist du gewesen?» «Ich hatte dieses Leben verlassen, mein lieber Mann», antwortete sie. «Was sagst du, das ist doch nicht möglich?», rief er erstaunt aus.

«Doch, doch, so war es!» Nach einer Pause fragte er: «Wo warst du in dieser Zeit?» «Ich wurde auf der Erde wieder geboren», sagte sie, «als ein menschliches Wesen, als Tochter eines Kaufmanns.»

Nachdenklich fragte der Gott: «Dann kannst du aber nicht lange dort gewesen sein?» Sie entgegnete: «Doch, mein Lieber, ein ganzes Menschenleben lang. Ich wuchs auf, wurde verheiratet, bekam vier Kinder und zog sie groß, half den Armen und Kranken, gab Almosen, und schließlich starb ich im Alter von 50 Erdenjahren. Aber immer hatte ich Sehnsucht nach dieser Welt und nach dir. Nun bin ich wieder hier.» Der Gott fragte nach: «Wie viele Jahre dauert denn so ein Menschenleben?» – «Ich erlebte nur 50 Jahre, manche werden 80, und wenige erreichen ein Alter von 100 Jahren.» «50 Jahre sind wie ein Tag bei uns», wunderte sich der Gott, «so kurz ist das Menschenleben!» «Ja, so kurz ist es», bestätigte sie. Der Gott überlegte: «Wenn die Zeit auf Erden so kurz ist, dann verstehe ich, dass die Menschen damit beschäftigt sind, die Zeit zu nutzen, um möglichst viel Gutes zu tun.»

«Was sagst du da», fiel ihm die Göttin ins Wort, «sie denken doch gar nicht daran. Nur wenige tun Gutes und leben bewusst. Die meisten sind unachtsam und nachlässig, als hätten sie unendlich viel Zeit, als würden sie weder alt noch sterben, als würden sie ewig leben.»

Der Gott war sehr erstaunt und überlegte: «Wenn die Menschen ihre Zeit nicht besser nutzen, werden sie wohl selten dem Leiden entrinnen. Ein ganzes Menschenleben ist wie ein Tag bei uns. Wenn die Menschen wüssten, dass ihnen ein gutes Leben voll Achtsamkeit und Güte viele tausend Jahre in himmlischen Welten bringen würde, dann würden sie sich anders verhalten.»

Nachdem die Frau die Erde verlassen hatte, waren die vielen Menschen, die sie geliebt hatten, sehr traurig. Auch viele Mönche des Buddha weinten und vermissten ihre liebevolle Fürsorge und freundliche Art.

Nach dem Mittagessen, als alle Ordensleute im Kloster versammelt waren, fragte ein Mönch den Buddha: «Verehrter Meister, nun ist unsere großherzige Spenderin gestorben. Wir haben sie alle geschätzt und geliebt. Wir würden gerne wissen, wo sie nach diesem Leben hingegangen ist.»

Der Buddha antwortete: «Liebe Gemeinschaft, unsere geschätzte Schwester ist bei ihrem Mann.»

«Aber ihr Mann ist doch noch hier auf der Erde. Er ist noch nicht gestorben.»

«Ich meine nicht diesen», antwortete der Buddha. «Ihr Gatte im früheren Leben war der Gott der tausend Farben. Aufgrund ihrer Verdienste und ihrer großen Sehnsucht ist sie in diesem Himmel in der gleichen Gestalt wieder geboren worden. Ihre 50 Jahre hier auf Erden sind im göttlichen Himmel nur ein Tag.»

Da erkannten die Anwesenden, wie kurz ein Menschenleben ist im Vergleich zu den himmlischen Welten, und einer sagte: «Oh, wie kurz ist das Leben auf dieser Erde. Am frühen Morgen werden wir geboren, und am Abend sterben wir schon.»

Der Buddha antwortete: «Du hast ganz Recht. Das Leben der Menschen ist wirklich kurz. Während sie noch auf der Erde ihren Wünschen nachjagen und all ihr Begehren noch nicht befriedigt ist, werden sie schon vom Tod hinweggerissen. Nur wer achtsam lebt, wird nicht weinen und klagen, wenn er alles loslassen muss. Wer klar sieht, wird es nicht bedauern, dass er noch nicht alle Wünsche erfüllt bekommen hat. Nur wer bewusst lebt, wird nicht vom Tod überwältigt.»

QUELLE: Buddhistische Legenden zum *Dhammapada*, Buch 4, Geschichte 4, Spruch 48.

Der König und die schöne Frau

In der Hauptstadt von Kosala fand einmal im Jahr ein großes Fest statt. An diesem Tag bestieg König Pasenadi seinen wunderbar geschmückten weißen Elefanten und ritt in einem großen Aufzug rund um die Stadt. Auf seinem Weg sah er auf einem Balkon eine junge Frau. Ihr Anblick traf den König wie ein Blitz. Es war ihm, als habe er noch nie eine so wunderschöne Frau gesehen. Es kam ihm so vor, als sei nach einer langen, dunklen Nacht plötzlich der Vollmond hinter einer Wolke aufgetaucht. Er hatte nur noch Augen für sie und wäre beim Heimritt fast von seinem Elefanten gefallen.

Zu Hause fragte er seinen Minister nach dem Haus und dem Namen dieser Frau und erfuhr, dass sie die Gemahlin eines einfachen, armen Mannes war. Der König ließ ihn rufen, und als der Mann von der Vorladung hörte, dachte er sich schon, dass dies etwas mit seiner Frau zu tun haben könnte. Als er vor dem König stand, sagte dieser: «Ich möchte, dass du mein Diener wirst.» Der Mann entgegnete: «Das ist eine große Ehre, aber ich bin sie nicht wert. Ich bin ein einfacher Mann und zufrieden mit meiner Arbeit.» Doch der König ging nicht darauf ein und ernannte ihn zu seinem persönlichen Diener.

Nachts konnte der König nicht schlafen und dachte immer nur an die schöne Frau und wie er sie bekommen könnte. Deshalb ließ er am nächsten Tag seinen neuen Diener rufen und sagte: «Ich habe einen einfachen Auftrag für dich. Ungefähr eine

Meile von hier gibt es einen Fluss, darin findest du weiße Wasserlilien mit blauem Kelch. Die brauche ich unbedingt für mein Bad heute Abend. Wenn du das nicht schaffst, kann ich dich hier im Palast nicht brauchen. Dann werde ich dich in meine fernste Provinz senden, wo du gegen die Rebellen kämpfen kannst.» Der König meinte, wenn er den unerfahrenen Mann an die Grenze schicken würde, so wäre damit zu rechnen, dass dieser nicht wiederkäme. Dann wäre es ein Leichtes für ihn, die Frau ohne Aufsehen in den Palast zu bringen und zu seiner Geliebten zu machen.

Der Mann durchschaute das Spiel des Königs und bekam große Angst. «Ich muss es versuchen», dachte er, «auch wenn es ein Wunder wäre, solch seltene Wasserlilien zu finden.» Er ging nach Hause, packte eine große Portion Reis als Proviant ein und machte sich auf den Weg. Als er zu dem Fluss kam, konnte er nirgendwo die vom König begehrten Blüten entdecken. Da setzte er sich und begann, seinen Reis zu essen.

Bald darauf erschien ein Wanderer und gesellte sich zu ihm. Der Diener des Königs hatte ein gutes Herz, und so bot er dem Wanderer die Hälfte seiner Mahlzeit an, die dieser dankbar annahm. Sie aßen und kamen ins Gespräch. Schließlich erzählte der Diener dem anderen seine ganze Geschichte. Da sagte der Wanderer: «Weil du mich zum Essen eingeladen hast, will ich dir nun auch helfen. Ich kenne den versteckten Platz, an dem die Lilien wachsen, und werde sie dir bringen.» Nachdem dies geschehen war, eilte der Diener überglücklich in den Palast und brachte dem König die Lilien. Dieser verbarg seinen Ärger, lobte ihn und sagte zu sich: «Morgen muss ich mir eine schwierigere Aufgabe für ihn ausdenken.»

In der Nacht aber konnte er wieder nicht schlafen, denn das Feuer der Leidenschaft brannte zu heftig. Während er sich hin und her wälzte, dachte er: «Morgen werde ich ihn weit wegschicken und abends seine Frau in den Palast holen. Ja, das will ich tun.»

Da hörte er einen unheimlichen Ton. Es begann wie ein unterirdisches Brummen, wie ein lang gezogenes, dumpfes, den Raum erschütterndes Mmmmm, ging dann über in ein ächzendes, stöhnendes Aaaaa, hob sich empor zu einem schrillen, alles zum

Vibrieren bringendes Iiiiii und endete schließlich in einem lang andauernden, verzweifelten Nnnnn.

Der König war furchtbar erschrocken und saß aufrecht im Bett. So einen Klang hatte er noch nie gehört. Er dachte entsetzt: «Muss ich nun sterben? Geht mein Königreich unter? Welche Katastrophe steht mir bevor?» Nun konnte er erst recht nicht mehr schlafen, und früh am nächsten Morgen sandte er nach seinem Brahmanen. Er erzählte ihm sein nächtliches Erlebnis und fragte: «Verehrter Meister, sagt mir, was das zu bedeuten hat. Noch nie habe ich etwas so Schreckliches gehört.»

Der Brahmane hatte keine Ahnung, aber um nicht sein Gesicht zu verlieren, sagte er: «Das ist eine ernste Sache, Majestät!» «Los, heraus damit, auch wenn es mein Unglück bedeutet», fuhr ihn der König an. «Es bedeutet, dass Euer Tod bevorsteht», antwortete der Brahmane ernst. «Allerdings kenne ich die drei Veden und weiß ein Mittel, wie Ihr diese Gefahr abwenden könnt. Leben für Leben, verehrter König. Ihr müsst von allen wichtigen Tieren in Eurem Reich zehn ausgesuchte Exemplare opfern. Zehn Elefanten, zehn Pferde, zehn Stiere, zehn Kühe, zehn Ziegen, zehn Schweine, zehn Hunde, zehn Katzen und zehn Fasane. Dann wird das Unglück von euch abgewendet werden.»

Der König war erleichtert und sagte rasch: «Richtet alles her, treibt die Tiere ein. Jeder Bauer, jeder Bürger muss etwas geben. Beeilt euch, wir wollen das Opfer bald durchführen.»

Als am nächsten Tag von den Kriegern des Königs das Vieh zusammengetrieben wurde, gab es ein großes Klagen und Jammern in der Stadt. Dies hörte auch die Königin Mallika, und sie fragte ihren Mann: «Was geschieht in unserem Reich? Weshalb werden den Menschen die Tiere weggenommen?» Da erzählte ihr der König von dem nächtlichen Erlebnis und dem Rat des Brahmanen.

«Was bist du für ein Narr!», rief die Königin aus. «Du magst in großem Luxus leben und über zwei Länder herrschen, aber in diesem Fall zeigst du wenig Verstand. Wann hat man jemals davon gehört, dass ein Menschenleben gerettet wurde, indem man ein anderes Leben auslöscht? Das ist ein alter Aberglaube, den dir dieser unwissende Brahmane eingeflüstert hat. Und warum? Nur damit er selbst und seine Sippe von diesen Opfergaben reich und fett werden. Hier in unserer Nachbarschaft, so habe ich gehört, hält sich zurzeit der Buddha auf. Er ist ein wirklich weiser Mann und kann in die Vergangenheit sowie in die Zukunft sehen. Geh zu ihm, und frag ihn um Rat.» Der König nahm die Ermahnung seiner Frau ernst, aber er bestand darauf, dass sie ihn in das Kloster des Buddha begleitete.

Der Buddha empfing sie sogleich, und fragte freundlich: «Eure Majestät, was bringt Euch zu so später Stunde zu mir?» Der König war noch immer verängstigt, so dass er den Mund nicht aufbekam und schließlich Mallika das Wort ergriff und ihm den Grund des Besuchs nannte. «War das so?», fragte der Buddha den König, und dieser nickte. «Welchen Ton habt ihr gehört?», wollte der Buddha wissen. Der König versuchte, den Ton wiederzugeben, wie er ihn gehört hatte.

Danach schwieg der Buddha einige Zeit, dann sagte er: «Majestät, Ihr braucht keine Angst zu haben. Dieser Ton bedeutet nicht, dass Ihr bald sterben müsst. Den Ton hat einer hervorgebracht, der viel Böses getan hat.» «Wie? Wer war das? Was hat er getan?», wollte nun der König wissen.

«Vor vielen Jahren», erzählte der Buddha, «lebte ein Mann in Indien, der war von Geburt an unendlich reich. Er lebte in den Tag hinein und wusste nicht, was er tun sollte, um sich noch mehr zu vergnügen. Er hatte schon alles ausprobiert, aß jeden Tag die erlesensten Speisen, war dem Trinken und den Rauschmitteln zugetan, aber all das konnte ihn nicht zufrieden stellen. Die Menschen behandelte er wie billige Sklaven. Am schlimmsten jedoch ging er mit den Frauen um. Wann immer er eine schöne Frau sah, ob jung oder alt, ob noch ein zartes Mädchen oder eine verheiratete Frau, er musste sie haben. Ehemänner, Väter und Brüder, die ihm im Weg standen, ließ er ermorden. Er wusste nichts von den Auswirkungen seiner Taten und fühlte sich dank seines Geldes sicher. Es kam ihm nur auf seinen Genuss an, das Leiden der anderen war ihm völlig egal.

Als jedoch sein Leben zu Ende war, wurde er in einer der schrecklichen Höllenwelten wieder geboren. In dieser Welt wird ein Wesen immerzu gemartert, wie wenn ein Mensch auf einem Scheiterhaufen brennt, der niemals erlischt. Diese Hölle ist so tief wie ein Vulkan. Langsam sinkt man unter Qualen auf den Grund und langsam steigt man wieder auf. Gerade gestern Nacht nun kam dieses gequälte Wesen an die Oberfläche des Höllensees, streckte für einen Augenblick den Kopf heraus in die kühle, klare Luft und erlebte einen Moment der Erleichterung. Wie aber lautete der Ton genau, den Ihr gehört habt, großer König?»

«M – e – i– n . . .», antwortete dieser. Da sagte der Buddha: «Dieses Wort ist der Anfang einer Botschaft, die das gequälte Wesen in dem Moment, in dem es auftauchte, dir und der Welt mitteilen wollte. Aber leider war seine Zeit an der klaren Luft nur kurz bemessen, denn kaum hatte es – des Sprechens schon ganz entwöhnt – mit Mühe das erste Wort herausgepresst, da wurde es vom heißen Strudel erfasst und treibt nun wieder dem tiefsten Grund entgegen.»

«Oh, wenn ich nur wüsste, was es mir sagen wollte», entfuhr es dem König.

Der Buddha fuhr fort: «Die Botschaft lautet: ‹Mein Leben als Mensch war schlecht, ich war reich und habe nichts abgegeben. Ich habe nur gelebt, um meine Lust zu befriedigen. Ich habe Männer getötet und ihre Frauen geschändet. Nun koche ich in der Hölle. Wird das jemals enden? Ich weiß es nicht. Noch ist kein Ende abzusehen. Ich weiß nur eines. Wenn ich jemals wieder als Mensch geboren werde, will ich nichts Schlechtes mehr tun und allen Wesen helfen, so gut ich es vermag.›»

Der König war tief erschüttert. «Oh, mein Gott», dachte er, «ich bin nicht so schlecht wie dieser Mensch, aber ich wollte einen braven Mann in den Tod schicken, nur um seine Frau zu besitzen. Wenn ich nur kurze Zeit im Höllenfeuer kochen würde, wäre das schon zu viel, viel zu viel. Nie mehr will ich die Frau eines anderen begehren!» Der König kehrte mit seiner Frau in seinen Palast zurück, und schnell ließ er alle Tiere ihren Besitzern zurückbringen.

An einem der nächsten Tage hielt der Buddha eine Lehrrede über das Gesetz von Ursache und Wirkung, bei der auch der König und seine Gemahlin anwesend waren. An deren Ende sagte er: «Wer nicht schlafen kann, dem erscheinen die Stunden der Nacht endlos lang. Wer eine Reise macht und etwas sucht, dem erscheint eine Meile endlos lang. Wer ein Narr ist und das Gesetz von

Ursache und Wirkung nicht kennt, dem erscheint ein Menschenleben endlos lang. In Wahrheit aber ist es kurz, sehr kurz im Vergleich zu der endlos langen Zeit, in der man die schmerzlichen Folgen böser Taten ertragen muss.»

QUELLE: Buddhistische Legenden zum *Dhammapada*, Buch 5, Geschichte 1, Spruch 60.

Pothila, der Hohlkopf

In der Gemeinschaft des Buddha lebte ein Mönch namens Pothila, der sehr gebildet war, alle Lehrreden auswendig konnte und die anderen Mönche darin unterrichtete. Der Buddha beobachtete ihn und stellte fest: «Dieser Bruder ist noch gar nicht auf die Idee gekommen, seine eigene Befreiung anzustreben. Ich muss ihn wachrütteln.» Deshalb sprach er mit ihm und legte ihm nahe, sich einer Gemeinschaft von übenden Mönchen anzuschließen und zu meditieren. Pothila jedoch wusste alles besser und war nicht bereit, seine Rolle als großer Lehrer aufzugeben und wieder Schüler zu werden. Da griff der Buddha zu einem stärkeren Mittel. Er sagte nun, wann immer er Pothila begegnete: «Willkommen Bruder Hohlkopf, setz dich Bruder Hohlkopf, geh nun, Bruder Hohlkopf.» Und wenn Pothila gegangen war, sagte er: «Bruder Hohlkopf ist gegangen.»

Pothila war zunächst sehr erschrocken und dann schrecklich beleidigt: «In diesem Kloster will man mich nicht mehr», dachte er, «da werde ich beschimpft, man erkennt meine Fähigkeiten nicht. Das ist nicht mein Platz und meine Gemeinschaft.» Deshalb beschloss er, das Kloster zu verlassen und auf Wanderschaft zu gehen. Aber die Worte des Buddha waren so tief gegangen, dass er es nicht mehr über sich brachte, andere Menschen zu belehren. Immer wieder fiel ihm der Rat des Buddha ein, in einer Gemeinschaft zu meditieren. Eines Tages kam er auf seiner ziellosen Wanderung in eine einsame Gegend. Da erinnerte er sich, von einer kleinen Gruppe von Mönchen gehört zu haben, die irgendwo in einem Wald saßen und meditierten. «Dort wird mich niemand kennen», dachte er, «und vielleicht kann ich bei ihnen die Übung lernen, die der Buddha empfohlen hat.» So machte er sich auf die Suche, und nach einigen Tagen fand er den Platz.

Dort lebten etwa 30 Mönche, die alle in der Übung der Achtsamkeit weit fortgeschritten waren. Er ging zum Ältesten der Gemeinschaft und sagte: «Verehrter Meister, helft mir und zeigt mir die Übung, die der Buddha empfiehlt.» Der Ältere aber kannte Pothila und erwiderte: «Bruder, Ihr unterrichtet doch selbst die anderen Mönche und wisst schon alles. Vielleicht sollten wir noch etwas von Euch lernen.» Pothila antwortete: «Redet nicht so mit mir. Helft mir lieber und zeigt mir den Weg der Meditation.»

Der Ältere erkannte, dass Pothila noch zu stolz auf seine Kenntnisse war, um wirklich verstehen zu können. Deshalb sandte er ihn zu einem etwas jüngeren Bruder, dem Pothila ebenfalls seine Bitte vortrug. Dieser Bruder aber reagierte auf die gleiche Weise und schickte ihn zu einem noch jüngeren, bis Pothila zuletzt bei dem Allerjüngsten der Gemeinschaft landete, der eben seine Robe ausbesserte.

Inzwischen war Pothilas Stolz schon ziemlich geschrumpft, und er verbeugte sich respektvoll und sagte: «Verehrter Bruder, Ihr seid meine letzte Rettung. Zeigt mir den Weg des Buddha.»

Der junge Mann antwortete: «Oh, Bruder, was wollt Ihr nur. Ihr seid erfahren und wisst viel. Ich könnte von Euch etwas lernen.» «Was redet Ihr», entgegnete Pothila, «helft mir, und zeigt mir endlich den Weg der Übung.»

Da antwortete der junge Mönch: «Gut, wenn ihr alle Anweisungen brav befolgen wollt, werde ich Euch helfen und den Weg zeigen.»

«Das will ich machen, verehrter Bruder. Wenn Ihr sagt: ‹Springt ins Feuer›, dann werde ich ins Feuer springen.»

Der junge Mönch hatte bemerkt, dass Pothila eine kostbare Robe trug, und wollte prüfen, ob dieser bereit war, eine Belehrung anzunehmen. Deshalb zeigte er auf einen nahe gelegenen Tümpel und sagte: «Verehrter Bruder, springt mit Eurem Gewand in diesen Tümpel.» Pothila schaute sich um, zögerte nicht lange, ging zum Teich und sprang hinein, dass es spritzte.

Vollkommen durchnässt und mit Schlamm bedeckt, tauchte er wieder auf. Da sagte der junge Mann freundlich: «Kommt wieder heraus.» Schnell kam Pothila wieder an Land und trat erwartungsvoll zu seinem neuen Lehrer. Dieser bot ihm einen Platz an und stellte ihm folgende Frage: «Nehmt an, ein Ameisenhügel hat sechs Löcher. Eine Eidechse verschwindet in einem der Löcher, und Ihr wollt sie fangen. Was würdet Ihr tun?» Da Pothila nicht antworten konnte, fuhr der junge Lehrer fort: «Wäre es nicht am besten, fünf Löcher zu verschließen und ein Loch offen zu lassen? Ihr könntet dann die Eidechse fangen, wenn sie aus diesem Loch herauskommt. Genauso solltet ihr mit den sechs Sinnen umgehen. Verschließt fünf Sinnestore, und richtet Eure ganze Achtsamkeit nur auf einen Sinn: auf das Denken.»

Für den gelehrten Mönch waren die Worte des jungen Mönchs so, als habe man ihm in der Dunkelheit eine Lampe angezündet. «Das reicht mir», sagte er, setzte sich sogleich hin und begann, indem er die Achtsamkeit zunächst auf Körper und Geist richtete, zu meditieren.

Es dauerte nicht lange, da hatte er die Vertiefungen in der Meditation erreicht und die ersten wirklichen Einsichten in den Weg des Buddha gewonnen. Nun wusste er, worauf es ankam, und unterstützt von seinem großen Wissen, übte er unermüdlich weiter. So gelang es ihm, alle Hindernisse zu überwinden und in der kurzen Zeit von drei Monaten die Erleuchtung zu erlangen und damit das wahre Wissen. Voll Dankbarkeit lebte er noch eine Weile in der Gemeinschaft der Mönche. Dann machte er sich wieder auf den Weg in sein altes Kloster, um dem Buddha von seinem Weg zu berichten.

Nachdem er mit dem Buddha gesprochen hatte, lobte ihn der Erwachte vor der ganzen Versammlung, und statt «Hohlkopf» nannte er ihn nun Pothila, den Meister des wahren Wissens. Und er bestätigte Pothilas Weg, indem er sagte: «Nur die Übung der Achtsamkeit auf Körper und Geist führt zu wahrem Wissen. Wer nicht übt, wird das wahre Wissen nicht erlangen. Wer meine Lehren wirklich verstehen will, muss seinen Geist trainieren. Erst durch die Übung kann sich das wahre Wissen entfalten.»

Quelle: Buddhistische Legenden zum *Dhammapada*, Buch 20, Geschichte 7, Spruch 282.

Ein Bettler wird Mönch

Eines Tages sah Bruder Ananda einen jungen, in Lumpen gehüllten Bettler auf der Straße. Ananda trat näher und fragte: «Was hat dein Leben als Bettler für einen Sinn?» Da ihm der junge Mann nicht antworten konnte, fuhr Ananda fort: «Ich wüsste ein sinnvolleres Leben für dich. Du kannst dabei Bettler bleiben und von Almosen leben. Aber du wirst eine große Aufgabe bekommen. Willst du nicht in unsere Gemeinschaft eintreten und ein Mönch des Buddha werden?» «Ich möchte schon», antwortete der junge Mann, «aber wer wird mich schon aufnehmen?» «Ich werde es tun», erwiderte Ananda.

Er nahm ihn mit ins Kloster, sorgte dafür, dass er sich reinigte, und unterrichtete ihn in den Grundlagen der Meditation. Der junge Mann bekam eine neue Robe, eine feine Bettelschale und alles, was ein Mönch zum Leben braucht. Weil er aber immer noch an seinem freien Leben als Bettler hing, wollte er seine Lumpen nicht wegwerfen, sondern versteckte sie in einem hohlen Baum.

Da die Menschen in dieser Stadt die Mönche des Buddha gut versorgten, trug der junge Mann bald sehr feinen Stoff, wurde dick, aber leider immer unzufriedener. Eines Tages dachte er: «Ich bin ein Bettelmönch, doch ich lebe im Luxus. Ich kann nicht tun, was ich will, und komme mir vor, als wäre ich eingesperrt. Ich werde mir meine alten Lumpen wieder holen und schauen, ob mein freies Leben auf der Straße nicht besser für mich ist.»

Seine Lumpen waren tatsächlich an ihrem Platz. Er zog sie wieder an und lebte einige Tage wie früher auf der Straße. Nach einer Weile merkte er aber, dass ihm dieses Leben auch nicht gefiel, und er begann, sich zu schämen. «Was mache ich eigentlich, ich schamloser Dummkopf?», sagte er zu sich selbst. «Ich lebe auf der Straße, bin schmutzig und in stinkende Lumpen gehüllt. Ich werde von den Leuten verachtet, und die Kinder verspotten mich. So kann ich den Weg des Buddha nicht gehen.» Er versuchte, sich den Weg des Buddha klarzumachen, und dabei beruhigten sich seine Gedanken, und sein Geist wurde still. Danach legte er die Lumpen wieder ab und ging ins Kloster zurück.

Nach einiger Zeit aber war er neuerlich mit dem Klosterleben unzufrieden, zog sich die Lumpen an und ging auf die Straße. Doch nach kurzer Zeit begann er sich wieder für sein Verhalten zu schämen. Er beobachtete dieses Gefühl ganz genau, dabei wurde sein Geist sehr klar. So kam es, dass er noch am selben Tag zufrieden ins Kloster zurückkehrte. Trotzdem zog es ihn immer wieder zu seinem alten Bettlerleben. Auf der Straße meditierte er über seine wechselnden Gefühle, und am Abend lebte er in der Gemeinschaft des Buddha. Eines Tages fragten ihn die anderen Mönche: «Wo gehst du denn immer hin?» «Ich gehe zu meinem Lehrer», antwortete er. Und so war es wirklich, denn immer wieder beobachtete er das Gefühl, das ihn auf der Straße überkam, und er merkte, dass es kam und wieder ging. Dann dehnte er diese Beobachtung auf sämtliche Gefühle aus und schließlich auf alle inneren und äußeren Erscheinungen. Dabei erkannte er die Vergänglichkeit aller Erscheinungen. Er übte diese Meditation ausdauernd, und zuletzt gab es kein Gefühl mehr, das er nicht im Augenblick seiner Entstehung klar erkannte. Nun ging er auch nicht mehr auf die Straße, sondern vertiefte seine Übung, überwand alle Hindernisse und erlangte in einigen Monaten die Erleuchtung.

Bald merkten die anderen Mönche, dass er das Kloster nicht mehr verließ. Sie fragten ihn: «Was ist mit dir, Bruder. Du bist schon lange nicht mehr weggegangen. Suchst du deinen Lehrer nicht mehr auf?» Er antwortete ihnen: «Brüder, als ich noch nicht befreit war und an den Erscheinungen dieser Welt hing, da brauchte ich einen Lehrer. Aber jetzt bin ich befreit und habe keine Bindungen mehr. Nun brauche ich keinen Lehrer mehr, und deshalb gehe ich nicht weg.»

Die anderen Mönche konnten das nicht glauben, und während einer Versammlung berichteten sie dem Buddha von dem Vorfall: «Unser Bruder, der früher als Bettler auf der Straße lebte und der von Ananda aufgenommen wurde, behauptet, er sei erleuchtet dank eines Lehrers, den er außerhalb des Klosters besuchte. Das kann doch nicht wahr sein. Wir glauben nicht, dass es noch einen anderen Lehrer gibt als Euch, verehrter Meister, der die Menschen auf den Weg zum Erwachen führt. Wer sollte das sein, und warum kennen wir seinen Namen nicht? Und sicher ist das mit der Erleuchtung des Bruders auch nicht wahr.»

Doch zum Erstaunen der Anwesenden antwortete der Buddha: «Hört mir zu, Brüder. Dieser Mönch hat die Wahrheit gesprochen. Als er noch an den Erscheinungen dieser Welt hing, brauchte er einen Lehrer. Nun aber hat er sich befreit und ist völlig unabhängig. Deshalb braucht er keinen Lehrer mehr. Wer dieser Lehrer war, spielt keine Rolle. Alles kann euch ein Lehrer sein. Es kommt nur darauf an, dass ihr euch bemüht, die Lehren zu verstehen.

Wer sich selbst gut beobachtet und die eigenen Gedanken erkennt, braucht die Ermahnungen eines Lehrers nicht, so wie ein gutes Pferd keine Peitsche braucht. Wenn man sich wirklich bemüht zu verstehen und wenn jede Gelegenheit gut genützt wird, lernt man von allem. Habt Vertrauen. Lasst euch durch nichts vom tugendhaften Handeln abbringen. Seid entschlossen, und gebt nicht auf in der täglichen Übung. Bemüht euch, die Wahrheit zu erkennen. Wenn ihr die Wahrheit erkannt habt, könnt ihr euch von allen Fesseln befreien und alles Unvollkommene überwinden.»

Quelle: Buddhistische Legenden zum *Dhammapada*, Buch 10, Geschichte 10, Spruch 143 und 144.

Ein unheimlicher Platz

Eines Tages gab der Buddha einer Gruppe von Mönchen eine bestimmte Meditationsübung und empfahl ihnen, für die Zeit von drei Monaten einen ruhigen Platz aufzusuchen. Die Mönche wanderten einige Tage und erreichten schließlich eine Stadt, in der sie von den Bewohnern freundlich aufgenommen wurden. Nachdem die Mönche ihnen von ihrer Aufgabe erzählt hatten, stellten ihnen die Städter einen großen, ziemlich dunklen Wald zur Verfügung, in dem sie ungestört üben konnten.

Die Mönche gingen am frühen Morgen in die Stadt, bekamen reichlich zu essen und hatten danach in ihrem Wald die schönste Ruhe für ihre Übungen. Nach einigen Tagen stellten sie jedoch bei ihren abendlichen Versammlungen fest, dass sie sich alle nicht konzentrieren konnten, denn sie wurden von fürchterlichen Erscheinungen geplagt. Während der Nachtruhe hörten sie seltsame Geräusche wie Keuchen und Stöhnen. Im Schlaf sahen sie schreckliche Szenen wie abgeschlagene Köpfe und blutrünstige Monster, und selbst tagsüber, in den Phasen stiller Meditation, tauchten abstoßende Bilder und hässliche Worte in ihren Köpfen auf. Nachdem dies von Tag zu Tag schlimmer wurde und keiner davon verschont blieb, kamen sie zu folgendem Entschluss: «Brüder, an diesem Ort kann man nicht üben und nicht leben. Wahrscheinlich gibt es hier böse Geister, die diesen Platz beherrschen und uns vertreiben wollen. Lasst uns zu unserem Lehrer zurückgehen und seinen Rat einholen.»

So kehrten sie weit vor der Zeit zurück und berichteten dem Buddha von ihren Schwierigkeiten. Der Buddha ließ sich alles genau beschreiben, dann sagte er: «O ihr Mönche, ihr wart genau am richtigen Platz, und genau dahin sollt ihr auch wieder zurückgehen.»

«O nein», riefen sie erschrocken, «das können wir nicht!»

«Doch, ihr könnt», antwortete der Buddha, «denn ich werde euch etwas mitgeben, das euch schützen wird.» «Was wollt ihr uns denn geben?», fragten sie neugierig. Da hielt der Buddha zum ersten Mal die Lehrrede von der allumfassenden Liebe, die in folgenden Worten überliefert ist:

«Wer auf dem geistigen Weg vorwärts kommen will, wer mir folgt auf dem Weg des inneren Friedens, der muss folgende Eigenschaften entwickeln: Er muss ehrlich und aufrecht sein, hilfreich und sanft, genügsam und frei von Überheblichkeit. Lernt deshalb folgende Worte:

Mögen alle Lebewesen Glück erfahren und Frieden finden!

Alle lebenden Wesen, starke und schwache, große und kleine, sichtbare und unsichtbare, nahe und ferne sollen wahres Glück erfahren.

Kein lebendes Wesen will ich missachten, keinem will ich Schaden zufügen. Keinem Lebewesen wünsche ich aus Ärger oder Rachsucht irgendein Leid.

Wie eine Mutter mit ihrem Leben ihr einziges Kind beschützt und behütet, so möchte ich mich zu allen Wesen verhalten.

Ich öffne mein Herz und durchdringe die ganze Welt mit grenzenloser, liebevoller Gesinnung.

Ich richte meine liebevollen Gedanken nach oben, nach unten und nach allen Seiten, frei von Hass und Feindschaft.

Ob ich gehe oder stehe, sitze oder liege – immerzu entfalte ich bewusst diese liebevolle Gesinnung. Ich lasse alle Vorurteile los und gewinne tiefe Einsicht. Ich überwinde mein Begehren und meine Gier.

So werde ich erlöst von allem Leid.»

Nachdem der Buddha die Rede beendet hatte, fügte er hinzu: «Merkt euch diese Worte genau, und wenn ihr euch dem Wald nähert, sagt sie auf, viele Male. Dann erst betretet den Wald und setzt euch unter die Bäume.»

Nachdem die Mönche den Text auswendig gelernt hatten, gingen sie zurück in den dunklen Wald. Immer wieder sagten sie die Worte auf und übten sich in dieser Haltung. Abends rezitierten sie die Lehrrede gemeinsam.

Schon nach wenigen Tagen wurden die seltsamen Erscheinungen weniger und hörten schließlich ganz auf. So konnten sich die Mönche bald wieder verstärkt ihrer ursprünglichen Übung zuwenden. Sie meditierten über die Vergänglichkeit allen Seins, und binnen kurzem gab es keinen unter ihnen, der nicht geistige Einsichten und tiefen Frieden erfahren hatte.

Als sie nach drei Monaten zu ihrem Lehrer zurückkehrten, zeigte sich dieser erfreut über ihre geistigen Fortschritte und bestärkte sie in ihren Bemühungen, indem er sagte: «Diese liebevolle Gesinnung solltet ihr immer weiter entwickeln, bis sie so fest geworden ist wie die Mauern einer unbesiegbaren Stadt. Auf diese Weise kann man alles Böse in der Welt überwinden und wird nie mehr abgelenkt werden. Dann wird der Boden gut vorbereitet sein, auf dem die Früchte der Weisheit wachsen können. Aber auch wenn das Böse überwunden ist, muss man weiter achtsam bleiben und darf niemals aufhören, sich zu bemühen.

QUELLE: Buddhistische Legenden zum *Dhammapada*, Buch 3, Geschichte 6, Spruch 40.

Die Frau, die Gedanken lesen konnte

Als der Buddha lebte und lehrte, sammelten sich viele Männer und später auch Frauen um ihn, die er in seine Gemeinschaft aufnahm. Sie mussten sich die Haare scheren und durften nur das essen, was sie von den Leuten geschenkt bekamen. Diese und andere Regeln sollten ihnen helfen, die Meditationsübungen durchzuführen und die Lehren des Buddha zu verstehen. Das Ziel dieses Weges war es, ein geistiges Bewusstsein zu erlangen, das als Erwachen, innere Befreiung oder Erleuchtung bezeichnet wird.

Einmal schickte der Buddha eine Gruppe von etwa 20 Mönchen in die Einsamkeit, um eine bestimmte geistige Übung zu machen. Sie wanderten einige Tage und kamen schließlich in ein Dorf, wo sie um Nahrung baten. Das Oberhaupt dieses Dorfes war eine gute und weise Frau namens Matika. Die fragte die Mönche: «Was sucht ihr in dieser einsamen Gegend?» Sie antworteten: «Wir suchen einen ruhigen Platz, an dem wir einige Monate leben und die geistige Übung durchführen können, die uns unser Meister aufgetragen hat.»

Matika mochte die ruhigen Asketen und sagte: «Warum bleibt ihr nicht hier? Wir werden euch außerhalb des Dorfes einige Hütten bauen.» Die Mönche nahmen das Angebot gern an und dachten: «Mit der Unterstützung dieser Frau wird es uns gelingen, die Übung durchzuführen und die innere Befreiung zu erlangen.»

Matika ließ einfache Unterkünfte für die Mönche errichten, in denen sie vor Sonne, Regen und Tieren geschützt waren.

Die Mönche versammelten sich und sagten: «Brüder, wir müssen uns bemühen, immer achtsam zu leben, denn die Tore der Hölle sind weit offen. Wir sind hierher gekommen mit einer Anweisung unseres Meisters, des Buddha. Wir müssen seine Lehren genau befolgen. Lasst uns aufrecht, achtsam und diszipliniert sein. Wir wollen uns an folgende Regeln halten: Früh am Morgen werden wir uns treffen, mit unseren Bettelschalen in das Dorf gehen und um Almosen bitten. Dann werden wir schweigend essen, nur diese eine Mahlzeit am Tag. Dann gehe jeder an seine Übung, allein und schweigend. Am Abend wollen wir uns zur gemeinsamen Meditation und zu Vorträgen versammeln. Zu keiner anderen Zeit wollen wir miteinander reden oder zusammensitzen. Wenn allerdings einer von uns krank wird oder die Hilfe der anderen braucht, dann soll er die Glocke hier schlagen, und wir werden kommen und ihm helfen.»

Nachdem sie auf diese Weise einige Tage geübt hatten, kam Matika selbst, um nach dem Rechten zu sehen. Da sie aber keinen der Mönche entdecken konnte, fragte sie einen Bauern, und der sagte: «Ach, die sieht man den ganzen Tag nicht, denn jeder sitzt irgendwo im Wald oder in seiner Hütte. Nur abends kommen sie zusammen oder wenn man die Glocke schlägt.» Da schlug Matika die Glocke, und kurz darauf erschienen sie, einzeln und schweigend. «Was ist los, ihr Mönche», fragte Matika, «habt ihr euch in dieser kurzen Zeit schon zerstritten?» Da antwortete der Älteste: «Wir sind nicht zerstritten, aber bei uns gilt die Regel, dass wir den Tag allein verbringen, abgeschieden und schweigend, damit wir die Übung der Meditation besser durchführen können.» «Was versteht ihr unter der Übung der Meditation?», wollte Matika wissen. «Wir üben uns darin, die Bestandteile unseres Körpers zu beobachten und auf solche Weise klare Einsicht in das Entstehen und Vergehen zu gewinnen, das im Körper erscheint.» Kaum hatte Matika diese Worte gehört, da fühlte sie sich in ihrem tiefsten Wesen angesprochen und sagte schnell: «Liebe Brüder, hat euer Meister nur euch erlaubt, diese Übung zu machen, oder dürfen auch andere meditieren?»

Sie antworteten: «Niemandem ist es verboten, die Übung zu machen.»

«Gut, dann erklärt mir, wie man die Bestandteile des Körpers beobachtet und dadurch Einsicht in das Entstehen und Vergehen gewinnt», sagte die Frau. Und sie erklärten ihr diese im Wortlaut des Erwachten. Matika begann noch am gleichen Abend mit der Meditation; sie bemühte sich intensiv und ausdauernd, so dass sie schon nach kurzer Zeit wahre Einsicht in die Vergänglichkeit allen Seins bekam. So schritt sie Stufe um Stufe weiter, und bereits nach wenigen Wochen erkannte sie die Gesetze des Lebens und fand innere Befreiung. Sie hatte das Ziel der Lehre des Buddha erreicht und war eine Erleuchtete geworden.

Nachdem sie einige Zeit im überirdischen Glück dieser Befreiung verweilt hatte, schaute sie in ihrem Geist voller Mitgefühl und Dankbarkeit auf die Mönche, die ihr den Weg der Übung gezeigt hatten. Da sie nun mit dem erwachten Geist in die Herzen der Menschen blicken konnte, erkannte sie etwas, das sie erstaunte. Sie sah, dass keiner der Mönche diesen wunderbaren Zustand erreicht hatte und sie alle noch in Begehren, Ablehnung und Unwissenheit gefangen waren. «Woran mag das nur liegen?», fragte sie sich verwundert und erkannte: «Es liegt nicht an mangelnder Bereitschaft oder Nachlässigkeit, sie haben alle die notwendigen Fähigkeiten.» Da begleitete sie im Geiste die Mönche während eines Tages. Sie sah, wie sie sich am frühen Morgen versammelten, in das Dorf gingen und mit ihren Bettelschalen von Haus zu Haus zogen. Nun war das Dorf aber nicht reich, und oftmals gab es nur wenig Essen, an manchen Tagen gar nichts. So gingen sie meistens hungrig an ihre Plätze und konnten sich deshalb nicht richtig auf ihre Übung konzentrieren. Ihre Gedanken kreisten vielmehr um die Sorge um den Erhalt und die Gesundheit ihrer Körper. Nachdem Matika das erkannt hatte, brachte sie den Mönchen selbst jeden Tag genügend zu essen. Nun erst konnten sie sich ungestört der Meditation widmen, und nach und nach beruhigten sich Körper und Geist. Sie waren jetzt imstande, die Übung durchzuführen und den Anweisungen des Buddha zu folgen. So schritten sie voran im geistigen Bemühen, erkannten die Gesetze des Lebens, und viele erlangten in wenigen Wochen die innere Befreiung, die Erleuchtung. Dann nahmen sie Abschied von Matika und segneten das ganze Dorf. Sie kehrten nach drei Monaten zu ihrem Meister, dem Buddha, zurück, um ihm vom Erfolg ihrer Bemühungen zu berichten. Voll

Dankbarkeit erzählten sie von Matikas eigenem Bemühen um den Weg und von ihrer Unterstützung und Fürsorge.

Das hörte ein anderer Mönch, und nachdem er vom Buddha eine Meditationsübung bekommen hatte, beschloss er, dieses Dorf aufzusuchen. Als er nach einigen Tagen dort ankam, fand er den Platz verlassen und schmutzig. Da er müde war, wünschte er sich ein behagliches und sauberes Zimmer. Matika hatte seine Ankunft schon bemerkt, und da sie in sein Herz schauen und seine Gedanken lesen konnte, schickte sie ihm jemanden, der eine Hütte für ihn säuberte. Er dachte: «Ich bin durstig», und kurz darauf kam jemand mit frischem Wasser. So ging es auch in den nächsten Tagen. Was immer er sich wünschte, kurze Zeit später geschah es. Schließlich dachte er: «Es scheint so, als würde mir jemand jeden Wunsch erfüllen. Ob das die Frau ist, von der die Mönche erzählt haben? Nun möchte ich sie doch gerne selbst kennen lernen.»

Matika kam mit Speisen aller Art zu ihm. Nachdem er gegessen hatte, fragte er: «Bist du Matika?»

«Ja, mein Sohn.»

«Seitdem ich hier bin, ist jeder meiner Wünsche auf wunderbare Weise erfüllt worden. Wie kommt das? Kannst du meine Gedanken lesen?»

Matika wehrte ab: «Es gibt viele weise Menschen, die die Gedanken anderer kennen, mein Sohn.»

«Ich frage aber nicht irgendjemanden, sondern dich», sagte der Mönch.

Sie jedoch wich weiterhin aus und erklärte: «Auch wenn man die Gedanken anderer nicht zu lesen vermag, kann man Gutes tun.» Dann verließ sie ihn. Der Mönch dachte nach und erschrak: «Wenn sie meine Gedanken kennt, dann weiß sie nicht nur über die guten, sondern auch über die schlechten Bescheid. Wenn ich nur einmal etwas Schlechtes denke, wird sie mich zur Rechenschaft ziehen und mich nicht mehr versorgen.» Von da an war er unruhig und ängstlich, denn er konnte seine negativen Gedanken kaum mehr beherrschen. Schließlich kam er zu dem Schluss: «Am besten, ich verschwinde von hier so schnell wie möglich.»

Matika versuchte, ihn zum Bleiben zu überreden, er aber machte sich bald aus dem Staub und ging zurück zum Buddha, der ihn erstaunt fragte. «Warum bist du schon zurückgekommen?»

Der Mönch antwortete: «Verehrter Meister, ich war in dem kleinen Dorf, wo eine Frau namens Matika Unterkünfte für Mönche errichtet hat. Es ist ein guter Platz, und ein Mönch bekommt dort alles, was er braucht. Jeder Wunsch wird einem erfüllt, ohne dass man etwas sagt. Aber gerade das ist das Furchtbare. Ich glaube, diese Frau kennt jeden meiner Gedanken und durchschaut mich voll und ganz. Wer noch nicht erwacht ist, hat gute und schlechte Gedanken. Hätte ich etwas Schlechtes über sie gedacht, so hätte ich mich sehr geschämt und wäre in ihrer Gegenwart nicht mehr froh geworden. Außerdem hätte sie mich dann sicher nicht mehr unterstützt. Auf jeden Fall kann ich dort nicht mehr üben.»

Der Buddha antwortete: «Bruder, das ist genau der Platz, an den du gehörst. Geh zurück, und übe weiter.»

«Bitte, schickt mich nicht mehr an diesen Platz, dort kann ich nicht üben.»

Da sagte der Buddha. «Vergiss alle Übungen, die ich dir empfohlen habe. Du sollst an diesem Platz nur noch eine einzige Übung machen. Kannst du eine einzige Sache beobachten?»

«Was soll ich beobachten, verehrter Meister?»

Da gab ihm der Buddha folgende Belehrung: «Beobachte nur deine Gedanken, das ist schwierig genug. Das soll deine Übung sein. Beschäftige dich mit nichts anderem.

Gedanken sind schwer zu beherrschen und flüchtig.

Sie stürzen sich auf alles, was sie wollen.

Es ist eine wunderbare Sache, die Gedanken zu kennen und zu beherrschen. Kein Gedanke soll mehr unbewusst aufsteigen und vergehen. Wer auf diese Art mit seinen Gedanken umgeht, öffnet das Tor zum wahren Glück.»

Zuletzt ermahnte ihn der Buddha nochmals: «Wenn diese Frau wirklich deine Gedanken lesen kann, musst du lernen, dein Denken zu beherrschen. Dann brauchst du dich nicht mehr zu schämen und kannst im Ruhe üben. Geh nur zurück, beschäftige dich mit dieser Übung und bleib dort.»

Der Mönch ging also zurück, und Matika nahm ihn gerne auf und versorgte ihn mit gutem Essen. Entsprechend der Anweisung des Buddha bemühte er sich sehr, beobachtete alle seine Gedanken, lernte, sie zu beherrschen, und so erreichte er in kurzer Zeit alle Stufen der Einsicht. Schließlich überwand er sämtliche Hindernisse und erlangte die Erleuchtung.

Der Mönch verbrachte einige Tage in diesem wunderbaren Zustand. Er dachte voller Dankbarkeit an Matika, die in sein Herz gesehen, ihn durchschaut und deshalb alle seine Wünsche erfüllt hatte. Auch dachte er an seinen Lehrer, den Buddha, der ihm die richtige Anweisung gegeben hatte. Die Dankbarkeit erfüllte sein Herz mit Freude, und er beschloss weiterzuziehen, ebenfalls in die Herzen der Menschen zu schauen und anderen zu helfen, diesen wunderbaren Weg zu vollenden.

Quelle: Buddhistische Legenden zum *Dhammapada*, Buch 3, Geschichte 2, Spruch 35.

Der Räuber Angulimala

Im Reich des Königs Pasenadi lebte ein äußerst grausamer Räuber. Er überfiel zahlreiche Menschen, raubte sie aus und tötete sie ohne das geringste Mitleid. Er hatte schon so manches Dorf ausgerottet, und niemand wagte sich mehr in den Wald, in dem er sein Unwesen trieb. Jedem Menschen, den er tötete, schnitt er einen Finger ab, und als Zeichen seiner Stärke trug er eine Kette aus diesen Fingern um den Hals. Deswegen nannte man ihn Angulimala, «Fingerkette».

Eines Tages ging der Buddha die Straße entlang, die in den Wald führte, in dem der Räuber lebte. Da riefen die Hirten und Bauern, die ihn sahen: «Halt, Mönch, geht nicht in diesen Wald. Da wohnt ein Räuber, der jeden tötet, den er sieht. Es sind schon viele Männer hineingegangen, und alle hat er erschlagen und ihnen Finger abgeschnitten. Die trägt er an einer Kette um den Hals. Geht nicht hinein.» Der Buddha aber lächelte nur und setzte schweigend seinen Weg fort.

Als der Räuber den Buddha kommen sah, dachte er: «Wie sonderbar. Ich habe schon mehrere Männer auf einmal niedergemacht, und da kommt ein Mönch ganz allein und so friedlich, so gelassen, als hätte er vor nichts und niemandem Angst. Ich werde diesem sonderbaren Heiligen zeigen, wer hier der Herr ist, und ihn das Fürchten lehren.» Er nahm sein Schwert und folgte dem Erwachten.

Der Buddha ging ganz ruhig und gemächlich, der Räuber mit

festem Schritt hinter ihm her, um ihn schnell einzuholen. Zu seinem Erstaunen merkte er jedoch nach einer Weile, dass er dem Buddha nicht näher kam. Der Abstand hatte sich nicht verringert. Da vergrößerte er sein Tempo, dann begann er zu laufen, und zuletzt rannte er mit größter Anstrengung. Aber obwohl der Buddha ganz langsam weiterging, kam ihm der Räuber nicht einen Schritt näher. «Wie seltsam!», schoss es ihm durch den Kopf. «Ich habe schon Elefanten gejagt und Pferde eingeholt, aber diesen Mönch kann ich nicht erreichen, obwohl er ganz gemütlich geht.» Er hielt an und rief: «Bleib stehen, Mönch, bleib stehen!»

Der Buddha ging weiter und antwortete: «Ich stehe schon, Angulimala. Bleib auch du stehen.»

Da dachte der Räuber: «Dieser Mönch ist eigenartig, ich verstehe nicht, was er meint.»

Deshalb sagte er: «Während du offensichtlich gehst, erklärst du: ‹Ich stehe still.› Ich bin eben stehen geblieben, und trotzdem sagst du zu mir: ‹Bleib auch du stehen.› Ich frage dich: Wie ist das zu verstehen?»

Der Buddha antwortete: «Ich stehe fest, Angulimala, fest für immer, denn ich werde weder von Hass noch von Verlangen getrieben. Ohne an etwas zu hängen, empfinde ich grenzenloses Mitgefühl für alle Wesen. Du aber, Angulimala, wirst von Hass und Begehren getrieben, und nicht ein Hauch von Mitgefühl regt sich in dir. Deswegen stehst du niemals still, ich aber stehe fest für immer.»

Diese Worte berührten den Räuber tief, und mit einem Schlag erkannte er, dass er den falschen Weg eingeschlagen hatte. Er kniete sich hin, berührte die Erde mit der Stirn und sagte:

«Du bist ein wahrhaft weiser Mann, und deine Worte haben mir die Augen geöffnet. Von nun an will ich anderen Wesen keinen Schaden mehr zufügen.»

Er nahm sein Schwert und all seine Waffen, zerbrach sie und warf sie weg. Dann verbeugte er sich vor dem Erwachten und sagte: «Wie kann ich lernen, ein gutes und hilfreiches Leben zu führen. Wie kann ich nach all meinen Taten den Frieden erlangen, den du gefunden hast?»

Der Buddha lächelte und nahm ihn in seine Gemeinschaft auf, indem er die schlichten Worte sprach: «Komm, Bruder, folge mir.

Ich zeige dir den Weg.» Das allein genügte, um aus dem Räuber einen Mönch zu machen.

Der Buddha wanderte nun mit Angulimala als Begleiter zurück nach Savatthi, wo er sich ins Jetavana-Kloster begab.

Es hatte sich jedoch sehr schnell herumgesprochen, dass er den berüchtigten Räuber bei sich hatte, und die Menschen gingen voll Angst zum König und sagten: «Herr, der grausame Räuber Angulimala versteckt sich im Jetavana-Kloster. Er hat viele Menschen getötet und trägt ihre Finger an einer Kette um den Hals. Ihr müsst ihn da herausholen und unschädlich machen.»

Da zog der König mit vielen Kriegern zum Jetavana-Kloster und suchte den Buddha auf. Nachdem er ihn ehrfürchtig begrüßt hatte, fragte der Buddha: «Was führt Euch her, großer König? Habt ihr irgendwelche Probleme mit den Nachbarländern?»

«Nein, verehrter Meister», antwortete der König, «es herrscht Frieden. Ich habe ein anderes Problem. Die Leute sagen, der berüchtigte Räuber Angulimala sei bei Euch untergekommen. Er ist ein böser, grausamer Mann, der viele Menschen getötet hat. Ich muss ihn festnehmen.»

Der Buddha antwortete: «Angenommen, großer König, Angulimala hätte sich vom weltlichen Treiben zurückgezogen, würde niemandem mehr Schaden zufügen, nichts nehmen, was nicht ihm gehört, würde nicht mehr lügen, würde bescheiden leben und nur einmal am Tag essen. Angenommen, er hätte sein Haar und seinen Bart abgeschnitten, trüge eine einfache Robe und wäre ein Mönch in meiner Gemeinschaft und ein wahres Vorbild an Tugend und Rechtschaffenheit. Was würdest Ihr dann machen?»

Der König antwortete: «Verehrter Meister, einen solchen Mönch würde ich respektvoll grüßen und würde ihm eigenhändig einen Sitz bereiten. Ich wäre glücklich, ihn mit Kleidung, Essen und Medizin zu versorgen. So sollte man sich verhalten. Aber es ist ja nicht möglich, dass sich ein derart böser Mensch, ein grausamer Mörder, so sehr ändert.»

Während des Gesprächs saß Angulimala nicht weit vom Buddha entfernt, und so streckte der Erwachte den Arm aus und sagte: «Der da, großer König, ist Angulimala.»

Der König sprang zitternd vor Angst auf und wollte nach seinem Schwert greifen, doch der Buddha sagte beschwichtigend:

«Habt keine Angst, und beruhigt Euch, er wird Euch nichts tun. Er ist wirklich Mönch geworden.» Da trat der König vorsichtig etwas näher und schaute sich den Mönch genau an. «Ihr seht sehr freundlich aus», sagte Pasenadi dann, «seid Ihr wirklich der furchtbare Räuber Angulimala?» «Ja, der war ich», antwortete dieser.

Nun fragte der König nach seinen Eltern, seiner Aufnahme in den Orden und seinen Aufgaben. Schließlich war der König von der Friedfertigkeit und Güte des neuen Mönchs überzeugt, und er sagte hocherfreut: «Was braucht Ihr, Angulimala? Ich möchte Euch mit Kleidern, Essen, mit Unterkunft und Medizin versorgen.» Der neue Mönch, der als tägliche Übung ein ganz bescheidenes Leben führte, entgegnete: «Genug, mächtiger König. Ich habe alles, was ich brauche.»

Der König wandte sich wieder an den Buddha und sagte: «Das ist großartig, verehrter Meister. Mir war es nicht möglich, mit Kriegern und Waffen diesen gefährlichen Mann zu überwältigen. Aber Ihr habt ihn ohne Waffen überwunden. Ihr habt das Böse nicht nur bezwungen, sondern Ihr habt es verwandelt, so dass es gut geworden ist. Das ist der höchste Sieg und wirklich wunderbar.»

Eines Morgens, als Angulimala mit seiner Bettelschale durch die Stadt ging, um Essen zu sammeln, kam er an einem Haus vorbei, in dem eine Frau eine schwere Geburt hatte und vor Schmerzen schrie. Da dachte der Mönch voll Mitleid: «Wie müssen die Menschen doch leiden.»

Als er ins Kloster zurückkam, berichtete er dem Buddha von seinem Erlebnis. Der sagte darauf zu ihm: «Wenn du dieser Frau helfen möchtest, Angulimala, so geh nochmals zu ihrem Haus und sage: ‹Schwester, seit meiner Geburt habe ich niemals bewusst ein Lebewesen getötet. Wenn das wahr ist, mögest du gesund werden und ein gesundes Kind zur Welt bringen.›»

«Aber verehrter Meister», antwortete Angulimala, «das wäre eine schreckliche Lüge. Ich habe viele Menschen getötet.»

«Gut», antwortete der Buddha, «dann sag: ‹Seit meiner wahren Geburt habe ich nie mehr bewusst ein Lebewesen getötet. Wenn das wahr ist, mögest du gesund werden und ein gesundes Kind zur Welt bringen.›»

«Das ist gut», sagte Bruder Angulimala und machte sich auf den

Weg. Bei der Frau angekommen, sprach er die Worte des Buddha. Kaum hatte er sie gesagt, da verschwanden die Schmerzen der Frau, und sie brachte ein gesundes Kind zur Welt.

Angulimala lebte sehr zurückgezogen von der Welt, achtsam, bemüht und entschlossen, und noch im gleichen Leben erlangte er Einsicht, Wissen und schließlich die Erleuchtung. Wie alle Erleuchteten war er sich bewusst, dass der Kreislauf der Geburten für ihn zu Ende war. Er war von nichts mehr in dieser Welt abhängig.

Eines Tages, als Angulimala unterwegs war, sahen ihn Leute, die ihn von früher her kannten. Sie warfen mit Steinen nach ihm und schlugen ihn mit Stöcken. Schwer verletzt schleppte sich Angulimala ins Kloster zurück. Als ihn der Buddha kommen sah, rief er ihm zu: «Ertrag es, edler Bruder, ertrag es, denn du erleidest jetzt schon die Folgen deiner bösen Taten. Sonst müsstest du dafür viele hundert oder tausend Jahre in der Hölle schmachten.»

Angulimala wurde in die Halle getragen, und die Mönche versammelten sich um ihn. Obwohl er im Sterben lag und große Schmerzen hatte, gelang es ihm doch, seinen Geist völlig frei von allem Leiden zu halten. Er richtete sich noch einmal auf und sprach zu seinen Brüdern.

«Wer achtsam lebt, wer die Folgen seiner vergangenen bösen Taten durch gute Taten verwandelt, wer sich nach den Lehren Buddhas richtet, der erhellt die Welt.

Mögen meine Feinde die Wahrheit erkennen, mögen sie der Lehre des Buddha folgen und sich zu guten Menschen entwickeln. Mogen meine Feinde die Wahrheit hören von Menschen, die danach leben, von Menschen, die das Böse überwunden haben, mögen sie sich solchen Menschen anschließen.

Wer so lebt, kann mir oder anderen kein Leid mehr zufügen, wird innere Ruhe finden und alles Leben beschützen.

Manche Menschen müssen mit Feuer und Schwert bezwungen werden, mich hat der Buddha selbst mit seiner allumfassenden Liebe überwunden.

Weise Menschen hüten ihre Achtsamkeit als ihren größten Schatz. Denn wer achtsam ist und mit der Übung der Meditation vertraut, wird großes Glück erlangen.

Ich bin glücklich, dass ich dem Rat des Buddha folgte. Von allen Möglichkeiten, die das Leben bietet, habe ich die beste gewählt. Ich habe die wahre Einsicht erlangt, das wahre Wissen. Ich bin den Weg des Buddha zu Ende gegangen.»

Nachdem Angulimala so gesprochen hatte, starb er und ging ein in das Reich ohne Geburt und Tod.

Nach seinem Tod sprachen die Mönche der Gemeinschaft über die mögliche Wiedergeburt des Angulimala. Als der Buddha davon hörte, sagte er zu ihnen: «Mein Sohn Angulimala wird nicht mehr geboren.»

«Wie ist das möglich, nachdem er in diesem Leben so viele Menschen umgebracht hat?», wollten sie nun wissen. Da antwortete der Buddha: «Ja, ihr Mönche. In den vergangenen Zeiten vollbrachte er all diese bösen Taten, weil er die Lehre von der Wahrheit nicht kannte. Nachdem er einen Lehrer gefunden hatte, widmete er sein Leben der Achtsamkeit und wurde erleuchtet. So verwandelte er die Folgen seiner bösen Taten durch gute Taten. Wer durch ein achtsames Leben zur Erkenntnis der Wahrheit gelangt, der erleuchtet die Welt, wie der volle Mond die Erde erleuchtet, wenn er nicht von Wolken bedeckt ist.»

QUELLE: Buddhistische Legenden zum *Dhammapada*, Buch 13, Geschichte 6, Spruch 173. Mittlere Sammlung, Rede 86.

Der unbelehrbare Tissa

In der Gemeinschaft des Buddha lebte ein älterer Mönch namens Tissa, der mit dem Buddha entfernt verwandt war. Er war sehr dick und äußerst stolz auf seine Verwandtschaft mit dem Buddha. Den ganzen Tag saß er in der großen Halle, und wenn jemand kam, mit dem er nicht reden wollte, schloss er die Augen und gab vor, zu meditieren.

Eines Tages kam Besuch von einigen Mönchen, die den Buddha sehen wollten. Da Tissa allein am Eingang saß, fragten sie ihn nach dem Aufenthalt des Buddha und ob er zu sprechen wäre. Tissa jedoch hatte keine Lust zu reden, schloss schnell die Augen und blieb stumm. Da fragte ihn einer der Mönche: «Wie lange bist du schon beim Buddha.» «Ich bin schon ein Jahr hier, und ich bin mit dem Buddha verwandt», gab Tissa von sich. «Das ist gut, dann kannst du dem Buddha sicher sagen, dass wir ihn sprechen möchten», entgegnete der Mönch. Tissa aber sagte ärgerlich: «Ihr sollt mich nicht ständig stören.»

Da beugte sich ein anderer Mönch vor und sagte mit lauter Stimme: «Was glaubst du eigentlich, wer du bist? Vor dir stehen Mönche, die schon sehr lange im Orden sind, und auf unsere höflichen Fragen gibst du uns keine richtige Antwort. Du behandelst uns so, als wären wir unerwünscht. Das ist kein rechtes Verhalten unter Brüdern.» Tissas Kopf lief rot an vor Ärger, und er rief: «Was wollt ihr denn überhaupt von mir?» «Wir wollen gar nichts von dir», antwortete ein junger Mönch, «wir wollen den Buddha sehen.» «So, so», meinte Tissa, «den Buddha wollt ihr sprechen, und mich behandelt ihr wie ein Stück Dreck, das lasse ich mir nicht gefallen. Der Buddha wird von mir selbst erfahren, welch ungehobelte Brüder in unser Kloster kommen. Er wird es euch schon zeigen.» Und wutentbrannt lief er zum Buddha, um sich zu beklagen. Die Mönche aber folgten ihm.

Der Buddha fragte ihn: «Was ist los? Warum bist du so aufgebracht und verärgert, dass dir sogar Tränen in den Augen stehen?» Tissa antwortete: «Diese ungehobelten Mönche hier haben mich beleidigt.» «Erzähl mir genau, was geschehen ist», sagte der Buddha. «Wo warst du?» «Ich saß in der Halle und habe meditiert», antwortete Tissa. «Hast du die Mönche gesehen, als sie ankamen?», fragte der Erwachte.

«Ja, Meister, ich habe sie gesehen. Ich dachte mir noch, hoffentlich kommen sie nicht und stören mich in meiner Meditation. Aber sie kamen und haben mich ständig angesprochen.»

Da fragte der Buddha: «Du bist also nicht aufgestanden und ihnen entgegengegangen?»

«Nein, Meister.»

«Du hast ihnen nicht angeboten, ihre Sachen an dich zu nehmen und aufzubewahren?»

«Nein, Meister.»

«Du hast ihnen nichts zu trinken angeboten?»

«Nein, Meister.»

«Du hast ihnen auch keinen Platz angeboten und ihnen kein Wasser zum Waschen der Füße gebracht?»

«Nein, Meister.»

Da sagte der Buddha: «Tissa, das alles hättest du tun müssen. Es ist nicht richtig, in der Halle zu sitzen und Gäste nicht zu begrüßen. Noch ehe sie etwas fragen, sollte man sie willkommen heißen. Wenn sie aber einen Wunsch äußern, so sollte man freundlich antworten und ihnen behilflich sein. Wer Gäste nicht höflich begrüßt, hat nicht das Recht, in der Halle zu sitzen. Du allein bist verantwortlich für diesen Vorfall. Bitte die Mönche um Entschuldigung.» «Aber sie haben mich beleidigt», antwortete Tissa, «ich werde mich nicht entschuldigen.»

«Sei nicht so starrsinnig, und entschuldige dich», wiederholte der Buddha.

«Nein, ich werde mich nicht entschuldigen», beharrte Tissa.

Da sagten die Mönche: «Nicht nur von uns lässt sich dieser Mönch nichts sagen, er hört auch nicht auf den Meister.»

Der Buddha wandte sich an Tissa und sagte: «Ich werde dir eine Geschichte erzählen. Hör gut zu! Vor vielen Jahren lebte ein Einsiedler namens Devala in den Bergen des Himalaja. Eines Tages ging er in eine Stadt und übernachtete in der Werkstatt eines Töpfers. Am gleichen Abend kam ein zweiter Einsiedler namens Narada dorthin und fand ebenfalls bei dem Töpfer ein Lager. Devala aber war beleidigt, weil er sein Nachquartier mit jemandem teilen musste, und sprach kein Wort mit dem neuen Gast.

Als es dunkel wurde, begaben sich beide zur Ruhe. Narada merkte sich, wo Devala lag, und ging schlafen. Als man nichts mehr sehen konnte, legte sich Devala an einen anderen Platz in der Nähe der Tür. Mitten in der Nacht musste Narada aufstehen und wollte hinausgehen. Weil er nichts sehen konnte, stieg er auf Devalas Arm. Da schrie dieser auf: ‹Wer steigt mir auf den Arm?› Narada antwortete: ‹Ich war das.› ‹Du hinterhältiger Einsiedler›, schimpfte Devala, ‹willst du mich verletzen?› Narada entschuldigte sich: ‹Ich habe nicht gewusst, dass du hier liegst. Tut mir Leid.› Dann ging er hinaus.

Devala legte sich inzwischen wieder an einen anderen Platz, so dass sein Kopf ungefähr dort war, wo vorher die Füße gewesen waren. Als Narada hereinkam, ging er bewusst in die andere Richtung, um nicht nochmals auf Devala zu treten. Das Ergebnis war, dass er nun auf seinen Nacken stieg. Da schrie Devala laut auf: ‹Wer war das?› Narada antwortete: ‹Ich war das.› ‹Du hinterhältiger Einsiedler, zuerst wolltest du mich verletzen, jetzt willst du mich töten. Ich werde dich verklagen.› Narada antwortete: ‹Das solltest du nicht tun, lieber Freund.›

Aber Devala hörte nicht auf ihn, und am nächsten Morgen verklagte er ihn beim Töpfer und verlangte, dass der Fall vor den Richter der Stadt gebracht wurde. Nun, was meinst du, Tissa, wer war verantwortlich für diesen Vorfall? Wenn du der Richter wärest, wie würdest du entscheiden?», fragte der Buddha.

«Das ist doch offensichtlich, verehrter Meister», antwortete Tissa. «Devala trägt ganz allein die Schuld. Er war beleidigt, und nun klagt er Narada zu Unrecht an. Ich würde Devala bestrafen, aber vermutlich wird ihn die Strafe für sein Verhalten irgendwann von selbst ereilen.» «Siehst du», lächelte der Buddha, «in unserem Fall hier verhältst du dich genauso wie Devala. Du wolltest die Gäste nicht bedienen und warst beleidigt, deshalb hast du sie zu Unrecht beschuldigt. Wir werden dich nicht bestrafen, doch die Folgen deines Verhaltens werden dich eines Tages einholen.» Da wurde Tissa vor Scham ganz still. Die anderen Mönche aber wollten wissen, wie die Geschichte endete, und so fuhr der Buddha fort:

«Als die beiden vor dem Richter standen, erzählte jeder seine Geschichte. Während Narada ruhig und freundlich blieb, verstrickte sich Devala zunehmend in Widersprüche und wurde immer zorniger, so dass es dem Richter bald völlig klar war, wer Recht hatte und wer nicht.

Schließlich sagte der Richter: ‹Du allein, Devala, bist für den Vorfall verantwortlich, Narada trifft keine Schuld. Du kannst gehen. Aber es wäre für dich viel besser, wenn du dich jetzt bei Narada entschuldigen würdest. Dann würden dich die Folgen deines Verhaltens weniger hart treffen.› ‹Großer Richter›, antwortete Devala, ‹dieser Einsiedler ist auf meinen Arm und auf meinen Nacken getreten. Ich werde mich nicht entschuldigen.› ‹Aber dir wird Unheil widerfahren›, ermahnte ihn der weise Richter. ‹Das ist mir egal. Ich entschuldige mich nicht›, beharrte Devala.

Da verkündete der Richter: ‹Nun bin ich davon überzeugt, dass du dich aus freien Stücken niemals entschuldigen wirst.› Dann ließ er ihn von seinen Wachen packen und zu Boden zwingen, so dass er sich vor den Füßen von Narada verbeugen musste. Narada sagte: ‹Steh auf, Einsiedler, ich verzeihe dir.›

Devala ging nun seines Weges. Als er jedoch einen Fluss durchqueren musste, rutschte er aus, fiel ins Wasser und trieb viele Meilen flussabwärts. Er wäre ertrunken, hätten ihn nicht gute Menschen herausgeholt.»

Nachdem der Buddha diese Geschichte erzählt hatte, sagte er zu Tissa: «Du bist wie jener Devala, und dein Verhalten führt dich auf einen Weg voll Leid. Diese Mönche haben dich nicht beleidigt, und du solltest dich entschuldigen. Aber selbst dann, mein Freund, wenn dich jemand beleidigt, wenn dich jemand demütigt, sogar wenn dir jemand Gewalt antut und dir alles wegnimmt, was dir lieb und wert ist, sollst du nicht aufgebracht, zornig und voller Hass sein. Solange du denkst, andere seien an deinem Leid schuld, wird dein Ärger nicht vergehen. Du selbst hast die Samen gelegt, deren Früchte du heute erntest. Solange du andere beschuldigst, wirst du den Hass in dir nicht überwinden. Dein Hass wird immer stärker werden und dir selbst schaden. Wenn jemand dich beleidigt, so denke, er hat mich ermahnt. Wenn dich jemand demütigt, so denke, er hat mir den Weg gezeigt. Wenn dir jemand Gewalt antut, so denke, er gibt mir die Gelegenheit zu lernen, wie man frei von Leiden wird. Wenn dich jemand beraubt, so denke, er hat mich beschenkt.

Wem es gelingt, seine Gedanken auf diese Weise umzuwandeln, dessen Herz wird frei von Hass und Zorn, und er wird den himmlischen Frieden schon hier erleben.»

QUELLE: Buddhistische Legenden zum *Dhammapada*, Buch 1, Geschichte 3, Spruch 3 und 4.

Die Brüder Kala

Der jüngere und der ältere Kala waren Brüder, die zusammen Handel trieben und als Kaufleute durch ganz Indien reisten. Eines Tages kamen sie nach Savatthi und übernachteten dort. Da sahen sie viele Menschen, die in ein Kloster gingen, um eine Rede des Buddha zu hören. Der ältere Kala wurde neugierig und schloss sich der Menge an.

An diesem Tag sprach der Buddha über das Leiden und die Bedeutung des Begehrens im weltlichen Leben. Der ältere Kala war tief berührt und dachte: «Was hat es für einen Wert, Schätze anzuhäufen, wenn man nach dem Tode nichts davon mitnehmen kann? Wozu sollte ich mein Leben als Kaufmann weiterführen? Ich möchte dieser Gemeinschaft beitreten, Mönch werden und mein Leben der Suche nach dem inneren Frieden widmen.»

So ging er nach der Rede kurz entschlossen zum Buddha, verbeugte sich ehrfurchtsvoll und bat um Aufnahme in den Orden. Der Buddha sagte: «Hast du keine Verwandten?» «Ich habe eine Frau und einen Bruder», antwortete der ältere Kala. «Du kannst erst dann in unsere Gemeinschaft aufgenommen werden, wenn deine Familie einverstanden ist. Du musst sie um Erlaubnis fragen, damit du dich ohne Bedauern voll und ganz der Übung widmen kannst», sagte der Buddha.

Die Frau war sehr betrübt, aber da sie dem ernsten Streben ihres Mannes nach Wahrheit nicht im Wege stehen wollte, gab sie ihr

Einverständnis. Der jüngere Kala aber war entsetzt. Sein Bruder war für ihn wie ein Vater, und er wusste, dass er das Geschäft nicht alleine betreiben konnte. Er versuchte, seinen älteren Bruder von seinem Vorhaben abzubringen, doch bald schon sah er ein, dass er dessen festem Willen nichts entgegensetzen konnte. Da kam er auf die rettende Idee. Er beschloss, obwohl auch er Frau und Kinder hatte, ebenfalls ein Mönch des Buddha zu werden, allerdings nur, weil er dachte: «Wenn ich in der Nähe meines Bruders bleibe, so wird es mir früher oder später gelingen, ihn zur Umkehr zu bewegen, und schon bald werden wir wieder bei unseren Familien sein und unser Geschäft weiter betreiben.»

Nachdem Kala der Ältere einige Zeit als Mönch gelebt hatte, fragte er den Buddha nach einer Übung, die zum Ziel des Weges führt. Der Buddha sagte: «Du kannst zwischen zwei Wegen wählen. Entweder du studierst zunächst die Belehrungen und gelangst über Wissen und Einsicht zur Übung und zum Erwachen, oder du widmest dich gleich der Meditation und verstehst dadurch die Lehren.» Kala der Ältere wählte den Weg der Übung und bekam verschiedene Unterweisungen zur Betrachtung von Körper und Geist. Unter anderem zeigte ihm der Buddha die Meditation über Tod und Vergänglichkeit.

Eines Tages sah Kala eine Leichenverbrennung, und da kam er auf die Idee, dass es wohl eine gute Übung sein müsste, beim Anblick von Toten zu meditieren.

So ging er jede Nacht, wenn alles schlief, heimlich an den Leichenplatz, setzte sich dort hin, betrachtete die toten Körper, meditierte darüber und kehrte am frühen Morgen wieder ins Kloster zurück.

Der Leichenplatz wurde von einer Frau betreut, die sehr weise war und wie eine Priesterin über das Reich des Todes wachte. So bemerkte sie bald den seltsamen Besucher, und eines Morgens stellte sie den heimlichen Gast zur Rede. Sie sagte: «Verehrter Herr, ich sehe, dass Ihr ein Asket seid. Wollt Ihr Euren Lagerplatz an diesem Leichengrund errichten?» «Ich möchte gern ein paar Stunden der Nacht hier verbringen», antwortete er. Darauf sagte sie: «Ihr könnt Eure Nächte hier verbringen, aber an diesem Platz herrschen bestimmte Regeln, die alle einhalten müssen, die sich hier aufhalten.»

«Gut», sagte der ältere Kala, «was muss ich beachten?»

«Zunächst müsst Ihr von Eurem Vorhaben den Ältesten Eurer Gemeinschaft informieren und dann den Bürgermeister unserer Stadt. Manchmal verstecken sich Räuber und andere Verbrecher am Leichenplatz, doch wenn Ihr eine Erlaubnis habt, wird Euch niemand für einen Dieb halten.»

«Gut», sagte der ältere Kala, «was muss ich noch beachten?»

Die Wächterin des Leichengrundes antwortete: «Wenn Ihr an diesem Platz meditieren wollt, so seid Ihr willkommen. Es ist jedoch wichtig, dass wir an einem solchen Ort eine für die Toten angemessene Atmosphäre schaffen. Deswegen achtet darauf, dass Ihr in diesen Tagen keine Speisen zu Euch nehmt, die heftige Gerüche verbreiten, meidet alle starken Gewürze, alle süßen Speisen, aber auch Fleisch und Fisch. Ihr müsst ein reines Leben führen und dürft niemanden betrügen oder bestehlen. Bleibt stark, und werdet nicht nachlässig, denn Ihr dürft in der Zeit, die ihr hier verbringt, nicht schlafen. Kommt spät am Abend, und geht wieder, ehe es hell wird. Dann wird Eure Kontemplation zum Erfolg führen. Wenn Ihr Euch richtig verhaltet, wird dieser Platz immer rein sein. Ich werde Euch jeden Abend die Lampen anzünden, damit Ihr die Leichen betrachten könnt.»

So verbrachte der ältere Kala jede Nacht am Leichengrund, der jüngere Kala aber, der immer nur an seine Rückkehr ins Weltleben dachte, war entsetzt und dachte: «Das ist wirklich eine schreckliche Aufgabe, die mein Bruder bewältigen muss.»

Nun geschah es, dass eine junge und besonders schöne Frau starb. Sie wurde zum Leichenplatz gebracht, und wer sie sah, meinte, sie sei nur in einen tiefen Schlaf gefallen. Die Wächterin des Leichengrundes wusch den schönen Körper, und Kala der Ältere hatte genug Zeit, ihn zu betrachten. Dann wurde die Leiche auf das Feuerholz gelegt und der zuvor goldene Körper wurde braun und schwarz, die Flammen verzehrten ihn, und zuletzt blieb nichts als ein Haufen Asche. Kala saß und meditierte die ganze Nacht über den Tod und die Vergänglichkeit. Er wiederholte die Worte des Buddha:

«Vergänglich ist alles, was existiert. Es ist die Natur allen Seins, zu entstehen und zu vergehen.» Schließlich gewann er Einsicht in die Wahrheit der Vergänglichkeit. Er erkannte nach und nach alle Gesetze des Lebens und erlangte das wahre Wissen. Noch ehe die Nacht um war, war er erleuchtet. Wieder gab es in der Gemeinschaft des Buddha einen Mönch, der das Ziel des Weges erreicht hatte.

Einige Zeit später kam der Buddha mit seinen Mönchen in die Stadt, aus der die Brüder Kala stammten. Als der jüngere Kala sein altes Haus sah und seiner Familie begegnete, wurde seine Sehnsucht so stark, dass er das Mönchsleben nicht mehr ertragen konnte. Er legte seine Robe ab und verließ seinen Bruder. Das sprach sich bald herum, und eines Abends standen die anderen Mönche in der Versammlungshalle zusammen und sagten: «Vor kurzem ist der jüngere Kala in sein Haus gegangen und hat das Mönchsleben aufgegeben. Wenn der ältere Kala sein Haus sieht, wird er wahrscheinlich auch Sehnsucht nach dem weltlichen Leben bekommen und dem Beispiel seines Bruders folgen.»

Als der Buddha das hörte, sagte er: «Mönche, vergleicht nicht den jüngeren mit dem älteren Kala. Der Jüngere hatte nie die Absicht, den Weg zum Erwachen zu beschreiten. Er war auch als Mönch völlig gefangen vom weltlichen Leben, ganz und gar verstrickt in sein Begehren und seinen Gedanken ausgeliefert. Sein Leben als Mönch bedeutete keine Abkehr von den Dingen der Welt, die angenehm sind und Vergnügen bereiten. Der ältere Kala jedoch suchte den wahren Weg. Er erkannte das sinnlose Treiben zwischen Begehren und Befriedigung und hatte die feste Absicht, diesem ewigen Kreislauf zu entkommen. Nun ist es ihm gelungen, und er ist fest wie ein Fels, unerschütterlich und frei. Keine weltliche Verlockung kann ihn mehr anziehen, kein Sinneseindruck ihn täuschen.

Genauso wie er müsst ihr eure Motivation überprüfen. Wer Mönch ist, aber immer noch das Vergnügen sucht, immer noch von Sinnesfreuden abhängig ist, der wird sich nicht zurückhalten können. Den wird eines Tages die Lust überwältigen, so wie ein heftiger Sturm einen dünnen Baum leicht zerbricht. Wer aber die rechte Einstellung hat, der durchschaut alle Vergnügungen dieser Welt als unbefriedigend und ohne Sinn. Wer wirklich einen Ausweg sucht, wer nur nach der inneren Freiheit verlangt, ist wie ein fester Baum mit starken Wurzeln. Kein Sturm vermag ihn zu zerbrechen, und die Gier kann ihn nicht mehr besiegen.

QUELLE: Buddhistische Legenden zum *Dhammapada*, Buch 1 Geschichte 6, Spruch 7 und 8.

Der junge Mönch Sanu wird krank

In der Gemeinschaft des Buddha lebte ein junger Mönch namens Sanu, der alle seine Aufgaben und Pflichten aufs Beste erfüllte. An jedem Feiertag stand er früh auf, fegte die Halle der Wahrheit, in der die Vorträge gehalten wurden, richtete die Sitze her, zündete die Lampen an und rief die anderen zur Versammlung. Da er eine sehr schöne Stimme hatte, wurde er bei verschiedenen Gelegenheiten aufgefordert, Texte und Sprüche der buddhistischen Lehre zu rezitieren. Er war immer gerne dazu bereit, und wenn er rezitierte, so war es, als höre man himmlische Klänge auf Erden. Hatte er seine Rezitation beendet, so pflegte er zu sagen: «Mögen alle Verdienste, die ich mir durch das Lesen der Texte erworben habe, meiner Mutter und meinem Vater zugute kommen.»

Nach einigen Jahren jedoch änderte sich sein Sinn, und er wurde mit seinem Leben in der Gemeinschaft unzufrieden. Er konnte seine Unlust nicht überwinden, ließ sich die Haare und Nägel wachsen, wusch seine Kleider nicht, und eines Tages – ohne jemandem etwas zu sagen – verließ er die Gemeinschaft und ging zurück in sein Elternhaus.

Seine Mutter begrüßte ihn erstaunt und sagte dann: «Bisher hast du mich immer mit deinen Lehrern oder mit anderen Mönchen besucht. Warum kommst du heute allein?» Da erzählte ihr Sanu von seiner Unzufriedenheit und seiner Absicht, die Gemeinschaft zu verlassen. Die Frau war eine treue Anhängerin des Buddha, und so versuchte sie, ihrem Sohn die Nachteile des weltlichen Lebens vor Augen zu führen. Aber sie konnte ihn nicht überzeugen. Schließlich dachte sie: «Wahrscheinlich wird er auch ohne meine Ermahnungen zur Besinnung kommen und den Weg der Weisheit nicht verlassen.»

Nach einigen Tagen geschah etwas Seltsames. Sanu ging eben durch das Haus, als er einen Anfall bekam. Er verlor die Kontrolle über seinen Körper, fiel hin, und mit rollenden Augen, Schaum vor dem Mund und an allen Gliedern zitternd lag er auf dem Boden. Als Sanus Mutter das sah, legte sie ihn auf ein Lager. Aber er kam nicht zur Besinnung. Da rief sie ihre Nachbarn, und alle kamen und beteten zu den Göttern, doch keiner konnte helfen.

Die Mutter nahm Sanu in den Arm, und weinend sagte sie: «Mein Sohn ist von einem bösen Geist besessen. Wie kann das sein? Seit seiner Kindheit hat er ein gutes Leben geführt, hat die Regeln der Mönche eingehalten, hat keinem Lebewesen Schaden zugefügt. Ich dachte, dass Menschen, die ein solch heiliges Leben führen, geschützt sind vor bösen Geistern und Krankheiten. Haben das nicht die Erleuchteten gesagt?»

Es war, als habe Sanu diese Worte gehört, denn er wurde ruhiger, seine Glieder hörten auf zu zittern, und er schien zu schlafen. Seine Mutter aber sagte leise: «Sanu, ich mache mir große Sorgen. Bitte, verlasse die Gemeinschaft des Buddha nicht. Bleib auf dem Weg der Tugend. Wenn du dich im weltlichen Leben verlierst, wirst du niemals die Erleuchtung erlangen.»

Da kam Sanu wieder zu sich und öffnete die Augen. Er sah seine weinende Mutter mit aufgelösten Haaren, und da er nicht wusste, was geschehen war, fragte er: «Liebe Mutter, die Leute weinen, wenn jemand verschwunden oder gestorben ist. Ich aber lebe, warum weinst du also?»

Da antwortete die Mutter: «Mein Sohn, die Leute weinen, wenn jemand verschwunden oder gestorben ist. Doch sie weinen auch, wenn jemand, der den Weg der Weisheit gewählt hat, davon abkommt und sich wieder dem weltlichen Leben zuwendet.»

Da verstand Sanu, was geschehen war, und beruhigend sagte er: «Weine nicht mehr. Ich werde den Weg des Buddha nicht verlassen, ich bleibe Mönch.»

So ging Sanu zurück in die Gemeinschaft des Buddha, und da

er nun schon alt genug war, wurde er als vollwertiger Mönch mit allen Regeln aufgenommen.

Der Buddha selbst stellte ihm die Aufgabe, ernsthaft seine Gedanken zu beobachten, und sagte: «Wenn einer meiner Schüler seinen Gedanken erlaubt, überallhin zu wandern und überall zu verweilen, wenn er keine Anstrengung unternimmt, sie zu kontrollieren, so ist es unmöglich für ihn, innere Befreiung zu erlangen. Deshalb sollte man jede Anstrengung unternehmen, die Gedanken zu zähmen. Sonst wird man von ihnen beherrscht, und leicht können sie unzufrieden machen und vom wahren Weg abbringen. Die Gedanken wandern hierhin und dorthin, wohin sie wollen, wohin es sie treibt, wie es ihnen gefällt. Doch von heute an sollst du sie weise lenken, so, wie ein guter Führer einen starken Elefanten weise lenkt.»

Bruder Sanu übte nach diesen Anweisungen, studierte die Reden des Buddha und rezitierte die heiligen Texte. So wurde er ein großer Kenner der Lehre und berühmt wegen seines schönen Vortrags. Er hielt im ganzen Land Lehrreden und wurde über 100 Jahre alt. Am Ende seines langen Lebens erlangte er schließlich die Erleuchtung und kam in das Reich, in dem es keine Geburt mehr gibt und keinen Tod.

QUELLE: Buddhistische Legenden zum *Dhammapada*, Buch 23, Geschichte 5, Spruch 326.

Der Mönch mit dem Messer der Weisheit

In Savatthi lebte ein junger Mann aus guter Familie. Eines Tages besuchte er das Kloster des Buddha und hörte eine Lehrrede. Weil er ohnehin nichts Rechtes mit seinem Leben anzufangen wusste, beschloss er, sich dieser Gemeinschaft anzuschließen, und wurde nach kurzer Zeit Mönch.

Einige Monate später merkte er, dass er in der Meditation keine Fortschritte machte, und wurde immer unzufriedener mit seinem Leben als Mönch. Andererseits hatte er schon so viel verstanden, dass es ihm undenkbar erschien, wieder ein Bürger in der gewöhnlichen Welt zu sein. So blieb er Mönch, aber das Leben wurde ihm immer unerträglicher. Ständig dachte er: «Die Existenz in der Welt ist absolut sinnlos, doch als Mönch bin ich ein Versager, darum kann ich es nicht mehr aushalten.» In dieser Zwickmühle gefangen, kam er auf die Idee, sich umzubringen.

Eines Tages, als einige Mönche nach ihrem Rundgang ins Kloster zurückkehrten, sahen sie eine gefährliche Schlange in dem Raum mit der Feuerstelle. Sie packten die Schlange in einen Korb, verschlossen diesen und brachten ihn hinaus. Der unzufriedene Mönch kam hinzu und fragte: «Was habt ihr da, Brüder?»

«Eine giftige Schlange», antworteten sie.

«Was soll mit ihr geschehen?», wollte er wissen.

«Wir wollen sie zurück in den Wald bringen», erklärten sie ihm, «denn auch sie möchte leben.» Da überlegte der Mönch: «Das ist eine gute Gelegenheit. Ich werde mich von der Schlange beißen lassen.» Also sagte er: «Gebt sie mir, ich werde die Schlange aussetzen.»

Er nahm den Korb und setzte sich an einen einsamen Platz. Dann streckte er die Hand in den Korb, tastete nach der Schlange, aber es geschah nichts. Das Tier wollte ihn nicht beißen. Da nahm er die Schlange heraus, öffnete sogar ihr Maul und steckte seinen Finger hinein, doch die Schlange biss ihn nicht. Enttäuscht sagte er: «Das ist keine giftige Schlange, sondern ein harmloses Tier», setzte sie aus und kehrte ins Kloster zurück. Die anderen Mönche fragten ihn: «Hast du sie in den Wald gebracht?» Er antwortete: «Ich habe sie ausgesetzt, aber das hätten wir uns sparen können, Brüder, das war keine giftige Schlange, sondern nur ein harmloses Tier.»

Sie entgegneten: «Bruder, das war eine giftige Schlange, ganz sicher. Sie richtete sich auf, zischte, und es war gar nicht einfach, sie zu fangen. Wir wissen, dass diese Schlangen äußerst giftig, ja sogar tödlich sind. Wie kommst du nur dazu, sie als harmlos zu bezeichnen?»

Da gestand er: «Brüder, ich wollte mich von ihr beißen lassen und steckte sogar meine Finger in ihr Maul, aber sie hat mir nichts getan.» Als die Mönche das hörten, wurden sie still und sagten nichts mehr.

Der unzufriedene Mönch hatte die Aufgabe, andere Mönche des Klosters zu rasieren. Als er eines Tages einem Mitbruder den Kopf schor, schnitt er sich in den Finger. Da er bemerkte, wie mühelos die scharfe Klinge alles durchtrennen konnte, kam ihm folgender Gedanke: «Ich werde meine Kehle mit diesem Messer durchschneiden und mich so aus dem Weg schaffen.» Er ging tief in einen Wald, lehnte seinen Nacken an den Ast eines Baumes und hielt sich die Klinge des Rasiermessers an den Hals. Als er diese Stellung eingenommen hatte, zog sein bisheriges Leben Stück für Stück und in aller Klarheit an ihm vorüber. Er sah seine Geburt und seine Kindheit, sein oberflächliches Leben als junger Mann und schließlich sein neues Leben als Mönch. Jeder Augenblick erschien noch einmal vor seinem inneren Auge. Da entdeckte er plötzlich doch etwas Gutes in seinem Leben als Mönch. Er sah nämlich, dass sein Verhalten während dieser Zeit vorbildlich gewesen war. Er hatte nicht das geringste Unrecht begangen, und in sittlicher Hinsicht war ihm nichts vorzuwerfen. Er sah all das Gute, das er bewirkt hatte, und so kam es ihm vor, als würde sein Leben als Mönch auf einmal anfangen zu strahlen. Als er es so betrachtete, überschwemmte ihn eine Welle der Freude. Sie war von der Art, die jede weltliche Freude weit übertrifft und direkt in die Vertiefungen der Meditation führt. Nachdem er eine Weile in diesem Glück verbracht hatte, richtete er seinen geschärften Geist auch auf dieses Gefühl und überwand es. So gewann er tiefe Einsichten, bis er schließlich alles durchschaute und die Erleuchtung erlangte. Er steckte das Rasiermesser wieder ein und ging völlig verwandelt ins Kloster zurück.

Am Abend saßen die Mönche beisammen und tauschten ihre Erfahrungen aus. Da erzählte er ihnen die ganze Geschichte. Am Ende sagte er: «Ich wollte mir die Kehle durchschneiden, aber ich konnte es nicht. Stattdessen habe ich alles Negative mit dem Messer der Weisheit weggeschnitten. Weil ich frei bin von Leben und Tod, kann ich kein Leben mehr nehmen, auch nicht mein eigenes.»

Das glaubten ihm die anderen Mönche nicht und berichteten dem Buddha von dem Vorfall, indem sie sagten: «Verehrter Meister, der Mönch behauptet, er habe die Erleuchtung erlangt, während er mit dem Messer an seinem Hals an einem Baum lehnte. Wer die Absicht hat, sich zu töten, kann doch nicht erleuchtet werden!»

Der Buddha antwortete: «Doch, Mönche, wer sich mit all seinen Kräften bemüht, kann das Tor zur Erleuchtung in jedem Augenblick öffnen. Wenn er den Fuß hebt oder auf den Boden setzt oder ehe der Fuß den Boden berührt. Ja, sogar in dem Augenblick, in dem ein Messer seinen Hals berührt. Deswegen ist es notwendig, in jedem Augenblick all seine Kräfte zu sammeln und nur auf eine Sache zu richten. Wer nur einen Moment ganz achtsam ist, ganz da, ganz um die Wahrheit bemüht, der erreicht viel, viel mehr als einer, der sich hundert Jahre immer nur halbherzig bemüht und träge die kostbaren Augenblicke verrinnen lässt.»

Von dieser Zeit an war der Mönch unter dem Namen Sappadasa bekannt, das heißt «Herr der Schlange».

Quelle: Buddhistische Legenden zum *Dhammapada*, Buch 8, Geschichte 12, Spruch 112.

Ein Schlag auf den Kopf

In der Gemeinschaft des Buddha lebte ein weiser älterer Mönch namens Sangharakita. Er hatte einen Neffen, der dem Beispiel seines Onkels folgte und als junger Mann ebenfalls Mönch wurde. Eines Tages erhielt der Neffe zwei schöne Roben und überlegte: «Ich brauche nur eine davon. Die andere werde ich meinem Onkel schenken, um ihm so meine Dankbarkeit zu zeigen.» Er machte sich auf den Weg in das Kloster, in dem der Ältere wohnte. Als er ankam, war Sangharakita jedoch nicht da,und der Neffe dachte: «Er wird bald wiederkommen. Ich werde inzwischen seine Hütte sauber machen und alles für seine Ankunft vorbereiten.» Schließlich kam der Ältere wirklich an, und sein Neffe begrüßte ihn, brachte warmes Wasser, wusch ihm die Füße, reichte ihm erfrischende Getränke und wedelte ihm schließlich kühle Luft mit einem Palmfächer zu. Schließlich brachte er sein Geschenk, legte es vor die Füße des Älteren und sagte: «Verehrter Meister, bitte nehmt diese Robe als mein Geschenk an.» Der alte Mönch entgegnete: «Ich habe genug Roben. Heb sie auf, und trag sie selbst oder gib sie einem anderen, der eine Robe braucht.» Der junge Mönch aber hatte sich alles so schön vorgestellt, dass er flehte: «Bitte, weist mein Geschenk nicht zurück, nehmt es an. Wenn Ihr diese Robe tragt, so macht ihr mir eine große Freude, und der Segen dieser guten Tat wird mir auf meinem Weg weiterhelfen.» Obwohl der junge Mann seine Bitte noch mehrmals wiederholte, blieb der Alte standhaft und weigerte sich, das Geschenk anzunehmen. Da war der Neffe tief enttäuscht, und er überlegte: «Dieser Mönch war mein Onkel,und seinetwegen bin ich in den Orden des Buddha eingetreten. Ich verehre ihn und wollte ihm meine Dankbarkeit zeigen. Er aber nimmt mein Geschenk nicht an. Was hat das zu bedeuten? Das kann nur heißen, dass ich als Mönch ein Versager bin. Es stimmt, ich habe bis jetzt noch gar nichts erreicht. Nun gut, wenn das so ist, dann werde ich aus dem Orden austreten und ins weltliche Leben zurückkehren.»

Während er immer noch dem Alten Luft zufächelte, setzte er seine Überlegungen fort: «Es wird nicht so einfach sein in der normalen Welt. Womit soll ich meinen Lebensunterhalt verdienen? Ich habe kein Geld. Aber halt, ich könnte den schönen Stoff der Robe verkaufen und mir eine Ziege kaufen. Ziegen sind fruchtbar, und sobald die Ziege Junge hat, kann ich diese verkaufen. Ziegen geben Milch und Felle, und schließlich werde ich etwas Geld sparen. Wenn ich Geld habe, kann ich heiraten. Meine Frau wird bald einen Sohn bekommen, und ich werde ihm den Namen meines Onkels geben. Dann werden wir uns auf den Weg machen, um meinen Onkel, den weisen Mönch, zu besuchen und ihn um seinen Segen für das Kind zu bitten. Unterwegs werden wir an die Stelle kommen, die immer so schlammig ist. Dort kann man nicht mit dem Wagen fahren, und wir werden alle aussteigen. Ich werden meinen Sohn nehmen und ihn tragen. Dann sagt meine Frau: ‹Gib her, ich trage besser das Kind. Kümmere du dich um die anderen Sachen.› Sie nimmt mir das Kind aus den Armen, und ich folge ihr. Da aber strauchelt sie und lässt das Kind in den Schmutz fallen. ‹Ich habe gewusst›, schreie ich, ‹dass du nicht stark genug bist, um den Jungen zu tragen!›, und außer mir vor Zorn versetze ich ihr mit meinem Stock einen Schlag auf den Rücken.»

Auf diese Weise verlor sich der junge Mönch völlig in seinen Gedanken, und während er dastand und dem Alten Luft zufächelte, hob er in seiner Erregung den Fächer in die Höhe und ließ ihn auf den kahlen Kopf seines Onkels herabsausen. Sangharakita sah zu seinem Neffen hoch und erkannte, dass dieser völlig in Gedanken versunken war. Deshalb sagte er: «Wen immer du jetzt geschlagen hast, ich jedenfalls kann nichts dafür, dass ich zufällig hier sitze und die Schläge erhalte.»

Da erkannte der junge Mönch, was er getan hatte, und er erschrak furchtbar. «Ich bin erledigt», dachte er, «ich habe meinen Onkel geschlagen, meine Gedanken machen mit mir, was sie wollen, ich bin ein schlechter Mönch. Ich muss weg, schnell weg.» Er warf den Fächer hin und rannte davon.

Einige Tage versteckte er sich, aber dann war ihm klar, dass er seinen Weg als Mönch beenden wollte, und er suchte seinen Meister, den Buddha, auf. «Warum kommst du zu mir?», fragte ihn der Erwachte. «Ich kann nicht länger Mönch in Eurem Orden sein», sagte der junge Mann. «Warum willst du meinen Orden verlassen?», wollte der Buddha wissen. «Bist du nicht mein Sohn, bist du nicht zu mir gekommen, um diesen Weg zu Ende zu gehen und Erleuchtung zu erlangen? Was ist geschehen?» Nun berichtete der Mönch den Vorfall in allen Einzelheiten.

Darauf antwortete der Erwachte: «Lass dich davon nicht beirren. Was du getan hast, ist nicht so schlimm, und dein Onkel wird dir sicher verzeihen. Was geschehen ist, beruht auf der Macht der Gedanken. So sind sie eben geartet. Die Gedanken beschäftigen sich oft mit Dingen, die sehr weit weg sind, das ist ganz normal. Sie wandern herum, wie es ihnen gefällt, und obwohl sie keine Substanz haben, haben sie die Kraft, uns zu beherrschen und unsere Handlungen zu bestimmen. Eben deshalb musst du dich bemühen, die Gedanken zu erkennen und zu kontrollieren. Das ist unsere wahre Übung. Wer die Gedanken erkennt, ist schon auf dem richtigen Weg. Wer sie beherrscht, kann sich von allem befreien.»

QUELLE: Buddhistische Legenden zum *Dhammapada*, Buch 3, Geschichte 4, Spruch 37.

Der Mönch, der blind wurde

Nachdem der Buddha das Rad der Lehre in Bewegung gesetzt hatte, reiste er von Ort zu Ort, verkündete die Lehre und gewann viele Anhänger. So führte er das Leben eines wandernden Heiligen, ohne Besitz und Eigentum. Nur zu den Regenzeiten, wenn die Wege im nördlichen Indien nicht begehbar sind, verbrachte er drei Monate an einem festen Platz. Sehr bald fanden sich reiche Leute, für die es eine Ehre war, den Buddha und seine Mönche aufzunehmen und zu versorgen.

Viele Regenzeiten verbrachte er im Jetavana-Hain, einem klosterartigen Gelände, das der reiche Kaufmann Anathapindika zur Verfügung gestellt hatte. Dieser sorgte auch für Essen, Kleidung und Medizin und kam höchstpersönlich zweimal am Tag in das Kloster, um nach dem Rechten zu sehen. Natürlich wurde die Gemeinschaft, die zeitweise mehrere hundert Mönche zählte, auch von anderen Bewohnern der nahe gelegenen Stadt Savatthi versorgt. An jedem Morgen ging eine große Schar von Menschen in das Kloster und brachte Essen mit, das verteilt wurde. Nach der Mahlzeit kam wieder eine große Schar mit Blumen, Räucherwerk und Getränken, um den Vortrag des Buddha zu hören. Danach hatten die nahe beim Buddha befindlichen Menschen auch die Möglichkeit, Fragen zu stellen.

Anathapindika aber, der immer in der vordersten Reihe saß, wagte es nie, eine Frage zu stellen, da er den Buddha nicht mit seiner Unwissenheit belästigen wollte. Eines Tages sagte der Buddha freundlich: «Warum stellst du nie Fragen Anathapindika? Kannst du mit der Lehre, die ich verkünde, nichts anfangen?» Der Kaufmann wurde verlegen und gestand dann: «Verehrter Meister, es gibt nichts auf der ganzen Welt, das mich mehr interessiert und wozu ich mehr Fragen hätte. Aber ich denke, nachdem Ihr schon so freundlich wart, einen Vortrag zu halten, solltet Ihr Euch schonen und Eure wohlverdiente Ruhe genießen.» Da antwortete der Buddha: «Lieber Freund, du schonst mich da, wo ich keine Schonung brauche. Ich habe viele Schmerzen ertragen und bin in der Askese so weit gegangen wie nur möglich. Ich habe meine geliebte Frau und meinen Sohn verlassen, ich habe allen weltlichen Besitz aufgegeben, nur um anderen Menschen den Weg und die Lehre zu zeigen. Ich werde niemals müde, den Weg zur Befreiung zu erklären. Also schone mich nicht auf falsche Weise.» So ermunterte der Buddha den bescheidenen Kaufmann, sich durch Fragen am geistigen Leben zu beteiligen.

Zu dieser Zeit lebten in Savatthi zwei Brüder, Cullapala und Mahapala, die zusammen ein einträgliches Geschäft führten. Mahapala, der ältere der beiden, sah jeden Tag eine große Anzahl von Menschen zum Kloster des Buddha ziehen und wurde neugierig auf die Reden, von denen sie berichteten. Also ließ er eines Tages seine Arbeit ruhen und schloss sich der Menge an. Der Buddha sprach über die Großzügigkeit, die Regeln für das tägliche Leben, die verschiedenen Welten, die negativen Folgen sinnlichen Begehrens und über die Entsagung vom weltlichen Treiben. Mahapala hörte zu und wurde immer betroffener. Es kam ihm so vor, als spreche der Buddha trotz der großen Menge von Zuhörern nur für ihn. Alle Fragen, die sein Herz bewegten, wurden berührt. Am Ende des Vortrags saß er lange still da und dachte bei sich: «Wenn ich sterbe und wieder geboren werde, werden meine Verwandten mir nicht folgen, ja, nicht einmal meinen eigenen Körper kann ich mitnehmen. Was bringt es mir dann, ein weltliches Leben zu führen. Ich sollte auch Mitglied im Orden des Buddha werden.» Kurz entschlossen stand er auf, ging zum Buddha, verbeugte sich tief und bat um seine Aufnahme als Mönch. Der Buddha sah ihn an und fragte: «Hast du keine Verwandten, denen du deinen Entschluss mitteilen solltest?» – «Doch, ich habe einen jüngeren Bruder, mit dem ich ein Geschäft betreibe.» – «Dann geh zuerst nach Hause und bitte ihn um sein Einverständnis.»

Mahapala suchte Cullapala auf und sagte: «Mein lieber Bruder, ich überlasse dir meinen ganzen Besitz, denn ich möchte dem Orden des Buddha beitreten und Mönch werden.» Cullapala war entsetzt: «Was sagst du? Seitdem unsere Eltern gestorben sind, warst du für mich wie Mutter und Vater. Du verfügst über großen Reichtum. Damit kannst du viel Gutes tun, während du weiter ein weltliches Leben führst.» Mahapala entgegnete: «Nachdem ich die Worte des Buddha gehört habe, kann ich nicht länger ein weltliches Leben führen. Ich habe verstanden, dass alles vergänglich ist, leidvoll und keine Substanz hat. Nun will ich diese Wahrheiten in mir finden. Das kann ich aber nicht unter diesen Umständen. Ich muss Mönch werden.» Sein Bruder machte noch einen Versuch: «Sieh mal, jetzt bist du noch jung, hast viele Aufgaben und Verpflichtungen. Warte doch, bis du alt bist, und tritt dann dem Orden bei.» Doch Mahapala schüttelte den Kopf: «Wenn ich einmal alt bin, wird mir vielleicht mein Körper nicht mehr gehorchen, wird schwach und gebrechlich sein. Wie sollte ich dann die geistigen Aufgaben erfüllen können?» Da willigte der Jüngere schweren Herzens ein und ließ seinen Bruder ziehen.

Mahapala lebte nun in der Gemeinschaft des Buddha, hielt sich an die Regeln, hörte viele Lehrreden und versuchte, ihren Sinn zu begreifen. Nach einem Jahr suchte er den Buddha auf und sagte: «Verehrter Meister, nun bin ich schon ein Jahr Mönch, ich verstehe Eure Reden, aber ich glaube, ich bin dem Ziel dieses Weges noch nicht näher gekommen. Was muss ich tun?» Der Buddha antwortete: «Du hast bereits den grundlegenden Sinn meiner Lehre verstanden. Wenn es dir um das Wissen geht, das zur Befreiung führt, dann musst du weiterhin die Lehren studieren und auswendig lernen. Schließlich wirst du selbst die Lehrreden weitergeben können. Da ist aber auch der Weg der Übung, der dich direkt zur inneren Befreiung führen kann. Dann musst du dich voll und ganz der Meditation widmen und in Abgeschiedenheit leben. Du musst lernen, deinen Geist restlos auf die Übung auszurichten und durch unermüdliche Anstrengung das Tor zur Erleuchtung zu öffnen.»

Mahapala antwortete: «Ich bin nicht mehr so jung, und vielleicht ist mein Körper nicht mehr lange leistungsfähig und gesund. Ich glaube, ich werde es nicht schaffen, mir all diese Reden zu merken und sie wiederzugeben. Ich denke, ich sollte die Zeit nützen und mich um die Meditation bemühen. Gebt mir eine geeignete Übung, mit der ich mich zurückziehen kann, um die innere Befreiung zu finden.»

Der Buddha gab ihm zusammen mit einer Gruppe von Mönchen bestimmte Anweisungen und schickte sie auf Wanderschaft mit dem Auftrag, sich einen ruhigen Ort zum Üben zu suchen. Nach einigen Tagen kamen sie in eine kleine Stadt, in der sie freundlich aufgenommen wurden. Die Menschen verstanden das Bemühen der Mönche und erhofften sich von ihrer Anwesenheit eine gute Wirkung auf ihr eigenes Leben. Deswegen bauten sie ihnen einfache Hütten und versorgten sie mit Essen, Kleidung und Medizin. Die Mönche dachten: «Durch die Unterstützung dieser Familien wird es uns gelingen, die innere Freiheit zu erreichen.»

Am ersten Tag ihrer Übungszeit versammelten sie sich, und Mahapala sagte: «Brüder, der Buddha hat uns vier Haltungen gezeigt, in denen man meditieren kann, im Gehen, Stehen, Sitzen und Liegen. In welchen Haltungen wollen wir üben?»

«In allen vier Haltungen, verehrter Bruder», antworteten die Mönche.

Daraufhin ermahnte sie Mahapala: «Ist das auch die richtige Anstrengung? Wir müssen uns wirklich bemühen, denn wir haben unsere Übung von einem lebenden Buddha erhalten. Wir müssen uns aufs Äußerste bemühen.»

Da fragten die Mönche: «In welcher Haltung werdet Ihr üben, verehrter Bruder?»

«Ich werde nur im Gehen, Stehen und Sitzen üben, das heißt, ich werde mich für die Zeit von drei Monaten niemals hinlegen», verkündete Mahapala.

Der Mönch übte nun so, wie er es angekündigt hatte. Beständig pflegte er zu jeder Zeit Achtsamkeit, machte sich jede Bewegung und jede Regung bewusst. Auch legte er sich in dieser Zeit niemals hin und schloss für keinen Moment die Augen. So kam es, dass er nach einem Monat intensiver Übung eine starke Augenentzündung bekam. Ströme von Tränen liefen aus seinen

Augen wie Wasser aus einem zerbrochenen Krug. Trotzdem ging er die ganze Nacht auf und ab und meditierte. Erst als der Morgen kam, betrat er seine Hütte und setzte sich. Als es Zeit wurde, ins Dorf zu gehen und um Almosen zu betteln, kamen die anderen Mönche, um ihn abzuholen. Dabei bemerkten sie seinen bedauernswerten Zustand. «Was ist los mit Euch, verehrter Bruder?», fragten sie.

«Der Wind hat meine Augen entzündet», antwortete er. Da sagten sie: «In der Stadt gibt es einen Arzt, der uns seine Dienste angeboten hat. Sollen wir ihn nicht um eine Medizin bitten?» Mahapala war einverstanden.

Der Arzt schickte ihm eine Heilsalbe, die der Mönch auf seine Augen strich. Dennoch legte er sich auch in den nächsten Tagen nicht zum Schlafen hin. Nach einiger Zeit kam der Arzt selbst und stellte fest, dass sich die Entzündung nicht gebessert hatte. Er wunderte sich sehr und blickte sich in der Hütte um. Da er kein Bett und kein Lager sah, kam ihm ein Verdacht, und er fragte: «Wo legt Ihr Euch denn zum Schlafen hin?» Mahapala aber blieb stumm. Da sagte der Arzt: «Meine Salbe wirkt nur, wenn Ihr Euch nach der Behandlung hinlegt und die Augen schließt. Ich rate Euch, nicht so streng mit Euch selbst zu sein. Wenn Ihr das Ziel Eurer Übung erreichen wollt, müsst Ihr Euren Körper gut behandeln und gesund erhalten.» Der Mönch antwortete: «Geht jetzt, lieber Freund. Ich werde mir die Sache überlegen und eine Entscheidung treffen.»

Als der Arzt weg war, ging Mahapala mit sich selbst zu Rate und sagte zu sich: «Nun, Bruder, sag mir, was ist wichtiger, deine Augen oder der Weg des Buddha? Unzählig sind die Leben, die du krank, gebrechlich oder sogar blind warst, aber einem vollkommen Erleuchteten bist du noch nicht begegnet. Du hast gelobt, ausdauernd zu üben und nicht nachlässig zu sein. Was soll's, wenn deine Augen schmerzen. Der Weg des Buddha ist wichtiger. Deine Augen, deine Ohren und dein Körper werden eines Tages schwach werden, aber dein Bemühen soll nicht schwach werden. Deine Augen, deine Ohren und dein Körper werden sterben, aber dein Bemühen soll nicht sterben.» Dann strich er sich die Salbe auf die Augen und blieb bei seinem Entschluss.

Einige Tage später kam der Arzt nochmals, und als er feststellte, dass sich nichts geändert hatte, sagte er: «Ihr macht nicht das, was für Eure Gesundheit gut wäre. Ich kann keine Verantwortung mehr für Eure Augen übernehmen. Bitte sagt nicht, ich hätte Euch behandelt, denn so kann ich Euch nicht helfen.»

Aufgegeben vom Arzt, blieb Mahapala allein und sagte sich: «Krankheit ist unvermeidbar, der Tod kommt bestimmt. Das alles ist kein Grund, in meiner Anstrengung nachzulassen.» Als der Morgen dämmerte, waren seine Augen bereits so geschädigt, dass sie ihren Dienst aufgaben und er blind wurde. Zur gleichen Zeit überwand er alle geistigen Hindernisse und wurde ein Erleuchteter, gesegnet mit den höchsten geistigen Einsichten.

Als die anderen Mönche kamen, um ihn zum Almosengang abzuholen, trat er vor die Tür und sagte: «Geht ihr nur in das Dorf, ich kann nicht mitkommen, denn ich bin blind geworden.» Da weinten sie vor Mitgefühl, versorgten ihn mit Essen und bemühten sich noch mehr, das höchste Ziel zu erreichen.

Als die Regenzeit vorüber war, wollten sie ohne Verzögerung zum Buddha zurückkehren und von ihren Fortschritten berichten.

Mahapala aber sagte: «Ich werde euch nur aufhalten. Geht nur voraus. Sucht meinen Bruder auf und sagt ihm, er solle einen Mann schicken, der mich nach Hause begleitet.» Dann ließ er sie gehen.

Cullapala weinte, als er von der Erblindung seines Bruders hörte, und beschloss, seinen Neffen Palita zu senden, um Mahapala nach Hause zu holen. Die Mönche sagten: «Aber der Weg ist sehr gefährlich. Es wäre besser, wenn er auch Mönch würde, da würde er von Menschen und himmlischen Wesen beschützt.» Also wurde der junge Palita als Novize ordiniert und mit den grundlegenden Tugendregeln vertraut gemacht. Dann schickte man ihn los. Nach einer langen Reise kam er endlich an, blieb vierzehn Tage bei dem älteren Mönch und versorgte ihn. Dann machten sie sich auf die Reise.

Auf ihrem Weg kamen sie an einem Dorf vorbei und machten Rast. Da hörte der junge Palita verlockende Musik und Gesang. Er bat Mahapala, sich auszuruhen, und ging den Stimmen nach. Bald fand er die jungen Menschen des Dorfes, die sich mit Musik, Tanz und berauschenden Getränken vergnügten, und er konnte nicht widerstehen. Er tanzte und trank und vergaß alle Regeln, an die er sich als Novize zu halten hatte. Er verliebte sich in eine der jungen Frauen und vergnügte sich mit ihr. So verging die Zeit wie im Flug. Plötzlich aber fiel ihm sein Begleiter ein. Mit schlechtem Gewissen kehrte er zu Mahapala zurück und stammelte irgendwelche Ausreden, doch dieser sagte nur: «Junger Bruder, hast du eine der Regeln verletzt?» Palita blieb stumm, auch als der Ältere mehrmals fragte. Schließlich sagte Mahapala: «Du bist unzuverlässig, und ich kann dir nicht mehr vertrauen. Deswegen darfst du mich nicht mehr weiter führen.»

Da lief der junge Mann ins Dorf zurück und tauschte seine Robe gegen ein einfaches Gewand. Als er zurückkam, sagte er: «Ehrwürdiger Onkel, ich habe meine Robe abgelegt und bin nun kein Novize mehr. Als dein Neffe werde ich dich doch weiter führen dürfen.» Mahapala aber antwortete: «Als Novize konntest du die Regeln nicht einhalten, glaubst du, du seiest als weltlicher Mensch zuverlässiger geworden?»

«Verehrter Onkel, die Straßen hier sind gefährlich, und du bist blind. Du kannst hier nicht alleine bleiben. Komm, lass uns weitergehen», bettelte der Neffe. Der Ältere aber antwortete: «Mach dir darüber keine Gedanken. Es spielt keine Rolle, ob ich hier umfalle und sterbe oder vorankomme – aber mit dir gehe ich nicht mehr weiter.» Da schämte sich der junge Mann sehr und lief davon.

Es dauerte nicht lange, da kam ein vornehmer Reisender des Wegs, sah den Mönch und ging auf ihn zu. «Wer ist da?», fragte Mahapala.

«Ich bin ein Reisender, ehrwürdiger Bruder.»

«Wohin geht Ihr?»

«Nach Savatthi.»

«Dann wünsche ich Euch eine angenehme Reise.»

‹Aber wohin wollt Ihr denn gehen, ehrwürdiger Mönch?»

«Auch nach Savatthi.» Der Reisende zeigte sich erfreut: «Das trifft sich gut. Dann lasst uns zusammen gehen.» Mahapala entgegnete: «Ich bin blind und gehe langsam. Wenn wir zusammen gehen, werdet Ihr Euch verspäten.»

«Nein, nein, ich habe es nicht eilig. Außerdem, wenn ich Euch helfe, tue ich ein gutes Werk, das mir selbst zum Segen gereichen wird. Lasst uns zusammen gehen, Ehrwürdiger.»

Mahapala dachte: «Das scheint ein aufrichtiger Mann zu sein», also antwortete er: «Gut, dann führt mich, wenn Ihr es so wollt.»

Am Abend erreichten sie eine Stadt. Als Mahapala den Lärm hörte, fragte er. «Was ist das für eine Stadt?»

«Das ist Savatthi.»

«Das kann doch nicht sein», wunderte sich Mahapala, «der Weg war doch zuvor viel länger.»

«Das mag schon sein», erwiderte der Fremde, «aber ich habe eine Abkürzung genommen.» In diesem Augenblick kam es dem blinden Mönch so vor, als habe ihn kein Mensch, sondern ein göttliches Wesen geführt.

Seine Ankunft in Savatthi sprach sich schnell herum, und bald kam sein jüngerer Bruder zu ihm. Weinend sagte Cullapala: «Siehst du, ich habe es geahnt, dass so etwas geschieht. Deswegen wollte ich nicht, dass du Mönch wirst.» Er sorgte nun für ihn, und nach einigen Wochen merkte er, was der ältere Bruder gewonnen hatte. Das berührte ihn so sehr, dass er nach einiger Zeit selbst Mönch in der Ordensgemeinschaft des Buddha wurde. So lebten sie beide im Jetavana-Hain.

Mahapala legte sich auch wieder zum Schlafen hin, aber immer noch verbrachte er einen großen Teil der Nacht damit, draußen auf und ab zu gehen.

Eines Abends gab es einen starken Sturm und heftigen Regen, mit dem viele winzige Insekten vom Himmel fielen. Als es in der Nacht wieder klar wurde, ging Mahapala vor seiner Hütte meditierend auf und ab, und dabei trat er, ohne es zu merken, viele der Insekten tot. Am Morgen kam eine Gruppe von Mönchen, die Mahapala von früher kannten, um ihn zu besuchen. Als sie die vielen toten Insekten sahen und ihnen klar wurde, dass Mahapala sie totgetreten hatte, wunderten sie sich sehr und sagten: «Unser Bruder hat getötet, er hat sich nicht gemäß unseren Regeln verhalten.» So gingen sie zum Buddha und trugen ihm die Sache vor. Der Buddha fragte: «Habt ihr gesehen, dass er die Insekten getötet hat?» «Das haben wir allerdings nicht», gaben die Mönche zu. Da antwortete der Buddha: «Ihr habt nicht gesehen, dass er tötete, und er hat die Insekten nicht gesehen. Wer ohne Wissen und ohne Absicht tötet, der ist frei von den Folgen einer solchen Tat. Ein Mönch, der sich von allen Unreinheiten befreit hat und erleuchtet ist, kann nicht mehr töten. Mahapala ist frei, auch wenn er nun blind ist.»

Da fragten die Mönche: «Verehrter Meister, wie ist es möglich, dass einer erleuchtet ist und dennoch blind wird?»

Der Buddha antwortete: «Dass er blind ist, ist die Folge von schlechten Handlungen, die lange zurückliegen. Auch der Erleuchtete muss die Folgen unheilsamer Handlungen ertragen. Ihr müsst euch immer klar machen, dass der Geist und damit die geistige Absicht allen Handlungen vorausgeht. Am Anfang steht der geistige Vorgang, und in Wirklichkeit ist alles, was in der Welt erscheint, geistgeschaffen. Wenn der Geist nicht bewacht wird, können unheilsame Gedanken entstehen, und die führen zu schlechten Taten. Diese wiederum verursachen Leiden, und das Leiden folgt dem Täter, wie der Wagen dem Ochsen folgen muss, an den er angebunden ist. Mein Sohn Mahapala erlebt die Folgen solcher Taten im körperlichen Leid. Sein Geist aber ist dennoch frei von allem Leid.»

Quelle: Buddhistische Legenden zum *Dhammapada*, Buch 1, Geschichte 1, Spruch 1.

Die Frau des Jägers

In Rajagaha lebte die Tochter eines reichen Kaufmanns. Bereits als Kind liebte sie es, die Lehren der weisen Menschen zu hören, und sie war auf dem geistigen Weg schon weit fortgeschritten. Trotzdem geschah es, dass sie sich eines Tages in einen berühmten Jäger namens Kukutamitta verliebte, der im Auftrag des Königs viele Tiere des Waldes tötete. Auch der Jäger verliebte sich in das Mädchen. Da ihre Eltern aber mit dieser Verbindung nicht einverstanden waren, lief sie von zu Hause fort, heiratete ihn, und im Laufe der Zeit bekam sie viele Kinder. Die junge Frau sorgte nicht nur bestens für ihre Familie, sondern hatte auch ein so gutes Herz, dass keiner ihr Haus verließ, ohne getröstet oder reich beschenkt zu werden. So kam es, dass trotz des grausamen Werkes, das ihr Mann Tag für Tag verrichtete, ihr Haus bald eine Stätte des Friedens und des Glücks wurde. Sie war ihrer Großzügigkeit und liebevollen Haltung wegen ebenso berühmt wie ihr Mann aufgrund seiner Geschicklichkeit beim Jagen.

Auch im Kloster des Buddha sprach man oft von Kukutamittas Frau, denn jeder Mönch und jede Nonne, die vor ihre Schwelle traten, wurden reichlich mit gutem Essen versorgt. So beschloss der Buddha eines Tages, diese Familie aufzusuchen, um ihnen auf dem geistigen Weg weiterzuhelfen und Schaden von ihnen abzuwenden. Um zu ihrem Haus zu gelangen, musste er den Wald durchqueren, in dem Kukutamitta jagte und seine Fallen aufstellte. Die Anwesenheit des Buddha bewirkte, dass an diesem Tag kein einziges Tier in die Fallen des Jägers gegangen war. Der Buddha hinterließ seine Fußspuren und setzte sich dann unter einen Baum in den Schatten. Als der Jäger kam, bewaffnet mit Pfeil und Bogen, fand er kein einziges Tier, bemerkte aber bald die Fußspuren des Buddha und dachte: «Jemand hat die ganzen Tiere freigelassen.» Er folgte der Spur und traf endlich auf den Buddha, der friedlich unter einem Baum saß. «Das ist der», dachte der Jäger voll Zorn, «der meine Tiere freigelassen hat. Ich werde ihn töten.» Er spannte den Bogen, zielte auf den Buddha und wollte den Pfeil abschießen. Aber zu seinem Erstaunen konnte er die Finger nicht vom Pfeil lösen. Sein Arm war wie gelähmt. Da versuchte er, den Bogen wieder zu entspannen, doch auch das gelang ihm nicht. Sein ganzer Körper war fest, wie versteinert, und gehorchte nicht mehr seinem Willen. So stand er mit gespanntem Bogen, konnte sich nicht einen Zentimeter bewegen, nur der Schweiß strömte aus all seinen Poren.

Als der Jäger nicht zur gewohnten Zeit nach Hause kam, um sein Wild abzuliefern, machte sich seine Frau Sorgen, und schließlich ging sie selbst in den Wald, um ihn zu suchen. Endlich entdeckte sie die Spuren, folgte ihnen und fand den Jäger. Noch immer hatte er den Bogen gespannt und zielte auf einen Mann, der völlig ruhig und friedlich unter einem Baum saß. Kaum hatte sie den Buddha erkannt, da lief sie auf ihren Mann zu und rief mit lauter Stimme: «Halt, töte meinen Vater nicht.»

Kukutamitta dachte: «Ich bin verloren, das also ist mein Schwiegervater. Was habe ich nur getan?» Die Frau berührte seinen Arm und sagte: «Schnell, wirf deinen Bogen weg und bitte meinen Vater um Verzeihung.» Da konnte er sich wieder bewegen. Er legte seinen Bogen nieder, verbeugte sich vor dem Buddha und entschuldigte sich.

Der Buddha lud sie ein, sich zu setzen und dann hielt er eine Rede über die Grundlagen seiner Lehre, über das rechte und heilsame Verhalten und den Segen eines gewaltlosen Lebens. Für die Frau des Jägers war alles, was der Buddha sagte, wohl bekannt. Sie merkte, dass schon von Kindheit an auf dem richtigen Weg gewesen war, und sie empfand große, überweltliche Freude. Der Jäger aber verstand zum ersten Mal die Bedeutung eines gewaltfreien und tugendhaften Lebens. Er spürte, dass der Mann vor ihm die Wahrheit sprach, und er fasste unerschütterliches Vertrauen zur Lehre des Buddha.

Als der Buddha in sein Kloster zurückkehrte, fragte ihn Ananda, wo er gewesen sei. «Ich war bei Kukutamitta und seiner Frau», antwortete der Buddha. «Seine Frau mag ja die Lehre verstehen», sagte Ananda, «aber bei dem Jäger konntet Ihr wohl auf kein Verstehen hoffen.» «Du bist im Irrtum, Ananda», entgegnete der Buddha, «der Jäger Kukutamitta hat die Grundlagen der Lehre und das Gesetz von guten und schlechten Handlungen verstanden. Er kann nicht mehr von dem Weg abkommen, der zur Erleuchtung führt. Deswegen wird er von nun an keine Lebewesen mehr verletzen oder töten. Was aber seine Frau betrifft, so hat sie schon von Kindheit an diese Gewissheit. Nur ihrem Einfluss ist es zu verdanken, dass nun auch ihr Mann den Weg gefunden hat.»

Am Abend sprachen die Mönche in der Versammlungshalle über den Vorfall: «Wie ist es möglich», fragten sie, «dass solch eine Frau einen Jäger heiratet, ihn beim Töten unterstützt und dazu beiträgt, dass vielen Lebewesen Leid zugefügt wird. Wir dachten, wer mit Gewissheit auf dem Weg zur Erleuchtung ist, kann nicht mehr töten.»

Da antwortete der Buddha: «Natürlich kann jemand, der auf dem sicheren Weg zur Erleuchtung ist, kein Leben mehr nehmen. Was Kukutamittas Frau getan hat, tat sie nur aus Liebe und Pflichtgefühl für ihren Mann und ihre Familie. Niemals hatte sie die Absicht, zu töten oder auch nur zum Töten beizutragen. Handlungen, die ohne schlechte Absicht geschehen, haben keine schlechten Folgen. Wer ohne böse Absicht ist, den kann das Böse nicht treffen. Wenn jemand keine einzige Wunde an seiner Hand hat, kann er sogar Gift in diese Hand nehmen, ohne dass ihm etwas geschieht. Ebenso kann jemand, der keine schlechten Gedanken kennt und nichts Böses tut, anderen Menschen helfen, die unheilsame Handlungen begehen, ohne selbst schuldig zu werden.»

QUELLE: Buddhistische Legenden zum *Dhammapada*, Buch 9, Geschichte 8, Spruch 124.

Kala wird ein Schüler des Buddha

Der reiche Kaufmann Anathapindika, einer der größten Förderer und treuesten Anhänger des Buddha, hatte einen Sohn namens Kala. Dieser zeigte überhaupt kein Interesse an der Person des Buddha, an seiner Lehre und seiner Gemeinschaft. Wenn der Buddha in das Haus seines Vaters kam, ließ er sich nicht sehen, wollte von der Lehre nichts hören und hatte den Mönchen noch nie etwas gegeben. Je mehr sein Vater ihn ermahnte, desto weniger hörte er darauf. Da dachte Anathapindika: «Wenn sich mein Sohn weiterhin so verhält, wird es kein gutes Ende mit ihm nehmen, und das möchte ich nicht erleben. Ich habe die Erfahrung gemacht, dass es kein menschliches Wesen gibt, das man nicht kaufen kann. Vielleicht lässt sich mein Sohn mit Geschenken überzeugen.»

So sagte er eines Tages: «Wenn du am Feiertag ins Kloster des Buddha gehst, mit den Mönchen fastest, die Belehrungen des Buddha anhörst und dort übernachtest, gebe ich dir hundert Taler, wenn du zurückkehrst.» Der Sohn war erstaunt über das Angebot seines Vaters und sagte: «Dafür wollt Ihr mir 100 Taler geben?» Anathapindika musste es ihm dreimal bestätigen.

Am nächsten Fastentag ging Kala ins Kloster, zeigte aber kein Interesse an den Belehrungen, suchte sich einen angenehmen Platz, um die Zeit zu verschlafen, und kehrte früh am nächsten Morgen zurück. Der Vater sagte vor der versammelten Familie: «Mein Sohn hat gefastet, nun bringt ihm ein reichhaltiges Frühstück.» Aber Kala entgegnete: «Zuerst gebt mir das Geld, sonst esse ich nichts.» Dem Vater blieb nichts anderes übrig, als ihm die 100 Taler auszuhändigen. Dann setzte sich der Sohn und aß sein Frühstück.

Am nächsten Tag sagte der Vater: «Hör zu, ich gebe dir 200 Taler, wenn du in das Kloster gehst, den Buddha um einen einzigen Spruch bittest, ihn auswendig lernst und damit zu mir zurückkehrst.» Kala ging daraufhin wieder ins Kloster, bat den Buddha um einen Spruch, lernte ihn und wollte gleich wieder weg. Kaum aber hatte er das Kloster verlassen, da konnte er den Text nicht mehr vollständig aufsagen. Er wunderte sich, denn eigentlich war er ein kluger Junge. «Vielleicht ist der Spruch zu schwierig», dachte er, «ich werde zurückgehen und den Buddha um einen anderen bitten.» So kehrte er um und bat den Buddha um einen neuen Spruch, den er auch erhielt. Aber auch diesen konnte er sich nicht merken. «Das gibt es doch nicht», sagte sich Kala, «ich will mir noch einen Spruch holen.» Als er ein weiteres Mal zum Buddha kam, fragte dieser: «Weißt du, warum du dir die Sprüche nicht merken kannst?» «Nein, verehrter Meister», antwortete Kala. «Weil du ihre Bedeutung nicht verstehst», sagte der Buddha. «Dann erklärt mir ihre Bedeutung», bat Kala, und der Buddha tat dies. Kala hörte aufmerksam zu, mit der festen Absicht, alles zu verstehen. Nun sagt man aber, dass diejenigen, die die Lehre mit der festen Absicht, sie zu verstehen, hören, schließlich zur wahren Einsicht kommen werden. Und so geschah es auch im Falle von Kala. Während er sich bemühte, sich das Gehörte einzuprägen, ging ihm das Licht der Einsicht auf. Er verstand die Grundlagen der Lehre und erreichte jenen besonderen Bewusstseinszustand, in dem man weiß, dass man nie mehr vom Weg abkommen kann, der zur Erleuchtung führt.

Er übernachtete im Kloster und ging am nächsten Tag mit der ganzen Gemeinschaft, die vom Buddha selbst angeführt wurde, in die Stadt. Sie waren bei Anathapindika eingeladen, und als der Kaufmann seinen Sohn unter den Mönchen sah, freute er sich. Der Sohn aber dachte: «Hoffentlich versucht mein Vater nicht, mir das Geld in Gegenwart des Buddha zu geben. Ich möchte nicht, dass er vor allen Anwesenden enthüllt, dass ich nur des Geldes wegen in das Kloster gegangen bin.»

Der Kaufmann versorgte die Mönche und auch seinen Sohn mit ausgesuchten Speisen. Kala aß wie alle anderen schweigend. Nachdem das Mahl beendet war, ging Anathapindika zu seinem Sohn, überreichte ihm eine Geldbörse und sagte: «Ich freue mich, dich in der Gemeinschaft des Buddha zu sehen. Du weißt ja, dass ich dir 200 Taler versprochen habe, wenn du zu unserem Meister gehst und einen Spruch lernst.» Aufgebracht sagte Kala: «Was kümmert mich dieses Geld», und er weigerte sich, es anzurühren.

Da verneigte sich der Vater vor dem Buddha und sagte: «Verehrter Meister, heute gefällt mir das Verhalten meines Sohnes.»

«Wie kommt das, großer Kaufmann?», fragte der Erwachte.

«Vorgestern sandte ich ihn in Euer Kloster und versprach ihm 100 Taler. Als er zurückkam, wollte er nicht einmal essen, bevor er nicht das Geld erhielt. Aber heute, da ich ihm 200 Taler gebe, will er von diesem Geld nichts wissen.»

Der Buddha antwortete: «So ist es, großer Kaufmann. Heute hat dein Sohn die Gewissheit erlangt, dass er den Weg, der zur Erleuchtung führt, nicht mehr verlassen wird. Damit hat er etwas erreicht, was jeden weltlichen, ja sogar jeden himmlischen Reichtum übersteigt.

Diese Gewissheit ist viel mehr wert als alles Gold und alle Schätze der Welt, mehr noch als die Macht eines Herrschers über das ganze Universum.»

QUELLE: Buddhistische Legenden zum *Dhammapada*, Buch 13, Geschichte 11, Spruch 178.

Sumana, die Tochter des Anathapindika

Zur Zeit des Buddha wurden jeden Tag viele Mönche im Haus von Anathapindika mit Essen und allen lebensnotwendigen Dingen versorgt.

Eine Zeit lang übernahm seine älteste Tochter Subhada diesen Dienst, organisierte das Austeilen der Lebensmittel und die Versorgung der Gemeinschaft. Auf diese Weise hörte sie oft die Dankesreden, die nach den Mahlzeiten gehalten wurden, und fasste Vertrauen zur Lehre des Buddha. Schließlich heiratete sie und zog in das Haus ihres Mannes. Nun übertrug Anathapindika die Aufgaben im Haushalt seiner jüngeren Tochter Sumana. Auch sie kam ihren Pflichten mit Freude nach und hörte gerne die Lehrreden. Bald schon hatte sie Vertrauen zur Lehre gewonnen, und wann immer es ihre Zeit erlaubte, ging sie in das Kloster des Buddha, meditierte, hörte dem Meister und seinen Schülern zu, und schließlich erlangte sie tiefe Einsicht. Zu Hause übte sie unermüdlich, und so erreichte sie bald die höchsten Stufen der Meditation. Sie wusste, dass sie von nun an nicht mehr von dem Weg abweichen konnte, der zur Erleuchtung führt. So war die Jüngste der Familie am weitesten auf dem Weg des Buddha fortgeschritten.

Deshalb hatte sie auch kein Interesse mehr an einem Ehemann, und als sie verheiratet werden sollte, gab sie vor, krank zu sein, um so eine Hochzeit zu verhindern.

Zu dieser Zeit gab es noch keine Gemeinschaft von Nonnen

und keine Möglichkeit für Frauen, den Haushalt zu verlassen und ihr Leben nur dem Weg des Buddha zu widmen. Ihre ganze Familie hätte sie gerne verheiratet gesehen, und Sumana wusste nicht, was sie tun sollte. Schließlich kam sie auf den Gedanken, nichts mehr zu essen, um so ihren Körper zu schwächen. Sie wurde immer dünner, und ihr Vater begann sich ernsthaft Sorgen zu machen. Viele Ärzte kamen, aber keiner konnte erkennen, was das für eine seltsame Krankheit war, die sie daran hinderte, ausreichend Nahrung zu sich zu nehmen. Während ihr Körper immer schwächer wurde, war ihr Geist jedoch klar und weilte in tiefer Einsicht über die Vergänglichkeit und Substanzlosigkeit aller Erscheinungen.

Eines Abends saß Anathapindika an ihrem Bett und weinte, denn er hatte die Befürchtung, dass es mit ihr bald zu Ende gehen könnte. Er fragte: «Was ist nur los mit dir, liebe Tochter? Was fehlt dir? Was kann ich tun, um dich zu heilen, um dich von diesem Weg des Unglücks abzubringen?» Sie aber antwortete mit schwacher Stimme: «Was redest du nur? Ich bin schon geheilt, ich werde von Tag zu Tag lebendiger. Ich brauche keine Hilfe mehr. Mein Weg ist nur auf das höchste Ziel des wahren Glücks gerichtet, und nie mehr kann ich davon abkommen, mein lieber, kleiner Bruder.»

Anathapindika glaubte, seine Tochter sei nun gänzlich verwirrt und rede im Fieberwahn Unsinn. Daher sagte er: «Das stimmt alles nicht. Schau her, ich bin nicht dein kleiner Bruder, ich bin dein Vater, und wenn du dich nicht besinnst, wirst du sterben.»

Sumana aber antwortete: «Was ich sage, stimmt, kleiner Bruder.» Der verzweifelte Vater dachte nach und sagte nach einer Pause: «Ich möchte alles tun, damit du nicht stirbst, mein Kleines, aber wenn du gehen musst, dann sollst du nicht in Sorge und Angst gehen. Ich will, dass du eine gute Wiedergeburt erlangst. Sag mir bitte, was dich quält, was dich bedrückt, welche Angst dich so sprechen lässt.» Sumana flüsterte mit ganz schwacher Stimme: «Ich bin frei von Sorgen. Nichts quält mich. Ich habe keine Angst, denn mein Weg ist licht und klar. Lass auch du deine Sorgen los, kleiner Bruder.» Mit diesen Worten schloss sie für immer die Augen.

Obwohl der Vater ein aufrichtiger und ergebener Schüler des Buddha war, hatte er doch noch keine wirkliche Einsicht gewonnen, und so war es ihm kaum möglich, den Schmerz über den Tod seiner jüngsten Tochter zu ertragen. Nachdem er sein Kind, der Tradition entsprechend, den Flammen übergeben hatte, ging er weinend zum Buddha, um ihm sein Leid zu klagen.

Der Erwachte fragte ihn: «Werter Freund, warum kommst du so sorgenvoll zu mir und mit Tränen in den Augen?»

«Ehrwürdiger, Ihr wisst doch, dass meine jüngste Tochter Sumana eine seltsame Krankheit hatte, und nun ist sie gestorben. Ich konnte ihr nicht helfen.»

Der Buddha antwortete: «Und warum weinst du? Ist nicht uns allen der Tod gewiss?»

«Schon, verehrter Meister, aber meine Tochter war so bescheiden und pflichteifrig. Und Ihr wisst selbst, wie sehr sie Euch und die Gemeinschaft verehrte. So lange sie noch bei Kräften war, hat sie nur Gutes getan. Doch am meisten schmerzt mich, dass sie kurz vor ihrem Tod nicht mehr bei Sinnen war. Sie begann Unsinn zu reden, brachte alles durcheinander, und ich bin in großer Sorge, dass sie durch ihren verwirrten Geist zu einer schlechten Wiedergeburt kommt.»

«Was sagte sie denn?», wollte der Buddha wissen.

Der Kaufmann erzählte: «Ich sprach zu ihr und wollte wissen, was sie quält. Da sagte sie, dass nichts mehr sie quäle und sie auf dem sicheren Weg zu Heilung und Glück sei. Und immer nannte sie mich ‹kleiner Bruder›, obwohl ich zu ihr sagte: ‹Schau her, ich bin dein Vater.›»

Da sprach der Erleuchtete zu Anathapindika: «Deine Tochter war nicht verwirrt, mein lieber Freund. Sie ist auf dem Weg der Erleuchtung und kann nicht mehr davon abkommen. Alles, was sie sagte, war vollkommen richtig, und eine gute Wiedergeburt ist ihr sicher.»

«Aber warum sagte sie ‹kleiner Bruder› zu mir?», beharrte Anathapindika.

Der Buddha lächelte: «Sie war auf dem Weg viel weiter vorangekommen als du oder ein anderer aus deiner Familie. Auf dem Weg sind wir alle Brüder und Schwestern. Deswegen nennt man meine Mönche auch Brüder. In diesem Sinne war sie deine ältere Schwester, denn sie ist dir vorausgegangen. Deshalb nannte sie dich ‹kleiner Bruder›.»

Die Worte des Buddha hatten Anathapindika die Augen geöffnet und seinen Kummer gemildert. Nach einigem Nachdenken sagte er: «Ich würde dennoch zu gerne wissen, wo mein gutes Kind wieder geboren wird.»

Der Buddha antwortete: «Deine Tochter konnte hier auf der Erde ihren Weg nicht vollenden. So kam es, dass ihre Lebenszeit von kurzer Dauer war. Ihr tugendhaftes Leben und ihre tiefe Übung führten dazu, dass sie schon in diesem Leben überirdische Freude und Glück erfahren durfte. Dies wird ihr sicher das Tor in eine himmlische Welt öffnen, in der man nur in solcher Freude lebt.»

QUELLE: Buddhistische Legenden zum *Dhammapada*, Buch 1, Geschichte 13, Spruch 18.

Die Tochter eines Webers versteht den Buddha

Eines Tages kam der Buddha in ein kleines Städtchen namens Alavi, und die Bewohner luden ihn zum Essen ein. Nach der Mahlzeit hielt der Buddha eine Dankesrede und sagte unter anderem:

«Ich möchte euch eine Übung empfehlen. Macht euch bewusst, dass ihr dem Tod unterworfen seid. Übt diese Meditation, indem ihr euch sagt: ‹Ungewiss ist mein Leben, gewiss ist mein Tod. Ich werde sicher sterben. Der Tod ist das Ziel meines Lebens. Das Leben ist unbeständig, sicher ist nur der Tod.› Denn wer diese Meditation nicht übt, wird vor Angst zittern, wenn seine letzte Stunde gekommen ist. Wenn einer durch den Dschungel geht und einer giftigen Schlange begegnet, ist er vor Angst wie gelähmt, wenn er keinen Stock bei sich hat. Wer aber diese Meditation geübt hat, ist wie einer, der einen Stock dabei hat und damit die Schlange aufhebt und zur Seite schiebt. Deshalb übt diese Meditation über den Tod.»

Alle, die diese Rede gehört hatten, kehrten zu ihren weltlichen Geschäften zurück und verloren sich wieder darin, ohne weiter an die Worte des Buddha zu denken, bis auf eine Ausnahme. Die 16-jährige Tochter eines Webers war von der Rede tief berührt und dachte: «Ich habe nicht gewusst, dass die Belehrungen von erwachten Menschen so wunderbar sind. Diese Meditation über Tod und Vergänglichkeit ist genau das Richtige für mich.»

Von diesem Tag an widmete sie ihr ganzes Leben dieser Übung, und es gelang ihr mit der Zeit, bei all ihren Tätigkeiten die Meditation über den Tod weiterzuführen, so dass sie schließlich Tag und Nacht von dieser Übung begleitet wurde. Auf diese Weise lebte und übte das Mädchen drei Jahre lang.

Eines Tages blickte der Buddha in seiner Meditation über die Welt und sah, dass das Mädchen durch seine beständige Übung die Weisheit erlangt hatte, die zur Erleuchtung führen kann. Deshalb beschloss er, mit einigen Begleitern eine weitere Reise nach Alavi zu machen.

Als das Mädchen hörte, dass er angekommen war, war sein Herz von Freude erfüllt und es dachte: «Er ist gekommen, mein Lehrer und Meister. Endlich werde ich ihn wiedersehen, und ich werde hören, wie er die Wahrheit verkündet, die besser ist als alles in der Welt.»

Da aber kam ihr Vater und sagte: «Tochter, ich muss ein Kleidungsstück für einen Kunden fertig machen, es fehlt aber etwas Stoff. Ich brauche ihn noch heute. Setz dich rasch an den Webstuhl.» Die Tochter überlegte: «Es ist mein größter Wunsch, den Buddha zu hören, aber ich möchte meinen Vater nicht in Schwierigkeiten bringen. Ich werde mich mit der Arbeit beeilen, den Stoff fertig machen, in den Laden bringen und anschließend die Versammlung aufsuchen. Vielleicht kann ich noch einen Teil seiner Lehrrede hören.» Sie setzte sich an den Webstuhl und begann mit dem Weben.

Die Leute von Alavi luden den Buddha zum Essen ein und warteten nach dem Mahl auf die Dankesrede. Da sagte der Buddha: «Es gibt eine junge Frau in eurer Stadt, die meine Rede hören sollte. Allerdings war es ihr noch nicht möglich zu kommen. Wir werden also warten, bis sie da ist, dann werde ich sprechen.» Darauf schwieg er, und niemand wagte es, ein Wort zu sagen.

Als die junge Frau mit ihrer Arbeit fertig war, packte sie den Stoff in einen Korb und machte sich auf den Weg zum Laden ihres Vaters. Sie nahm aber einen Umweg und kam schließlich am Ort der Versammlung zu Ehren des Buddha vorbei. Da blieb sie am Eingang stehen und blickte den Buddha an. Er hob den Kopf und gab ihr ein Zeichen. Da wusste sie: «Der Meister möchte, dass ich zu ihm komme.» Sie stellte ihren Korb ab, betrat die Versammlungshalle und ging mutig ganz nach vorne.

Sie verneigte sich ehrfurchtsvoll und setzte sich an die Seite. Kaum hatte sie das getan, da fragte der Buddha: «Junge Frau, woher kommt Ihr?»

Sie antwortete: «Ich weiß es nicht, verehrter Meister.»

Der Buddha fragte ruhig weiter: «Wohin geht Ihr?»

«Ich weiß es nicht, verehrter Meister», war die erneute Antwort.

Nun fragte der Buddha: «Wisst Ihr denn gar nichts?»

«Doch, etwas weiß ich, verehrter Meister», entgegnete sie.

Nach einer Pause fragte der Buddha weiter: «Was wisst Ihr noch?»

Sie antwortete: «Mehr weiß ich nicht, verehrter Meister.»

Diese vier Fragen stellte der Erwachte, und diese vier Antworten gab die junge Frau. Die Leute aber waren aufgebracht und sagten: «Schaut an, sie glaubt, das seien die richtigen Antworten für den vollkommen Erwachten. Als er sie fragte: ‹Woher kommt Ihr?›, hätte sie besser geantwortet: ‹Aus dem Haus des Webers›, und auf die Frage: ‹Wohin geht Ihr?›, hätte sie sagen sollen: ‹Zum Laden des Webers›.»

Der Buddha aber gebot ihnen zu schweigen und fragte die Tochter des Webers: «Junge Frau, als ich Euch fragte, ‹Woher kommt Ihr?›, warum habt Ihr da geantwortet: ‹Ich weiß nicht.›?»

Sie sagte: «Verehrter Meister, Ihr wisst doch selbst, dass ich aus dem Haus meines Vaters, des Webers, kam. Deshalb musste diese Frage eine andere Bedeutung haben. Ihr meintet wohl: ‹Woher kamst du, bevor du geboren wurdest?» Ich weiß aber nicht, woher ich kam, bevor ich geboren wurde, und deshalb sagte ich: ‹Ich weiß es nicht.›»

Da sprach der Buddha: «Sehr gut, ausgezeichnet! Ihr habt meine Frage richtig verstanden.»

Dann fuhr er fort: «Und warum habt Ihr auf meine Frage: ‹Wohin geht Ihr?› ebenfalls mit ‹Ich weiß es nicht› geantwortet?»

«Weil Ihr wisst, verehrter Meister, dass ich unterwegs zum Laden meines Vaters war. Also meintet Ihr mit Eurer Frage: ‹Wohin gehst du nach dem Tod?› Wo ich aber hingehe, wenn ich dieses Leben verlassen habe, das weiß ich nicht.»

Der Buddha lobte sie zum zweiten Mal: «Auch diese Frage habt Ihr richtig verstanden», und fragte dann weiter: «Warum habt Ihr auf meine Frage: ‹Wisst Ihr denn gar nichts?› geantwortet: ‹Doch, etwas weiß ich.›»

«Ehrwürdiger Meister, eines weiß ich: dass ich sicher sterben werde. Deshalb antwortete ich so.»

«Ich freue mich, dass Ihr diese Wahrheit wirklich erkannt habt», stimmte der Buddha ihr zu. Dann fragte er weiter: «Warum habt Ihr auf meine Frage: ‹Was wisst ihr noch?› gesagt: ‹Mehr weiß ich nicht.›»

Sie entgegnete: «Ich weiß nur, dass ich sicher sterben muss, aber wann ich sterben werde, dass weiß ich nicht.»

«Ihr habt alle meine Fragen richtig beantwortet», lobte der Buddha sie zum vierten Mal.

Dann wandte er sich an die Versammlung, um allen Zuhörern zu einem besseren Verständnis zu verhelfen, und sprach:

«Ihr wart aufgebracht über ihre Worte, weil ihr sie nicht verstanden habt. Wer nicht das innere Auge des Verstehens geöffnet hat, ist blind. Die Welt ist im Allgemeinen blind. Nur die, die das innere Auge des Verstehens geöffnet haben, können sehen. Nur wenige gibt es, die klar zu sehen vermögen.

Die Menschen sind wie Vögel, die in einem Netz gefangen sind und hilflos herumflattern. Derjenige aber, der sich durch Übung und Einsicht aus der Verstrickung befreit, ist wie ein Vogel, der aus dem Netz entkommen ist.

So wie dieser Vogel in Freiheit hoch in den Himmel steigt, wie es seiner wahren Natur entspricht, so ist es dem befreiten Menschen möglich, in himmlischen Welten geboren zu werden.» Nach dieser Rede hatte die Tochter des Webers die Gewissheit, nie mehr vom Weg abzukommen, der zur Erleuchtung führt.

Sie nahm ihren Korb und ging zu ihrem Vater. Dieser schlief, und sie stellte den Korb auf einen Webstuhl. Fatalerweise fiel der Korb zu Boden, ihr Vater schreckte aus dem Schlaf auf und gab dabei dem Webstuhl einen Stoß, so dass dieser herumgeschleudert wurde und mit seiner scharfen Spitze das Mädchen so unglücklich an der Brust traf, dass es schwer verletzt zu Boden sank. Kurze Zeit darauf starb sie. Als ihr Vater sie in ihrem Blut liegen sah, verfiel er in lautes Wehklagen und lief in seiner Not zum Buddha.

Dieser beruhigte ihn, indem er sagte: «Deine Tochter ist nicht zu bedauern, sondern zu preisen. Der Tod ist kein Ende, sondern nur ein Wandel. Deine Tochter wird aufgrund ihrer intensiven Übung und tiefen Einsicht ihr nächstes Leben sicher in einer himmlischen Welt verbringen. Du aber, Weber, weine nicht, denn im unendlichen Kreislauf der Geburten hast du über den Verlust von geliebten Menschen schon mehr Tränen vergossen, als Wasser im großen Ozean ist.»

Auf diese Weise zeigte der Buddha dem Weber den unendlichen Kreislauf von Leben und Sterben. Da beruhigte sich der Mann und bat um Aufnahme als Mönch in die Gemeinschaft des Buddha. Der Buddha entsprach seinem Wunsch, und nach einiger Zeit als Novize wurde er Mönch. Er übte hingebungsvoll, und auch er erlangte noch in diesem Leben die Gewissheit, nie mehr vom Weg abzukommen, der zur Erleuchtung führt.

Quelle: Buddhistische Legenden zum *Dhammapada*, Buch 13, Geschichte 7, Spruch 174.

Ein Orden für die Nonnen

Der Buddha befand sich mit seiner inzwischen stark gewachsenen Gemeinschaft von Mönchen im Königreich Magadha, als er die Nachricht bekam, dass sein Vater im Sterben lag. So schnell er konnte, reiste er in seine alte Heimat und ermöglichte seinem Vater einen friedlichen Abschied. Schließlich half er mit, die Frage der Nachfolge zu regeln, und blieb noch einige Tage im Königreich um die Menschen zu belehren.

In dieser Zeit besuchte ihn oft seine Tante und Ziehmutter Pajapati Gotami, hörte seine Belehrungen, und schließlich fasste sie ein unerschütterliches Vertrauen zur Lehre des Mannes, den sie als ihren Sohn betrachtete. Eines Tages brachte sie eine kostbare Robe mit, die sie selbst genäht hatte, überreichte sie dem großen Lehrer und sagte: « Nach dem Tode meines Mannes habe ich viele Lehrreden gehört. Jetzt habe ich nur noch einen Wunsch. Ich möchte ein einfaches und bescheidenes Leben führen, wie die Männer an deiner Seite. Das weltliche Leben interessiert mich nicht mehr. Du hast mir ganz klar gezeigt, worauf es ankommt. Ich bin eine Frau, aber auch ich möchte ein Leben führen, das auf das Geistige ausgerichtet ist. Bitte nimm diese Robe und erlaube mir und allen Frauen, die das aufrichtig wünschen, ein Leben in deiner Gemeinschaft zu führen.» Der Buddha antwortete: «Gib die Robe meinen Mönchen, ich brauche keine neue Robe.» Zu ihrer Bitte um Aufnahme von Frauen in die Gemeinschaft aber schwieg er.

Ananda, der neben dem Buddha gesessen hatte, ergriff nun das

Wort. «Verehrter Meister, diese Frau hat Euch aufgezogen, sie hat alles für Euch getan. Sie unterstützt uns alle und hat Vertrauen zu unserer Lehre gewonnen. Über die Aufnahme von Frauen in unsere Gemeinschaft mögt Ihr etwas sagen oder schweigen – aber ich bitte Euch, ihr Geschenk anzunehmen. Es wird ihr großen Segen bringen.» Da nahm der Buddha die Robe an und hielt eine Lehrrede über die rechte Art des Spendens.

Obwohl Pajapati vom Buddha keine Antwort erhalten hatte, gab sie ihren Wunsch nicht auf. Sie sammelte Frauen um sich, die auch ein starkes Verlangen nach einem geistigen Leben hatten, und sagte zu ihnen: «Wie viele unserer Männer sollten auch wir hinausziehen und ein einfaches Leben führen. Wir sollten unsere Haare abschneiden, einen Stoff aus Flicken tragen, barfuß durch das Land wandern und um unsere Nahrung betteln. Wenn wir uns tadellos verhalten, die Lehre des Buddha beachten und beweisen, dass wir ein Leben ohne Heim und den Schutz der Männer führen können, werden wir eines Tages in die Gemeinschaft des Buddha aufgenommen werden.»

So zogen sie hinaus, lebten wie die bettelnden Mönche, schliefen unter Bäumen, und nach einer langen Wanderung erreichten sie den Ort, an dem sich der Buddha mit seinen Mönchen aufhielt. Sie boten einen seltsamen Anblick: Frauen als wandernde Asketinnen, in zerschlissenen und geflickten Gewändern, die Köpfe geschoren, mit nackten und oftmals wunden Füßen vom langen Wandern. Ananda sah die Frauen zuerst, und Pajapati erklärte ihm den Grund dieses seltsamen Aufzugs und trug wieder ihre Bitte nach Aufnahme in den Orden vor. Sogleich suchte der Mönch den Buddha auf, berichtete von dem Vorfall und von Pajapatis Anliegen. Wieder schwieg der Erwachte. Da sagte Ananda: «Verehrter Meister, beantwortet mir nur eine Frage: Ist es einer Frau möglich, den Weg der Befreiung zu gehen, die verschiedenen Stufen auf diesem Weg zu erfahren und schließlich die Erleuchtung zu erlangen?» Der Buddha antwortete: «Ananda, das ist möglich. In dieser Hinsicht gibt es keinen Unterschied zwischen Frauen und Männern.» Darauf erwiderte Ananda: «Wenn es so ist, dann wäre es nicht richtig, die Frauen von diesem Übungsweg auszuschließen. In unserem Orden gibt es niedere und hohe Kasten nebeneinander, es gibt Kinder und sogar ehemalige Verbrecher. Sollte da nicht auch ein Platz für Frauen geschaffen werden?»

Nach langem Schweigen antwortete der Buddha: «Du hast Recht. Von nun an mögen auch Frauen in meiner Gemeinschaft Aufnahme finden. Alle Regeln, die die Männer befolgen, müssen auch sie einhalten. Außerdem müssen sie sich noch weiteren Regeln unterwerfen, die klar zum Ausdruck bringen, dass sie sich von den Mönchen belehren lassen und sich ihnen unterordnen.»

Pajapati war überglücklich, als sie die Nachricht erfuhr, und sie sagte: «Mit der gleichen Freude, mit der eine junge Braut den duftenden Hochzeitskranz entgegennimmt, werden wir diese Regeln auf uns nehmen und ein Leben lang befolgen.» Wenige Tage später wurden alle Frauen in einer eindrucksvollen Zeremonie vom Buddha selbst und seinen besten Mönchen in den neuen Orden aufgenommen. Dennoch hatte der Buddha immer noch Bedenken, und zu Ananda sagte er: «Obwohl nun in meiner Gemeinschaft die Frauen als Nonnen anerkannt sind, wird sich in unseren Ländern die Stellung der Frau in der Gesellschaft nicht ändern. Zu mächtig sind die überlieferten Rollenvorstellungen. Deswegen ist es möglich, dass in einigen hundert Jahren in Indien mein Weg den Menschen ein Ärgernis sein wird, dass sie meine Lehre ablehnen und dass meine Gemeinschaft verschwindet.»

Am Anfang wohnten die Nonnen teilweise in der Nähe der Klöster der Mönche, teilweise wanderten sie durch das Land und übten im Freien unter Bäumen. Sie nahmen an den großen Versammlungen teil, hörten die Lehrreden, und manche Mönche besuchten regelmäßig die Hütten der Frauen, um sie zu unterweisen. Mit der Zeit wuchs ihre Gemeinschaft, und es dauerte nicht lange, da hatten einige Nonnen hohe Stufen auf dem Weg erreicht, und manche von ihnen wurden von der Gemeinschaft als erleuchtete Menschen akzeptiert. Obwohl die Nonnen die Mönche nicht belehren durften, erlangten einige als gelehrte und weise Frauen große Bedeutung. So sagte der Buddha zum Beispiel von der erleuchteten Nonne Dhammadina, sie könne die Lehre ebenso gut erklären wie er selbst.

Eines Tages wollte eine der schönsten Frauen Indiens mit Namen Upalavanna in den Orden aufgenommen werden. Sie hatte alle Heiratsanträge abgelehnt und fand schließlich Zuflucht in der

Gemeinschaft des Buddha, indem sie Nonne wurde. Sie übte so eifrig und hingebungsvoll, dass sie in kurzer Zeit die Erleuchtung erlangte. Danach zog sie durch das Land, belehrte viele Menschen und gewann weitere Frauen für das einfache Leben. Eines Nachts wurde sie von einem Mann überfallen und vergewaltigt. Als der Buddha davon hörte, hielt er eine Lehrrede, in der er Upalavannas tadellose, gleichmütige Haltung lobte. Am Ende sagte er: «Einem unwissenden Narren kann eine böse Tat so süß erscheinen wie Honig. Wenn aber die schlechten Früchte dieser Tat zur Reife kommen, wird der Täter von Angst und Schmerz überwältigt werden.»

Danach sprach der Buddha mit dem König des Landes, der die Gemeinschaft unterstützte, und erreichte, dass für Nonnen feste Klöster im Schutz von größeren Städten eingerichtet wurden.

QUELLE: Buddhistische Legenden zum *Dhammapada*, Buch 5, Geschichte 10, und Mittlere Sammlung, 14. Teil, Rede 142.

子
軍

Die Schauspieler

Einmal im Jahr gab es in Rajagaha ein großes Fest. Sieben Tage lang wurde gefeiert und getanzt. Aus allen Teilen des Landes kamen die Fürsten und hohen Persönlichkeiten, die vom König selbst eingeladen waren. Die besten Schausteller und Künstler versammelten sich, um ihre Fertigkeiten zu demonstrieren. Auch der Buddha und seine obersten Mönche waren eingeladen, wurden vom König mit den besten Speisen bewirtet und erfreuten sich an den Darbietungen.

An einem der Tage trat eine Gruppe auf, der eine wunderschöne Frau angehörte, die die alten vedischen Geschichten auf wunderbare Weise zu singen und zu tanzen verstand. Im Publikum saß auch ein junger Mann namens Uggasena, der Sohn eines reichen Kaufmanns. Er verliebte sich auf der Stelle unsterblich in die schöne Schauspielerin. Er ging nach Hause und sagte zu seinen Eltern: «Ich will die Schauspielerin zur Frau. Wenn ich sie nicht bekomme, werde ich sterben!» Daraufhin legte er sich ins Bett und aß nichts mehr.

Seine Eltern waren entsetzt und wollten ihn mit anderen schönen und standesgemäßen Frauen verheiraten. Aber er beharrte so sehr auf seinem Wunsch, dass sein Vater schließlich nachgeben musste und einen Boten mit folgenden Worten zu dem Vater der Schauspielerin sandte: «Ich schicke dir tausend Goldstücke. Dafür sollst du meinem Sohn deine Tochter zur Frau geben.» Der Vater der Schauspielerin jedoch antwortete: «Ich gebe meine Tochter nicht für Geld her, aber wenn es wahr ist, dass er ohne sie nicht leben kann, soll er sie haben. Allerdings muss er bei uns leben und unserer Truppe angehören.» Uggasena war sofort damit einverstanden, und obwohl ihn seine Eltern inständig baten, sie nicht zu verlassen, heiratete er die schöne Schauspielerin und zog mit der Truppe durch das Land.

Eines Tages hörte er, dass seine Frau über ihn zu anderen sagte: «Ach ja, der Wagenlenker» und «der Holzsammler und Feuermacher» oder «der Nichtskönner». Es war nämlich so, dass Uggasena, um sich nützlich zu machen, die einfachen Dienste übernommen hatte. Er bereitete alles vor, was die Schausteller brauchten, und baute es nach den Vorstellungen wieder ab. Als er begriff, wie seine Frau über ihn dachte, sagte er: «Wenn es so ist, werde ich dich verlassen.» Sie entgegnete: «Das ist mir doch egal, ob du gehst oder nicht.» Er dachte über ihr Verhalten ihm gegenüber nach und meinte: «Das liegt daran, dass sie so begabt und beliebt ist und ich ihr nicht ebenbürtig bin. Das will ich ändern. Ich werde die Kunst des Schauspiels erlernen.» So ließ er sich von den erfahrenen Schauspielern ausbilden in der Kunst der Rede und des Gesangs, der Darstellung und des Tanzes. Da er äußerst begabt war, hatte er in kurzer Zeit alles gelernt, und schon bald übertraf er die anderen und wurde ebenso berühmt wie seine Frau. Nun wurde er auch von ihr als gleichberechtigter Partner akzeptiert.

Eines Tages kamen sie wieder nach Rajagaha, um an dem großen Fest teilzunehmen, und die Auftritte von Uggasena und seiner Frau wurden als Höhepunkte des Ganzen angekündigt. Auch der Buddha und seine Mönche waren wieder eingeladen. Die Aufführungen fanden auf dem großen Platz vor dem Palast statt. Uggasena stand auf der Bühne, und schon bald hatte er das Publikum in seinen Bann gezogen. Da betrat der Buddha mit einer großen Schar von Mönchen den Platz, und alle Zuschauer wandten sich dem Erwachten zu, verbeugten sich und waren so von der würdevollen Erscheinung des großen Lehrers fasziniert, dass sie nicht mehr auf Uggasena blickten. Als dieser das bemerkte, verstummte er und hörte auf zu tanzen. Große Enttäuschung überkam ihn, und er dachte: «So lange habe ich geübt und meinte, ich könnte die Menschen begeistern. Aber wenn einige Mönche kommen, wendet sich die Masse ab, hat kein Auge und kein Ohr mehr für mich; ich bin ein Versager.»

Der Buddha bemerkte, was geschehen war, und schickte Moggallana, seinen ranghöchsten Mönch, vor und ließ ihn sagen: «Uggasena, der Buddha lässt dich grüßen. Verzeih den Zuschauern, dass sie sich abwendeten. Es liegt nicht an deiner Kunst. Wenn der Erwachte einen Platz betritt, so zieht er auf natürliche Weise die Aufmerksamkeit der Menschen auf sich. Auch der Buddha weiß die Menge zu fesseln. Uggasena, deine Kunst ist groß, du kannst die Herzen der Menschen gewinnen, und du bist weise. Große Kraft strömt von dir aus, und leicht gelingt es dir, die Menge in deinen Bann zu ziehen. Der Erwachte wünscht, dass du mit deiner Kunst fortfährst und ihn sowie alle Zuschauer erfreust und erhebst.»

Da war Uggasena von Freude überwältigt. «Der erwachte Lehrer möchte, dass ich für ihn spiele», dachte er, und er spielte und tanzte so gut, wie man es nie zuvor gesehen hatte. Am Ende seiner Vorstellung blieb es totenstill, denn alle waren so ergriffen, dass keiner wagte zu applaudieren.

Uggasena aber schritt durch die Menge, verbeugte sich vor dem Buddha und sagte: «Verehrter Meister, heute habe ich meine beste Kunst gezeigt. Dennoch weiß ich, dass die Eure noch viel größer ist und viel tiefer geht. Bitte lehrt mich Eure Kunst, sagt mir, was ich tun muss, um Eure Meisterschaft zu erreichen.» Da antwortete der Buddha: «Uggasena, die größte Kunst hast du erreicht, wenn du an nichts mehr hängst, wenn du nichts mehr begehrst. Lass alles los, was in der Vergangenheit geschehen ist, lass alles los, was du dir von der Zukunft erhoffst. Bleib ganz in der Gegenwart. So wirst du die wahre Meisterschaft erreichen. Wenn dein Geist an nichts mehr hängt, wirst du innerlich frei von Krankheit, Alter und Tod. Dann wirst du nicht mehr geboren und nicht mehr vergehen.»

Am Ende dieser Belehrung erwachte bei Uggasena, seiner Frau und vielen Zuschauern das unerschütterliche Vertrauen zur Lehre des Buddha. Uggasena aber ging noch weiter. Er verbeugte sich nochmals und sagte: «Verehrter Meister, meine Kunst ist hier zu Ende, und nie mehr will ich sie ausüben. Stattdessen möchte ich Euer Schüler werden und bitte Euch, mich als Mönch in Eure

Gemeinschaft aufzunehmen. Der Buddha streckte ihm die Hand entgegen, und mit den Worten «Komm, Bruder» nahm er ihn auf. Auch Uggasenas Frau hatte durch Buddhas Worte Einsicht erlangt, und sie trat als Nonne in die Gemeinschaft ein. Beide übten eifrig und hingebungsvoll nach den Anweisungen des Buddha und wurden bekannte und beliebte Lehrer.

QUELLE: Buddhistische Legenden zum *Dhammapada*, Buch 24, Geschichte 6, Spruch 348.

Ein Mönch erkennt die Illusion des Lebens

Es war einmal ein Mönch, der erhielt vom Buddha eine Anweisung zur Meditation und ging in den Wald, um dort alleine zu üben. Doch obwohl er sich mit aller Kraft mühte, war es ihm nicht möglich, auf dem Weg zur Erleuchtung voranzukommen. Da sagte er zu sich selbst: «Ich will nochmals zum Buddha gehen und ihn bitten, mir eine andere Übung zu geben, die besser für mich geeignet ist.» Mit diesem Gedanken machte er sich auf den Weg.

Unterwegs sah er in der Hitze des Tages eine Fata Morgana. Eine wunderschöne Stadt mit Palästen und Türmen erschien vor seinem Auge. Als er jedoch näher kam, verschwand die Erscheinung. Da sagte er zu sich selbst: «Genauso wie diese Luftspiegelung in der heißen Jahreszeit von weitem als real erscheint, aber verschwindet, wenn man näher kommt, genauso ist unsere Existenz unwirklich, wenn man sie näher betrachtet, denn sie unterliegt Geburt und Verfall.» Danach konzentrierte er seinen Geist auf die Luftspiegelung und meditierte über sie. Dann setzte er seinen Weg fort, und als er müde wurde, badete er in einem Fluss und setzte sich im Schatten eines Baums in der Nähe eines Wasserfalls. Als er da saß und das Entstehen und Vergehen von großen Schaumblasen beobachtete, die durch die Kraft, mit der das Wasser gegen die Felsen schlug, entstanden, sagte er zu sich selbst: «Ebenso entsteht unsere Existenz, und ebenso zerplatzt sie.» Auch diese Erscheinung machte er zum Gegenstand seiner Meditation.

Als er nach einigen Tagen des Wanderns beim Buddha angekommen war, erzählte er ihm von seinen Erlebnissen und Einsichten. Der Buddha sah den Fortschritt in seinen Bemühungen und antwortete: «Höre Mönch, genauso ist es. Richte deine Achtsamkeit auf diese Betrachtung. Das ist der rechte Gegenstand für deine Meditation. Wie eine Schaumblase oder eine Luftspiegelung ist unser Leben. Genauso entsteht es, und genauso verschwindet es wieder. Dieser Körper ist wie ein Gebilde aus Schaum, seine Natur gleicht einer Luftspiegelung, einer Fata Morgana. Wenn du diese Wahrheit vollkommen verstehst, können dich die schön verzierten Pfeile der Illusion nicht mehr treffen. Dann bist du unverwundbar. Wenn du das durchschaust, wird dich der Herr des Todes nicht mehr finden können.»

Der Mönch meditierte gemäß dieser Belehrung und durchschaute die Natur aller Existenz. Schließlich erreichte er nach intensiver Übung das Ziel des Weges und wurde erleuchtet.

Wieder gab es einen erwachten Schüler des Buddha mehr, der durch das Land zog und die Lehre seines unvergleichlichen Meisters verkündete.

Quelle: Buddhistische Legenden zum *Dhammapada*, Buch 4, Geschichte 2, Spruch 46.

Visakhas Reichtum

Visakha war die Tochter eines reichen Mannes. Als sie noch ein Kind war, ging der Buddha im Hause ihrer Eltern ein und aus. So wurde sie zu einer seiner treuesten Schülerinnen und zu einer Anhängerin der Lehre, die mit all ihren Mitteln die Gemeinschaft unterstützte.

Sie heiratete einen der reichsten Männer eines benachbarten Königreichs. Ihr Mann hatte in seinem eigenen Land lange nach einer passenden Frau gesucht, aber keine gefunden, die ihm gefiel und seinen Vorstellungen entsprach. Schließlich hörte er von Visakha und lud sie und ihre Eltern zu einem großen Fest ein. Seinen Priestern aber gab er den Auftrag, Visakha genau zu beobachten.

Eines Tages waren alle Mädchen im Freien, als plötzlich ein heftiger Regen einsetzte. Alle liefen schreiend ins Haus, nur Visakha blieb ganz ruhig und schritt würdevoll zu dem schützenden Dach. Die Priester dachten: «Sie hat zwar alle guten Eigenschaften, aber sie scheint träge zu sein.» Und sie fragten sie: «Alle Mädchen sind ins Haus gelaufen, als der Regen kam. Warum bist du so langsam gegangen und daher vollkommen nass geworden? Hast du keine Energie?» «Oh, so ist das nicht», antwortete Visakha. «Ich habe mehr Kraft als meine Freundinnen, aber ich hatte meine Gründe. Ein reich geschmückter König sollte niemals wegen einem bisschen Wasser durch die Gegend rennen, und so sollte auch eine verantwortungsbewusste Frau mit all ihrem Schmuck sich nicht lächerlich machen und kindisch schreiend herumhüpfen.»

Die Priester waren beeindruckt und konnten ihrem Herrn nur das Beste berichten. So kam es, dass nicht lange danach Hochzeit gefeiert wurde.

Nachdem Visakha in das Haus ihres Mannes eingezogen war, bemerkte sie, dass dieser gern weise Leute und heilige Männer bewirtete. Zuerst freute sie sich darüber, denn sie war ja mit den Mönchen und Nonnen des Buddha aufgewachsen. Aber bald schon wurde ihr klar, dass diese Leute wenig Weisheit besaßen und nur in das Haus des reichen Mannes kamen, um tüchtig zu essen oder um Spenden zu erhalten. Sie weigerte sich, sie zu bedienen. So kam es bald zum Streit zwischen ihr und den Männern, die sich beim Hausherrn beklagten: «Warum hast du nach so langer Suche ausgerechnet diese zur Frau genommen? Sie verachtet uns und ist Anhängerin einer neuen Sekte, deren Anführer behauptet, ein Erleuchteter zu sein. Schick sie wieder nach Hause!»

Zunächst hörte der Ehemann nicht auf sie, aber die Männer beklagten sich immer öfter und erfanden diverse Vergehen. Schließlich behaupteten sie, Visakha sei gekommen, um ihm und dem Haus Schaden zu bringen. «Wenn das so ist, dann muss ich sie wirklich nach Hause schicken», dachte der Hausherr und ließ eine Versammlung einberufen. «Was habt ihr ihr vorzuwerfen?», wollte er wissen. «Sie hat gesagt, die Menschen in diesem Haus nähmen schlechtes Essen zu sich.» «Ist das wahr?», fragte er seine Frau. «Das habe ich gesagt, aber hört, was ich damit meinte. Ich habe gesehen, dass einige Leute bei uns zu essen bekommen, doch die Armen und die Pilger, die vor unseren Toren stehen, kriegen nie etwas. Essen, das man nicht mit den Bedürftigen teilt, hat keine Verdienste zur Folge. Und wenn es zu keinen Verdiensten führt, ist es schlechtes Essen.»

Ihre Gegner aber gaben noch nicht auf: «Wir haben von dir gehört, dass dein Vater dir folgenden Grundsatz mitgegeben hat: ‹Das Feuer im Haus darf nicht nach draußen getragen werden, und das Feuer von draußen darf nicht ins Haus getragen werden.› Aber das ist doch ganz falsch und gegen unsere Gesetze. Sollen wir denn unseren Nachbarn nicht mit Feuer aushelfen, wenn das ihre ausgegangen ist? Dürfen wir uns nicht Feuer holen, wenn wir keines haben?»

«Auch das ist wahr», antwortete Visakha. «Dies ist eine Regel, die mir mein Vater mitgab. Aber ihr versteht ihre Bedeutung falsch. Wenn jemand außerhalb des Hauses schlecht über meinen Mann spricht, dann soll ich dieses Feuer nie in unser Haus tragen. Ebenso sollte das, was es in unserem Haus an Konflikten gibt, niemals nach außen dringen. Denn böse Worte und Streit sind das schlimmste Feuer für jedes Haus und können es vernichten.»

Darauf wussten die Männer nichts zu antworten. Visakha aber fuhr fort: «Mein Vater hat mir noch weitere Sprüche und Richtlinien mitgegeben. Alle sollen dazu dienen, das Haus meines Mannes und meine Familie zu schützen und unser Glück zu vermehren.»

Da war auch ihr Mann beschämt. Er sah ein, dass er sie zu Unrecht verdächtigt hatte. Visakha jedoch sagte: «Mein Mann wollte mich nach Hause schicken, aber das ist nicht notwendig. Ich werde dieses Haus verlassen, da man mich und meinen religiösen Weg nicht schätzt.» Da griff der Schwiegervater ein und erklärte: «Es tut uns Leid. Wir haben dich zu Unrecht beschuldigt. Bitte bleib im Haus meines Sohnes.» Visakha antwortete: «Seit meiner Kindheit bin ich eine treue Schülerin des Meisters Gotama, den man den Buddha nennt. Ich kann in einem Haus nur bleiben und zufrieden sein, wenn ich diesen Meister und seine Anhänger einladen darf. Ich möchte sie mit allem Nötigen versorgen und ihre Lehre hören und praktizieren.» Der Schwiegervater erwiderte aus ehrlichem Herzen: «Liebe Schwiegertochter, wir freuen uns, wenn solche guten Menschen in unser Haus kommen. Du hast völlig freie Hand, sie einzuladen und zu versorgen.» So blieb Visakha im Haus.

Schon bald kamen regelmäßig die Mönche und Nonnen des Buddha, und eines Tages erschien der Meister selbst. Nachdem er zwei Tage hintereinander da gewesen war und gelehrt hatte, wurden die Eltern des Hausherrn überzeugte Anhänger seiner Lehre. Von da an war Visakha in der Lage, alles für die Ausbreitung der neuen Lehre zu tun. Sie wurde von ihrem Mann bei vielen Gelegenheiten mit dem teuersten und edelsten Schmuck beschenkt. Einige Jahre lang sammelte sie das Geschmeide, dann verkaufte sie alles, mit dem Einverständnis ihres Mannes, um das Geld dem Buddha anzubieten. Der aber sagte: «Wir Mönche nehmen kein Geld. Doch wir sind so viele geworden. Wenn wir in der Regenzeit zusammenkommen, haben wir kaum noch Platz. Wenn du von dem Geld ein großes Grundstück kaufen und Hütten und Hallen für unsere Gemeinschaft errichten würdest, so wäre das eine große Hilfe für uns.»

So entstand eines der größten Klöster für die Gemeinschaft des Buddha. Visakha ließ nicht nur die Gebäude nach den Angaben der erfahrenen Mönche errichten, sondern versorgte auch über viele Jahre alle Ordensleute mit Essen, Kleidung und Medizin. Es gab in jener Zeit keine Frau, die mehr für die Gemeinschaft des Buddha getan hätte.

Bei manchen Gelegenheiten lobte sie der Buddha in seinen Reden und rühmte sie als Vorbild. Einmal sagte er: «Eine geschickte Blumenfrau nimmt aus einem Haufen Blumen die schönsten heraus und bindet daraus einen wunderschönen Kranz. Auf die gleiche Weise hat Visakha ihre besten Absichten und Taten zu einem wunderschönen Lebenswerk zusammengebunden. Sie sollte allen ein Vorbild sein. In diesem kurzen, vergänglichen Leben sollte man sich bemühen, immerfort gute Taten aneinander zu reihen.»

QUELLE: Buddhistische Legenden zum *Dhammapada*, Buch 4, Geschichte 8, Vers 53.

König Udena und seine Frauen

Der mächtige König Udena hatte zwei Frauen. Als er noch sehr jung war, wurde er mit der Tochter seines Schatzmeisters verheiratet. Samavati war ihm eine äußerst liebevolle und treu ergebene Frau. Einige Zeit später heiratete er Magandya, die Tochter eines Brahmanen, die als die schönste Frau des ganzen Reiches galt.

Ehe jedoch der König auf sie aufmerksam wurde, wollte ihr Vater sie mit dem Buddha verheiraten. Damit hatte es folgende Bewandtnis: Schon viele Männer hatten, von der Schönheit Magandyas angezogen, ihr einen Heiratsantrag gemacht, aber der Vater hatte alle abgelehnt. Keiner war ihm gut genug für seine kostbare Tochter. Eines Tages kam der Buddha während einer Wanderung in die Stadt, in der Magandyas Familie lebte. Als der Brahmane die vollkommene Erscheinung des Buddha sah, dachte er begeistert: «So einen Mann habe ich noch nie gesehen. Ihm will ich meine Tochter geben.» Deshalb sprach er den Buddha mitten auf der Straße an: «Ich habe nur eine Tochter, und mir ist noch nie ein Mann begegnet, der es wert gewesen wäre, sie zur Frau zu bekommen. Aber du bist der Richtige für sie, und sie ist die Richtige für dich. Ich will sie dir geben. Ihr werdet das vollkommene Paar sein. Warte hier, bis ich wiederkomme.» Ehe der Erwachte etwas sagen konnte, lief der Brahmane nach Hause und sagte zu seiner Frau: «Ich habe einen Mann für unsere Tochter gefunden. Schnell, schnell, sorge dafür, dass sie ihre schönsten Kleider anzieht, und dann kommt mit mir.»

Es dauerte nicht lange, so hatte sich die Nachricht in der Stadt herumgesprochen, und alle sagten neugierig: «Jeden Freier hat der Brahmane weggeschickt, aber nun hat er den Richtigen gefunden. Was kann das nur für ein Mann sein?» Als der Brahmane mit seiner Familie zu dem Platz ging, wo er den Buddha angesprochen hatte, folgten ihm viele Leute.

Inzwischen war der Buddha jedoch schon weitergezogen. Als sie angekommen waren, sagte die Frau des Brahmanen: «Nun, wo ist er?» «Ich weiß nicht», antwortete der Brahmane, «ich habe ihm gesagt, er solle warten.»

Sie liefen die Straßen auf und ab, auf der Suche nach dem Erwachten. Nach einiger Zeit sahen sie ihn endlich. Da sagte die Frau des Brahmanen erstaunt: «Er sieht aus wie ein Heiliger, ein Erleuchteter, wie einer, der nichts mehr in dieser Welt begehrt.» Der Brahmane antwortete: «Ach, sei still. Du siehst immer Krokodile im Wasserkessel und Gespenster in der Wäschetruhe.»

Der Brahmane näherte sich dem Buddha und sagte: «Verehrter Herr, hier ist meine Tochter. Ich möchte sie dir zur Frau geben.»

Der Buddha antwortete: «Brahmane, ich will dir etwas erzählen, hör mir bitte zu. Kurz nachdem ich den Ausweg aus dem Kreislauf des Begehrens gefunden hatte, kam Mara, der Böse, und bot mir die Herrschaft über die ganze Welt an. Aber ich durchschaute den Verführer, und er musste weichen. Da sandte er mir seine wunderschönen Töchter, die alle versuchten, meinen inneren Frieden zu stören und mich zu verführen. Aber auch sie konnten nichts erreichen und mussten schließlich weichen.

Ich habe Verlangen, Sehnsucht und Lust durchschaut und bin frei von der Suche nach den Freuden der Liebe. Was ist schon dran an diesem Körper? Er besteht aus Fleisch und Knochen, aus Haut und Haaren, aus Blut und Wasser, aus Kot und Urin. Selbst den schönsten Körper unter der Sonne möchte ich nicht berühren, nicht einmal mit dem Nagel meines kleinen Fingers.»

Diese Belehrung war so eindringlich, dass sowohl der Brahmane als auch seine Frau diese Wahrheit erkannten und tiefe Einsicht in die Vergänglichkeit erlangten.

Die Tochter aber war zutiefst beleidigt und dachte: «Noch keiner hat es gewagt, mich abzulehnen. Aber dieser behauptet, ich sei voll von Kot und Urin. Ich bin von hoher Herkunft, reich, jung, und ich werde schon noch einen Mann finden, der mir ebenbürtig ist. Dann werde ich mich an dir rächen, eingebildeter Mönch.»

Nach dieser Enttäuschung verließ Magandya ihre Eltern und zog in die Hauptstadt zu ihrem Onkel. Es gelang ihr, ihren Ruf als schönste Frau des Landes zu festigen, und als sie eines Tages König Udena vorgestellt wurde, war sie am Ziel ihrer Wünsche. Der König verliebte sich sofort in sie, und so kam es, dass sie schon bald seine zweite Frau wurde.

Einige Zeit nach dieser Hochzeit kam der Buddha in die Hauptstadt, und ein reicher Anhänger stiftete ihm ein großes Kloster. Er und seine Gemeinschaft wurden von vielen Leuten eingeladen. Sie belehrten die Menschen, zeigten ihnen die Wege der Übung, und die Zahl ihrer Anhänger wuchs rasch.

Samavati, die erste Frau des Königs, hatte eine Dienerin, Kujutara, die oft in die Stadt musste, um Blumen und Schmuck zu besorgen. Bei diesen Gelegenheiten hörte sie öfter den Buddha reden, und sie fasste Vertrauen zur Lehre und beschäftigte sich damit. Sie übte Achtsamkeit bei ihrer Gängen, und schließlich erlebte sie die Gewissheit, dass sie nicht mehr vom Weg zur Erleuchtung abkommen konnte.

Samavati bemerkte die Veränderung im Verhalten ihrer Dienerin und fragte sie nach dem Grund. Nachdem ihr Kujutara alles erzählt hatte, sagte die Königin: «Diese Lehre interessiert mich auch. Erzähl mir davon.»

«Gut. Ich will es versuchen», erwiderte die Dienerin und setzte sich. Sie wiederholte vor Samavati und ihren Frauen eine Rede, die sie vom Buddha gehört hatte. Danach verneigte sich Samavati vor ihr und sagte: «Von diesem Tag an sollst du unsere Lehrerin sein. Geh zum Erhabenen, höre seine Reden, und gib sie uns weiter.»

Das tat sie so gewissenhaft, dass sie bald alle Lehrreden des Buddha auswendig konnte, so dass der Erleuchtete sie eines Tages lobte: « Kujutara, die Dienerin der Königin, kennt alle meine Reden und ist imstande, die Wahrheit zu verkünden.»

Jeden Morgen ging der Buddha zu Beginn seiner Almosenrunde mit seinem Gefolge an der Palastmauer vorbei. Als Samavati und ihre Frauen das erfuhren, standen sie früh auf und ließen die Tore und Fenster öffnen. Sie verneigten sich vor den Mönchen und warfen Blumen vor deren Füße. Das war die Art und Weise, in der sie dem Buddha ihre Verehrung zeigen konnten, denn es war ihnen nicht erlaubt, sich in der Stadt frei zu bewegen.

Eines Tages wurden sie von Magandya entdeckt, die erstaunt fragte: «Was haben die offenen Tore zu bedeuten? Wollt ihr fliehen?» «Nein», antworteten die Frauen Samavatis, «der von uns verehrte Buddha ist in der Stadt, und so können wir ihn sehen und ihm Blumen zuwerfen.»

Neugierig schloss sich Magandya den Frauen an, aber kaum hatte sie den Buddha gesehen, dachte sie: «Das ist der Kerl, der mich so sehr beleidigt hat. Nun kann ich mich endlich an ihm rächen.»

Sie ging zum König und sagte: «Samavati und ihre Frauen haben sich gegen dich verschworen. Sie jubeln einem anderen zu, und du kannst damit rechnen, dass sie dich eines Tages töten wollen.»

Der König prüfte die Sache, aber fand keinen Grund zur Sorge. «Einen weisen Menschen zu verehren ist keine Verschwörung», erklärte er und ließ den Frauen noch mehr Tore und Fenster und sogar eine Terrasse bauen.

Aber Magandya gab nicht auf und kam schließlich auf eine andere Idee. Sie sammelte Bürger, Sklaven und Anhänger anderer Lehren um sich und gab ihnen den Auftrag: «Wenn der Buddha in die Stadt kommt, dann beschimpft und beleidigt ihn. Damit treibt ihn hinaus.»

Als der Buddha am nächsten Tag mit seinen Mönchen kam, stellten sich die Leute auf die Straße und riefen: «Du bist ein Dieb, ein Narr, ein Kamel, ein Ochse, eine Ausgeburt der Hölle. Deine Lehre ist falsch, und du wirst grausam bestraft werden für deine Taten.» Mit diesen und anderen Worten beschimpften sie ihn.

Ananda war sehr erschrocken und sagte: «Meister, die Bürger beschimpfen und beleidigen uns. Lasst uns woanders hingehen.»

Der Buddha erwiderte: «Wenn man uns beschimpft, wo sollen wir dann hingehen?»

»In eine andere Stadt», antwortete Ananda. Der Buddha entgegnete: «Ananda, das ist nicht richtig. Wenn ein Problem auftaucht, soll man es lösen und nicht davonlaufen. Erst wenn man es gelöst hat, kann man weitergehen. Wer beleidigt uns, Ananda?»

«Alle! Bürger, Sklaven und Asketen.»

«Ananda, ich bin wie ein Elefant, der bereit ist zum Kampf. So wie es die Pflicht eines Elefanten ist, die Pfeile auszuhalten, die von allen Seiten auf ihn zufliegen, so ist es meine Pflicht, geduldig die Angriffe zu ertragen, die von bösen Menschen kommen.»

Nachdem er das gesagt hatte, hielt er vor den versammelten Menschen eine Rede. Seine Worte waren so eindringlich, dass sich die meisten der Zuhörer bald beruhigten und aufhörten zu schimpfen. Zu Ananda aber sagte der Buddha: «Selbst wenn manche aufs Neue anfangen sollten, uns zu schmähen, bleib gelassen. In weniger als einer Woche wird wieder vollkommener Frieden einkehren.»

Magandya merkte, dass es ihr nicht gelungen war, den Buddha aus der Stadt zu vertreiben, und sie dachte: «Was kann ich jetzt tun? Samavati und ihre Frauen sind Anhängerinnen des Buddha. Also muss ich zunächst sie vernichten.»

Es gelang ihr, Samavati beim König anzuschwärzen, so dass nach und nach das Misstrauen des Königs gegen seine erste Frau zu wachsen begann. Udena pflegte bei jeder seiner beiden Frauen sieben Tage zu verbringen. Es gelang Magandya, eine giftige Schlange im Gemach Samavatis zu verstecken. Sie richtete es so ein, dass es aussah, als habe Samavati versucht, den König zu töten, und als sei er im letzten Moment von Magandya gerettet worden.

Die Todesfurcht, die er erlebt hatte, überzeugte den König von der Schuld seiner ersten Frau. Blind vor Angst und Zorn nahm er seinen großen Bogen, ließ Samavati an eine Mauer des Palastes binden und zielte auf sie.

Samavati sagte zu sich: «Meine einzige Rettung ist mein Lehrer und seine Lehre, die zur Freiheit führt. Ich werde keine Angst zulassen und den König ebenso wie seinen Ratgebern meine aufrichtige Liebe senden.»

So stand sie da, und eine Welle von Liebe und Mitgefühl ging von ihr aus. Der König versuchte, den Bogen zu spannen, aber plötzlich überkamen ihn Zweifel, und seine ganze Kraft verließ ihn. Als er den Pfeil abschoss, fiel dieser vor den Füßen der Königin zu Boden. Da erkannte der König mit einem Mal seine Verblendung und dachte: «Dieser Bogen verweigert mir den Dienst, denn er erkennt das gute Herz der Königin. Ich aber war blind und habe es nicht erkannt.»

Er kniete sich vor ihr hin und sagte: «Ich bin verwirrt und kenne mich nicht mehr aus. Gemahlin, hilf mir, und beschütze mich vor meiner eigenen Dummheit.»

Samavati hörte mit Freude diese Worte und sagte: «Suche nicht Schutz bei mir. Ich habe Schutz beim Buddha gefunden. Er sollte auch dein Schutz sein.»

Nachdem nun Udena erkannt hatte, dass Magandya, seine zweite Frau, das ganze Unheil angerichtet hatte, verbannte er sie für immer von seinem Hof.

Daraufhin suchte der König den Erwachten auf, nahm Zuflucht bei ihm und versorgte sieben Tage lang die Gemeinschaft mit kostbarem Essen. Der Königin ließ er aus Dankbarkeit reiche Geschenke überreichen, doch sie sagte: «Großer König, ich brauche weder Gold noch Silber, ich habe nur einen Wunsch. Lade unseren verehrten Lehrer mit seinen Mönchen und Nonnen regelmäßig in unser Haus ein, damit ich ihre Lehrreden und Anweisungen hören kann.» Da forderte der König den Buddha auf, jeden Tag in seinen Palast zu kommen, der aber antwortete: «Großer König, ein Buddha kann nicht immer ins gleiche Haus gehen. Es gibt viele, die mich sehen und hören möchten.»

«Gut», sagte der König, «wenn Ihr nicht könnt, so schickt wenigstens einen Mönch oder eine Nonne mit Gefolge.»

So kam in den nächsten Tagen Ananda und erfreute nach den Mahlzeiten den Hof mit Vorträgen und Belehrungen. Eines Tages ließ Samavati kostbaren Stoff besorgen und daraus für alle Mönche Roben nähen. Der König fragte Ananda: «Was machst du mit so vielen Kleidern, verehrter Mönch?»

Ananda antwortete: «Wir haben uns so viele genommen, wie wir brauchen, den Rest schickten wir anderen Brüdern, deren Roben bereits abgetragen sind.» «Und was machen die mit ihren abgetragenen Roben?»

«Die geben sie Brüdern, die noch schlechtere tragen.»

«Und was machen die mit ihren schlechten Roben?»

«Die machen Betttücher daraus.»

«Und was macht man mit den alten Betttüchern?»

«Daraus werden Teppiche gemacht.»

«Und was macht man mit den alten Teppichen?»

«Daraus werden Fußlappen gemacht.»

«Und was geschieht mit den alten Fußlappen?»

«Die schneidet man in kleine Stücke, vermischt sie mit Mörtel, und damit kann man die Wände verputzen.»

Der König sagte nachdenklich: «Alles, was man euch gibt, verwendet ihr sinnvoll, und nichts wird verschwendet oder einfach weggeworfen.»

«Ja, so ist es in der Tat», antwortete Ananda.

Der König war so beeindruckt von dieser Lebensweise, dass er selbst noch viele Roben nähen ließ und sie Ananda und den Mönchen schenkte.

Er lebte nun in Frieden mit seiner Frau, aber nicht lange Zeit danach geschah ein großes Unglück. Aus unbekannter Ursache brach ein Feuer im Haus der Frauen aus, und das Schicksal wollte es, dass Samavati mit einem Teil ihrer Dienerinnen dabei umkam.

Der König suchte voll Trauer den Buddha auf und klagte: «Eine Frau trachtete mir nach dem Leben, und ich musste sie verbannen. Die andere aber liebte mich wirklich, und nun hat sie einen jämmerlichen Tod erlitten. Sie war eine treue Anhängerin Eurer Lehre und ein herzensguter Mensch. Das ist nicht gerecht, das darf nicht sein.»

Der Buddha antwortete: «Wenn man nur von diesem Leben ausgeht, ist es in der Tat höchst ungerecht, dass Samavati einen frühen und grausamen Tod erleiden musste. Dennoch ist es gerecht, denn es ist die Folge von Taten, die sie in einem früheren Leben begangen hat. Aber kränke dich nicht. Ihr Leiden war nur von kurzer Dauer, und sie konnte es mit Gleichmut auf sich nehmen. Nun aber ist sie in einem wunderbaren Götterhimmel und blickt lächelnd auf uns herab. Samavati lebte achtsam, und wer achtsam ist, der ist nicht tot.»

Am folgenden Abend sprach der Buddha nochmals über die Frau des Königs und schloss seine Rede mit folgender Belehrung: «Die Achtsamen, die bewusst leben, sind nicht tot, auch wenn sie gestorben sind. Die Unachtsamen hingegen sind schon tot, bevor sie gestorben sind. Achtsamkeit führt zur Überwindung des Todes und zu ewigem Leben. Unachtsamkeit ist der Weg zum Tod. Wer das klar erkennt und die Achtsamkeit aufrechterhält, lebt in grenzenloser Freude. Wer mit großem Bemühen und Ausdauer Achtsamkeit entwickelt, wird das höchste Wissen erlangen und das Reich betreten, in dem es keine Geburt und keinen Tod mehr gibt.»

QUELLE: Buddhistische Legenden zum *Dhammapada*, Buch 2, Geschichte 1, Strophe 21 bis 23.

Kisa Gotami will ihr Kind retten

Kisa Gotami war die Tochter eines armes Mannes. Sie hatte ein freundliches Wesen und von Kind an die Fähigkeit, alles im Leben positiv zu sehen. Eines Tages lernte sie den Sohn eines Kaufmanns kennen, der durch ein Unglück fast seinen ganzen Besitz verloren hatte. Sie verliebten sich ineinander, und da die Eltern einwilligten, heirateten sie bald. Kisa Gotami war fröhlich und immer gut gelaunt, denn sie hatte noch nie ein größeres Leid erfahren. Deshalb war sie sehr beliebt, und die Kunden kamen gern zu dem jungen Kaufmann. So konnten sie ihr Vermögen schnell vermehren und waren in kurzer Zeit wieder wohlhabend.

Einige Zeit danach wurde Kisa Gotami schwanger und brachte ohne Schmerzen ein gesundes Kind zur Welt. Als sie nun ihren Sohn in den Armen hielt, war ihr Glück vollkommen, und sie konnte sich nicht vorstellen, dass es jemals aufhören könnte. Dann aber geschah ein großes Unglück. Eines Morgens wollte Kisa Gotami ihr Kind wecken, doch das kleine Kerlchen, das gerade seine ersten Schritte gemacht hatte, rührte sich nicht. Es war über Nacht ganz plötzlich gestorben.

Kisa Gotami wusste nicht, was geschehen war, denn sie war noch nie zuvor dem Tod begegnet. Sie rief ihr Kind und drückte es und war davon überzeugt, dass es nur schlief und wieder aufwachen würde. Schließlich kamen ihr Mann und die anderen Verwandten, die den Tod des Kindes feststellten und den kleinen Körper zur Verbrennungsstätte bringen wollten. Kisa Gotami aber ließ das nicht zu und sagte: «Ich werde schon ein Mittel finden, dass dich wieder aufweckt, mein Prinz.»

Sie band sich das tote Kind um die Hüfte und ging von Haus zu Haus mit der Frage: «Mein Kind schläft und will nicht wieder aufwachen. Kennt ihr ein Mittel, das meinen Sohn heilen kann?» Aber alle sagten: «Liebe Frau, du bist verrückt. Dein Kind ist tot, und keine Medizin der Welt kann es wieder zum Leben erwecken.» Doch sie ging weiter und dachte: «Gewiss werde ich jemanden finden, der ein Mittel für mein Kind kennt.»

So kam sie an die Tür einer weisen Frau, die überlegte: «Das ist sicher ihr erstes und einziges Kind, und sie weiß nicht, was es bedeutet, tot zu sein. Deshalb sagte sie: «Liebe Frau, auch ich kenne keine Medizin, die deinen Sohn heilen könnte, wohl aber jemanden, der dir vielleicht helfen kann.»

«Wer ist es, und wo kann ich ihn treffen?», fragte sie voll Hoffnung.

«Er wird der Buddha, der Erleuchtete, genannt und ist ein großer Lehrer der Menschheit, geh und frag ihn.»

Also machte sich Kisa Gotami auf den langen Weg zum Kloster des Buddha. Der Erwachte empfing sie, und nachdem sie ihm das tote Kind zu Füßen gelegt hatte, fragte sie: «Verehrter Meister, ist es wahr, was man mir gesagt hat, dass Ihr die Medizin kennt, die meinen Sohn heilen kann?»

«Ja, das ist wahr», antwortete der Buddha.

«Dann gebt sie mir, bitte.»

«Zuerst musst du mir einen Topf mit weißen Senfsamen bringen», sagte der Erwachte.

»Das ist alles» erwiderte sie, «weiße Senfsamen. Ganz gewöhnliche weiße Senfsamen?»

Der Buddha antwortete: «Ja, gewöhnliche Senfsamen. Allerdings müssen sie aus einem Haus kommen, in dem noch nie ein Sohn, eine Tochter oder sonst jemand gestorben ist.»

Kisa Gotami machte sich auf den Weg zurück in die Stadt, ging zum ersten Haus und fragte nach Senfsamen. Schnell brachte man ihr welche, aber sie sagte: «Ich kann die Senfsamen nur gebrauchen, wenn in diesem Haus noch nie jemand gestorben ist?» Die Bewohner des Hauses antworteten: «Ach, Frau, was verlangst du da. Erst vor kurzem ist unsere geliebte Mutter gestorben und davor unser jüngster Bruder. Viele Generationen haben hier gelebt und sind gestorben. Das ist der Lauf der Welt.» Da gab sie die Senfsamen zurück und sagte: «Das ist nicht die richtige Medizin für mein Kind.»

So ging sie den ganzen Tag von Haus zu Haus, aber überall erhielt sie eine ähnliche Antwort. Als sie am späten Abend immer noch keine Medizin gefunden hatte, setzte sie sich hin und überlegte: «Das ist eine schwere Aufgabe. Ich dachte, ich alleine hätte ein Kind verloren, aber in jedem Haus gibt es so viele Menschen, die gestorben sind. Der Tod ist unser Begleiter, und es scheint niemanden zu geben, der ihm entkommen kann. Wir Lebenden sind nur wenige im Vergleich zu den vielen Toten.» Während sie so nachdachte, wurde ihr Herz, das bisher nur von der Liebe zu ihrem Kind erfüllt gewesen war, weit und ruhig. Endlich nahm sie das Kind von der Hüfte, hüllte es in ihr Tuch und legte es unter einen Baum. Dann wanderte sie zurück zum Kloster des Buddha.

Der empfing sie wieder und sagte: «Nun, hast du einen Topf mit weißen Senfsamen mitgebracht?»

«Nein, verehrter Meister, das habe ich nicht. Ich habe kein Haus gefunden, in dem noch nie jemand gestorben ist. In jedem Dorf gibt es viel mehr Tote als Lebende.»

Der Buddha antwortete: «Du dachtest, du alleine hättest ein Kind verloren. Aber alle lebenden Wesen sind einem unabänderlichen Gesetz unterworfen, das lautet: Der Tod wird sie eines Tages wie ein Sturmwind in das Meer des Untergangs fegen. Der Tod macht keinen Unterschied, ob einer das Ziel seines Lebens erreicht hat oder eben erst begonnen hat zu leben. Unerwartet kommt er, in jedem Augenblick ist er bereit, unser Leben in dieser Welt zu beenden. Deswegen ist es weise, sein Herz nicht an weltliche Erscheinungen zu binden. Wer im Glauben lebt, dass ihm irgendetwas gehöre, wer an Besitz, an anderen Menschen oder an sich selbst hängt, der muss leiden, wenn der Tod kommt. Den wird der Tod wegfegen, so wie ein Wirbelsturm eine schlafende Stadt zerstört.»

Buddhas Worte bestätigten Kisa Gotamis eigene Einsicht und zeigten ihr den Weg, so dass sie unerschütterliches Vertrauen zur Lehre des Buddha fasste. Da bat sie um Aufnahme als Nonne in die Ordensgemeinschaft. Der Buddha sandte sie zum Frauenkloster, und auf seine Anweisung hin wurde sie aufgenommen.

Einige Jahre lebte sie nun in dieser Gemeinschaft, erfüllte alle Pflichten, übte fleißig und meditierte hingebungsvoll, besonders über den Tod und die Vergänglichkeit.

Eines Tages bekam sie die Aufgabe, die Lampen in der Halle der Wahrheit anzuzünden. Nachdem sie das getan hatte, setzte sie sich und beobachtete die Lampen. Einige brannten hell, andere flackerten, und manche gingen wieder aus. Sie nahm diese Erscheinung als Übungsobjekt und meditierte darüber. Schließlich erkannte sie: «So wie diese Lampen sind unsere Leben. Manche brennen hell, manche flackern, und manche gehen aus. Manche werden wieder angezündet, und alle werden irgendwann gelöscht, um am nächsten Tag erneut zu brennen. Es gibt aber einige, die sind aufgebraucht, gehen aus und können nie mehr brennen. So muss es wohl sein, wenn man als Mensch das Nirvana, das Reich jenseits von Geburt und Tod, erreicht.» Als sie kurz darauf dem Buddha ihre Einsicht mitteilen konnte, sagte dieser: «Es ist wahrlich, wie du sagst. Nur die, die das Nirvana, das Reich jenseits von Geburt und Tod, erreicht haben, brennen nicht mehr. Immer wieder im unendlichen Kreislauf der Geburten gießen wir Öl in unsere Flammen, verlöschen und werden wieder angezündet. Erst wenn das Öl unseres Begehrens zu Ende geht, hören wir endgültig auf zu brennen. Wer das nicht erkennt, lebt und müht sich vergeblich. Nur wer das Reich jenseits von Geburt und Tod betritt, ist wirklich frei.»

Am Ende dieser Belehrung erlangte Kisa Gotami die Erleuchtung. Durch ihre fröhliche und positive Art wurde sie zu einer beliebten Lehrerin und konnte vielen Menschen Wege zeigen, leidvolle Erfahrungen zu überwinden.

QUELLE: Buddhistische Legenden zum *Dhammapada*, Buch 8, Geschichte 13, Spruch 114.

Die Laus

In der Gemeinschaft des Buddha lebte ein Mönch namens Tissa, der von seiner Schwester eine Robe aus feinstem Stoff bekam. Zuerst wollte er sie nicht nehmen, aber schließlich fand er Gefallen an ihr. Er legte sie in seinen Schrank und wartete auf eine besondere Gelegenheit, um sie zu tragen.

Eines Nachts jedoch war die ihm zugeteilte Lebenszeit abgelaufen, und er starb ganz plötzlich. Im letzten Augenblick dachte er noch an die kostbare Robe in seinem Schrank und bedauerte, dass er sie nie getragen hatte. Er stellte sich vor, wie schön es gewesen wäre, in diesen kostbaren Stoff gehüllt herumzugehen. Mit solchen Wünschen und Gedanken voll Begehren verließ er dieses Leben. Das führte dazu, dass er kurz nach seinem Tod als Laus wieder geboren wurde, die es sich in eben dieser Robe gemütlich machte.

Nachdem die Sterberituale beendet waren und der Körper des Mönchs dem Feuer übergeben worden war, sagten die Mönche: «Er hatte eine feine Robe. Niemand hat ihm während seiner Krankheit beigestanden. Deswegen werden wir den schönen Stoff unter uns aufteilen.» Als die Laus das hörte, lief sie aufgeregt hin und her und schrie: «Das ist meine Robe. Wenn sie sie nehmen, werden sie mich daraus vertreiben. Das darf nicht geschehen.»

Der Buddha saß gerade mit Ananda bei einer Besprechung, da sagte dieser: «Der Mönch Tissa hatte einen besonders feinen Stoff in seinem Schrank, den wollen die Mönche unter sich aufteilen.»

Der Buddha blickte Ananda an und sagte: «Richte den Mönchen aus, dass sie diesen Stoff sieben Tage nicht anrühren sollen.»

Die Laus war zufrieden und erfreute sich an ihrem Besitz. Ihr Leben dauerte jedoch nicht lange, und nach sieben Tagen starb sie. Da der Mönch eine hohe geistige Stufe erreicht hatte, wurde er nach dem kurzen Zwischenspiel im Reich der Tiere als göttliches Wesen wieder geboren. Nun wurde der Stoff unter den Mönchen aufgeteilt.

Eines Abends sprachen sie über Tissa, und schließlich fragte einer: «Hatte es eigentlich einen Grund, dass wir Tissas Robe sieben Tage lang nicht anrühren durften?» Da antwortete der Buddha: «Obwohl Tissa gestorben war, haftete sein Geist immer noch an dieser Robe. Manchmal hängen Menschen noch nach ihrem Tod an Besitztümern, an Erlebnissen oder auch an Menschen. Hättet ihr während dieser Zeit seine Robe angerührt, so hätte sich sein Geist gestört gefühlt. Er hätte sich über euch geärgert und wäre in einen schlechten Zustand geraten. Dieser Zustand aber hätte zu einem schlechten Resultat und einer ungünstigen Wiedergeburt geführt. Deswegen ist es manchmal besser, die geliebten Dinge eines Verstorbenen noch eine Zeit lang in Ruhe zu lassen.»

Da wunderten sich die Mönche und sagten: «Kann denn das Begehren so stark sein, dass es noch über den Tod hinaus wirksam ist?» «Oh, ja», antwortete der Buddha, «das Begehren ist überhaupt die stärkste Kraft. Es ist das Begehren, das den Kreislauf der Existenzen in Gang hält und dafür sorgt, dass wir immer wieder geboren werden, sei es in der Hölle, in Tiergestalt, im Geisterreich, als Menschen oder in den himmlischen Welten.»

Quelle: Buddhistische Legenden zum *Dhammapada*, Buch 18, Geschichte 3.

Ein Heiliger sucht die Wahrheit

Der Kaufmann Bahya unternahm mit Freunden eine weite Schiffsreise. Unterwegs kam ein Sturm auf, und das Schiff ging unter. Alle kamen in den Wellen ums Leben, nur Bahya konnte sich retten. Er strandete nach langem Kampf endlich an einer fremden Küste und lag einige Zeit wie tot da. Als er wieder zu sich kam, hatte der Schock das ganze Erlebnis gelöscht, und er konnte sich nicht mehr erinnern, was geschehen war, wie er hieß und wo er herkam. Er machte sich auf die Suche nach anderen Menschen, schämte sich jedoch, da er ganz nackt war, und fabrizierte aus Blättern und Gräsern ein notdürftiges Gewand.

Endlich begegneten ihm Leute, und er kam in eine Stadt, aber niemand schien sich über seinen seltsamen Aufzug zu wundern. Nun führten zu jener Zeit einige Menschen dieses Landes ein recht ungewöhnliches Leben. Sie kleideten sich in Lumpen oder Blätter oder liefen nackt herum, beschmierten sich mit Asche oder Kuhmist, saßen an Kreuzungen oder Plätzen, bettelten, fügten sich Schmerzen zu, indem sie sich auf spitze Nägel setzten oder in der glühenden Sonne ausharrten und machten noch mehr absonderliche Sachen. Dabei behaupteten sie, die Wahrheit und den Sinn des Lebens jenseits materiellen Wohlstands zu suchen. Die Bürger aber schätzten diese Sucher und Asketen, versorgten sie mit Essen, verehrten sie und betrachteten sie als heilige Männer.

Da Bahya nicht wusste, wer er war und was er tun sollte, setzte er sich in seinem seltsamen Aufzug an einem Platz in den Schatten, und bald schon kamen Leute und brachten ihm etwas zu trinken und gutes Essen. Da er zu all dem kein Wort sagte, dachten viele, er habe das Gelübde ewigen Schweigens auf sich genommen. Sie baten ihn in ihre vornehmen Wohnungen, und es ging ihm rasch so gut wie nie zuvor. Schließlich verehrte man ihn als Heiligen, und wo er auftauchte, sagte man: «Der schweigende Heilige kommt.»

Inzwischen aber hatte Bahya sein Gedächtnis zurückerlangt, und er konnte sich an alles erinnern, was geschehen war. So überlegte er: «Die Leute verehren mich als Heiligen, als Erleuchteten und versorgen mich gut. Das ist kein schlechtes Leben. Ich tue nichts Böses, schweige und bin freundlich zu den Menschen. Vielleicht habe ich den Sinn des Lebens gefunden und bin wirklich ein Heiliger. Wenn alle es sagen, wird es schon stimmen. Ich werde nichts von meiner Vergangenheit erzählen und weiter dieses angenehme Leben führen.» So kam es, dass er bald selbst daran glaubte.

Eines Nachts aber hatte er eine Erscheinung, die sein Leben veränderte. Er sah ein leuchtendes Wesen in der Gestalt einer Gottheit, das zu ihm sagte: «Bahya, du bist kein Heiliger, du bist nicht erleuchtet, ja, du hast noch nicht einmal den richtigen Weg eingeschlagen. Im Gegenteil, dein Weg wird dich nur noch tiefer in die Verblendung führen. Wenn du weiterhin dich und die Menschen täuschst, wirst du noch in einer Hölle landen.»

Die Erscheinung war so überzeugend, dass Bahya furchtbar erschrak und sofort seinen Irrtum einsah. «Ja, das ist wahr», dachte er, «ich bin kein Heiliger und auch nicht erleuchtet.» Dann hatte er jedoch einen rettenden Gedanken und sagte: «Aber sind nicht all die Asketen und Heiligen, die hier verehrt werden, so wie ich? Gibt es denn überhaupt einen Erleuchteten in dieser Welt?»

Die Gottheit antwortete: «Ja, es gibt einen. Er lebt in Savatthi, das ist gar nicht weit von hier. Er ist nicht nur erleuchtet, sondern hat auch die Fähigkeit, anderen den Weg zur Erleuchtung und zur inneren Befreiung zu zeigen.»

In dieser Nacht konnte Bahya nicht mehr schlafen. So lange hatte er nur vorgegeben, die Wahrheit zu suchen, nun wollte er es wirklich wissen. Schon am nächsten Tag machte er sich auf die Reise. Er gönnte sich keine Ruhepause, so dass er in wenigen Tagen die Stadt Savatthi erreichte. Da er die Nacht zuvor gewandert war, kam er am frühen Morgen an. Bald schon sah er die braun gekleideten Mönche und Nonnen des Buddha, die mit ihren Essensschalen ruhig und würdevoll durch die Straßen gingen. Er fragte sie: «Wer seid ihr und wer ist euer Lehrer?» «Wir gehören zur Gemeinschaft des Buddha, des Erleuchteten», antworteten sie. Da sagte Bahya voll Ungeduld: «Wo ist euer Lehrer? Ich muss ihn sprechen.» Sie erklärten ihm: «Der Buddha ist gerade unterwegs zu einem Haus, in dem er zum Mittagsmahl eingeladen ist», und fragten ihn: «Woher kommst du?» Als er ihnen von seiner weiten Reise erzählte, sagten sie: «Du musst müde sein und hungrig. Ruh dich zuerst ein wenig aus, denn es ist nicht angebracht, den Buddha beim Essen zu stören.»

Da antwortete Bahya: «Ich bin Tag und Nacht gereist, ohne Unterbrechung, ohne mich einen Moment lang auszuruhen. Ich weiß nicht, wann der Buddha stirbt oder wann ich sterbe. Ich will mich nicht ausruhen, ehe ich den Buddha gesprochen habe.» Da zeigten sie ihm den Weg, und er machte sich auf die Suche.

Schließlich fand er den Buddha in einer Straße, als dieser eben mit seinem Gefolge ein Haus betreten wollte. Bahya wusste sofort, dass er vor dem Erwachten stand, warf sich vor ihm auf den staubigen Boden, umfasste seine Fußgelenke und sagte: «Belehrt mich, verehrter Meister, erklärt mir die wahre Lehre, damit ich endlich verstehe und erleuchtet werde.»

Der Buddha hob ihn auf und sagte: «Du kommst zur unrechten Zeit, Bruder. Ich bin eben dabei, dieses Haus zu betreten, in dem ich zum Mahl eingeladen bin. «

Aber der Asket entgegnete: «Ich bin Bahya, und die Menschen halten mich für einen Heiligen. Obwohl ich durch unzählige Existenzen gegangen bin, habe ich noch nie die Wahrheit erfahren. Ich kenne die Stunde meines oder Eures Todes nicht. Bitte, erklärt mir die wahre Lehre, die zur Befreiung führt.» Der Buddha jedoch wies ihn zum zweiten Mal zurück, weil er dachte: «Dieser Mann sieht sehr erschöpft aus. Wenn ich ihm jetzt die Wahrheit verkünde, wird er vielleicht nicht in der Lage sein, sie aufzunehmen und zu verstehen. Er sollte sich zuerst ausruhen und beruhigen.»

Aber Bahya bedrängte ihn ein weiteres Mal, und da sagte der Buddha mitten auf der Straße, genau da, wo er eben stand:

«Höre, Bahya, es gibt nur eine Sache, die du verstehen musst. Wenn du etwas siehst, dann sei dir bewusst, dass Sehen stattfindet. Wenn du etwas hörst, dann sei dir bewusst, dass Hören stattfindet. Wenn du denkst, dann sei dir bewusst, dass Denken stattfindet. Da es nur das Sehen, das Hören und das Denken gibt – wo ist da einer, der sieht, hört und denkt? Wenn keiner da ist – wo bist dann du, Bahya? In dieser Welt gibt es in Wirklichkeit keinen Bahya, und das auch in keiner anderen Welt. Wenn du das verstanden hast, wird alles Leiden für immer aufhören.»

Kaum hatte Bahya die Worte des Buddha gehört, da verstand er ihre Bedeutung, überwand alle inneren Hindernisse und erlangte die Erleuchtung. Er hatte das Ziel seiner Suche erreicht, und so verbeugte er sich voll Freude und Dankbarkeit und bat um Aufnahme in den Orden des Buddha.

«Wer Mönch in meiner Gemeinschaft ist», sagte der Buddha, «trägt ein sauberes Gewand, braun gefärbt und aus Stoffresten zusammengenäht. Außerdem hat er eine Essensschale. Darin sammelt er alle Speisen, die er erhält, ehe er sich schweigend zum Essen niederlässt. Besorg dir diese Sachen, und komm in mein Kloster, damit wir dich aufnehmen können.»

Bahya machte sich auf den Weg, um die geforderten Dinge aufzutreiben. Unterwegs wurde er jedoch von einem jungen, wilden Stier angefallen, niedergestoßen und so schwer verletzt, dass er kurz darauf seinen Verletzungen erlag.

Als der Buddha nach dem Mahl mit seinen Begleitern zurück ins Kloster ging, kamen sie an der Stelle vorbei, wo der Körper des toten Bahya im Staub lag. Da blieb er stehen und sagte: «Mönche, dies ist unser Bruder. Tragt ihn vor die Tore der Stadt und sorgt dafür, dass er ordnungsgemäß verbrannt wird. Erweist ihm die Ehre des Totenrituals, und errichtet einen Schrein im Kloster, in dem seine Asche aufbewahrt und wie die eines Heiligen verehrt werden soll.»

Die Mönche taten wie ihnen aufgetragen, und als sie in der abendlichen Versammlung davon berichteten, sagte der Budhha: «Dieser Bruder ist in das Reich ohne Geburt und Tod eingegangen. Er hat meine Lehre verstanden.» Da fragten sie: «Wann erreichte Bahya die Erleuchtung?» Der Buddha erklärte: «Als er meine Rede hörte.» «Wann und wo habt Ihr ihn belehrt?», wollten die Mönche wissen. «Heute, mitten auf der Straße, als ich eben ein Haus zum Mittagsmahl betreten wollte», antwortete der Buddha. Da wunderten sie sich und sagten: «Das muss aber eine äußerst kurze Belehrung gewesen sein. Wie kommt es, dass einer die Erleuchtung erlangt hat, der so wenig gehört hat und unseren Weg gar nicht kannte?»

Da hielt der Buddha eine Lehrrede, an deren Ende er sagte: «Versucht nicht, die Wahrheit und die Lehre mit Begriffen wie ›wenig‹ oder ›viel‹ zu messen. Selbst die längsten Reden und viele Jahre Studium bewirken nichts, wenn die wahre Bedeutung fehlt. Besser ist ein einziger Satz mit tiefer Bedeutung, voll von Wahrheit und zur rechten Zeit gesprochen. Selbst die längste, noch so bedeutungsvolle Rede verändert nichts, wenn beim Zuhörer nicht wirkliche Bereitschaft da ist, der tiefe Wunsch, verstehen zu wollen. Ein einziger Satz jedoch, der die Wahrheit aufzeigt, der die tiefste Bedeutung enthüllt und zur rechten Zeit gesprochen wird, kann einem, der aufmerksam und offen zuhört und wirklich verstehen will, den tiefsten inneren Frieden und die Erleuchtung bringen.»

QUELLE: Buddhistische Legenden zum *Dhammapada*, Buch 8, Geschichte 2, Spruch 101.

Patacaras großer Verlust

Patacara war die Tochter eines reichen Kaufmanns aus Savatthi. Sie lebte glücklich mit ihrem Mann in einem schönen Haus in einer anderen Stadt. Sie hatte gerade ihr zweites Kind zur Welt gebracht, und nun wollte sie ihre Eltern aufsuchen. So machte sich das Ehepaar eines Morgens mit seinen beiden Kindern in einem Wagen auf die Reise.

Als es Abend wurde, hielten sie an, und der Mann ging in den Wald, um Feuerholz zu suchen. Da geschah ein großes Unglück. Der Mann wurde von einer giftigen Schlange gebissen und kam nicht mehr zurück. Als ihn die Frau suchen ging, fand sie nur noch seinen toten Körper. Sie weinte und klagte, aber niemand war in der Nähe, um ihr zu helfen.

«Nun muss ich alleine zu meinen Eltern gehen», dachte sie, und da sie den Wagen alleine nicht steuern konnte, band sie sich das Baby an die Seite und nahm das größere Kind an die Hand. So setzten sie die Reise fort.

Schließlich kamen sie an einen breiten Fluss. Patacara suchte eine geeignete Stelle, um ihn zu überqueren. Da sie nicht beide Kinder zugleich tragen konnte, legte sie das Baby ans Ufer, nahm das größere Kind auf die Schultern und watete durchs Wasser. Als sie in der Mitte des Flusses angekommen war, sah sie einen mächtigen Raubvogel, der eben bei ihrem Neugeborenen gelandet war. Sie hob die Arme, schrie aus Leibeskräften und versuchte dadurch, den Vogel zu vertreiben. Dabei verlor sie das Gleichgewicht und fiel mit ihrem Kind in den reißenden Strom. Nur mit Mühe und Not konnte sie sich retten. Als sie endlich am Ufer war, sah sie, dass der Raubvogel ihr Baby bereits gepackt hatte und mit ihm davonflog, während ihr älterer Sohn in den Fluten verschwunden war. Da wurde ihr Schmerz so groß, dass sie ohnmächtig am Ufer hinsank. Nachdem sie wieder zu sich gekommen war, weinte und klagte sie lange, aber es war niemand da, der ihr hätte Trost spenden können. Schließlich hatte sie nur noch einen Gedanken, der sie aufrechthielt. Sie musste das Haus ihrer Eltern erreichen.

Ohne Rast wanderte sie weiter und kam endlich, von der Sonne verbrannt, mit schmerzendem Körper und wunder Seele in ihre alte Heimatstadt. Noch vor den Toren begegnete ihr ein Mann, der ganz bestürzt war angesichts des schrecklichen Zustands der Frau. Er bedauerte sie sehr und wollte ihr helfen. Sie aber sagte: «Nein, danke, ich bekomme gleich Hilfe. Meine Eltern wohnen in Savatthi. Vielleicht kennt Ihr sie.» Und sie nannte ihm die Namen. Da wurde der Mann ganz blass und sagte: «Gute Frau, gestern ist ein großes Unglück geschehen. Ein Feuer ist ausgebrochen und hat das Haus des reichen Kaufmanns völlig zerstört.» Entsetzt starrte sie ihn an und flüsterte: «Und meine Eltern?» «Sie sind beide im Feuer umgekommen», gestand er zögernd.

Kaum hatte Patacara diese schreckliche Nachricht vernommen, da verlor sie den Verstand. Sie riss sich die Kleider vom Leib, redete laut mit sich selbst, schrie unsinnige Sachen, weinte und lachte abwechselnd. Dann rannte sie durch die Straßen der Stadt, umarmte wildfremde Leute und nannte sie Vater und Sohn, riss sich aber plötzlich von ihnen los und schrie: «Tot, ihr seid alle tot!» Die Kinder liefen hinter ihr her und verspotteten sie, während manche Leute Dreck und Steine nach ihr warfen, wenn sie ihnen zu nahe kam.

Der Buddha saß gerade mit seinen Schülern im Kloster, als man schon von ferne Patacara schreien hörte, die sich der Versammlung näherte. Der Buddha blickte auf und erkannte die große Not und den abgrundtiefen Schmerz, der diese Frau zu solch seltsamem Verhalten trieb. Zugleich sah er, dass sie im Grunde ihres Herzens eine gute und kluge Frau war. Er sagte leise zu Ananda: «Diese Frau hat alles verloren. Sie braucht eine sichere Zuflucht, die sie nicht mehr verlieren kann. Ich will versuchen, ihr zu helfen.» Als Patacara näher gekommen war, fühlten sich die Zuhörer gestört, und einige standen auf, um sie zu verjagen. Der Buddha aber ermahnte sie: «Setzt euch, und lasst die Frau in Ruhe!» Er blickte sie an und sagte: «Schwester, komm zur Besinnung, komm zurück in diesen Augenblick. Sei dir deines Atems bewusst. Atme ein, und sei in der Gegenwart. Atme aus, und sieh, wie alles vergeht.» Patacara hörte die ruhigen Worte des Buddha, und so kam sie nach kurzer Zeit wieder zur Besinnung. Sie spürte ihren Atem und wurde sich ihres Körpers bewusst. Da erkannte sie, dass sie nackt war, und fiel vor Scham zu Boden. Jemand stand auf und legte ihr seinen Umhang um. Sie wickelte sich darin ein, und der Buddha bot ihr einen Platz an seiner Seite an. Freundlich fragte er sie dann: «Wie geht es dir jetzt?» Sie sagte: «Oh, verehrter Meister, ich habe Eure Worte verstanden. Sie haben mich wieder zurückgeholt. Dennoch fühle ich großen Schmerz. Ich habe in wenigen Tagen alle verloren, die ich liebte. Bitte seid meine Rettung, und helft mir. Mein Mann starb an einem Schlangenbiss, mein älterer Sohn ertrank in den Fluten, mein Baby wurde von einem Raubvogel getötet, und nun sind auch meine Eltern verbrannt, man kann das Feuer noch riechen. Ich habe niemanden mehr. Bitte helft mir!» Und sie begann leise zu weinen.

Alle hatten ihr voll Mitgefühl zugehört, und manche mussten mit ihr weinen. Schließlich sprach der Buddha: «Schwester, beruhige dich, und sorge dich nicht mehr. Ich kann dir einen dauerhaften Schutz geben, ein wahres Zuhause und eine wirkliche Zuflucht. Was du gesagt hast, ist wahr. Du hast deine ganze Familie verloren, deine Söhne, deinen Mann und deine Eltern. Aber so, wie du heute geweint hast, so weintest du in unzähligen Existenzen über den Verlust von Söhnen und anderen Lieben. Das Wasser aller Ozeane ist wenig im Vergleich zu dem Wasser aller Tränen, die die Menschen vergossen haben vor Kummer und Sorgen. Alle Menschen in diesem Leben und im ewigen Kreislauf der Existenzen müssen solches Leid erfahren. Das ist das Gesetz, dem wir unterworfen sind. Mach dir das bewusst, und verstehe es auf eine tiefe Weise. Dann ist die Befreiung möglich. Von den Erscheinungen in dieser Welt kann man keinen dauerhaften Frieden erwarten, denn sie müssen alle vergehen. Erkenne die Vergänglichkeit, und der Weg zur Befreiung wird sich für dich öffnen.»

Da erwachte in Patacara das unerschütterliche Vertrauen zur Lehre des Buddha, und sie bat darum, bei seiner Gemeinschaft bleiben zu dürfen. Die Menschen freuten sich über die wunderbare Verwandlung der verrückten Frau. Kurz darauf wurde sie Nonne, und bei ihrer Aufnahme gab ihr der Buddha folgende Anweisung:

«Nutze jeden Tag, um tief in die Wahrheit der Vergänglichkeit zu schauen. Wie lange wir und die anderen leben, wissen wir nicht und ist völlig ohne Bedeutung. Wichtig ist nur, dass du in jedem Augenblick dieses Lebens das Entstehen und Vergehen aller Elemente sehen kannst.»

Die Nonne Patacara führte ein einfaches Leben, wurde eine große Gelehrte und Kennerin der Texte, blieb bescheiden und vergaß die erste Anweisung des Buddha nie. So schritt sie unbeirrt auf dem Weg der Erkenntnis voran, und eines Tages vollendete sie ihn und wurde erleuchtet.

QUELLE: Buddhistische Legenden zum *Dhammapada*, Buch 8, Geschichte 12, Spruch 113.

Der Minister des Königs

Santati war der ranghöchste General des Königs Pasenadi. Nachdem er durch einen Feldzug das Königreich gerettet und die Feinde des Landes besiegt hatte, war ihm der Herrscher so dankbar, dass er ihn zum Minister machte und seine schönste Tochter mit ihm verheiratete. Am Tag der Hochzeit wurde Santati im Triumphzug durch die Stadt geführt, geschmückt und von der Menge verehrt, wie der König selbst.

Schließlich kam der Zug am Palast vorbei. Neben dem König stand der Buddha mit seinen Mönchen, die zur Feier des Tages eingeladen worden waren. Als Santati, auf seinem Elefanten sitzend, vorbeiritt, sah er den Buddha und da er ihn als Lehrer verehrte, grüßte er ihn mit einer leichten Verbeugung.

Nachdem er weitergeritten war, lächelte der Buddha. «Warum lächelt Ihr, verehrter Meister?», fragte Ananda. «Ich sage dir», antwortete der Buddha, «dieser Minister, geschmückt und verehrt wie ein König, wird bald den Weg beschreiten, der zur Erleuchtung führt.»

Sieben Tage dauerte die Feier. Am letzten Tag verbrachte Santati einige Zeit in den Bädern seines neuen Palastes, speiste fürstlich und trank, wie jeden Tag, die auserlesensten Weine. Er fühlte sich auf dem Höhepunkt seines Glücks, als seine wunderschöne Frau ihren besten Schmuck anlegte und für ihn alleine zu tanzen begann. Mitten im Tanz jedoch geschah etwas Seltsames. Die schöne Tänzerin verdrehte die Augen, seufzte auf und sank zu

Boden. Santati hob sie auf und trug sie auf ein Lager. «Vielleicht hat sie sich zu sehr angestrengt», dachte er, «gleich wird es ihr wieder besser gehen.» Er ließ die Diener rufen, fühlte ihren Puls, und da sie immer noch nicht erwachte, verlangte er nach einem Arzt. Dieser untersuchte die Frau gründlich und sagte dann: «Es tut mir leid, ihr Herz ist stehen geblieben. Sie ist tot.»

Kaum hatte Santati das gehört, da verschwand mit einem Mal alle Trunkenheit, und eine tiefe Verzweiflung übermannte ihn. In seinem Schmerz wusste er nicht, was er tun sollte, aber plötzlich fiel ihm die kurze Begegnung mit dem Buddha ein. Er dachte: «Vielleicht kann der Erwachte mir helfen und meinen Schmerz lindern.»

So ging er also am Abend in das Kloster des Buddha, begrüßte den Lehrer respektvoll und sagte: «Verehrter Meister, ich bin völlig verzweifelt, denn meine junge Frau ist ganz plötzlich gestorben. Mein ganzes Glück ist dahin, und ich weiß nicht, was ich tun soll. Ich habe Vertrauen zu Euch. Bitte helft mir.» Der Buddha antwortete: «Wenn Ihr mir vertraut und aufmerksam zuhört, kann ich Euch helfen. Nachdem Ihr dem König gute Dienste geleistet und seine Feinde erschlagen habt, hat er Euch zum Minister gemacht. Als Belohnung hat er Euch eine seiner schönen Töchter zur Frau gegeben. Nun ist sie plötzlich gestorben, und Eure Tränen fließen reichlich. Dies aber ist nicht Euer einziges Leben. In einem früheren Leben ist Euch ebenfalls eine Frau früh gestorben, und Ihr habt viele Tage geweint. Aber Ihr seid noch durch viel mehr Existenzen gewandert, durch tausende, ja unzählige Leben. Und immer wieder habt Ihr geliebte Menschen verloren. Immer wieder sind Menschen früh gestorben, die Euch lieb und teuer waren, und die Tränen, die Ihr deswegen vergossen habt, würden einen riesigen See ergeben. Was vergangen ist, möchten wir oft zurückholen. Was vor uns liegt, wissen wir nicht, und trotzdem sind wir voll von Wünschen. Hört auf, an der Vergangenheit zu hängen, sie ist vorbei. Hört auf, Euch über die Zukunft Sorgen zu machen, sie ist noch nicht da. Lebt in der Gegenwart, von Augenblick zu Augenblick, vollkommen im Hier und Jetzt. Wo ist dann Euer Schmerz?»

Am Ende dieser Belehrung fühlte sich Santati getröstet, und sein Schmerz hatte nachgelassen. Zugleich hatte er die Worte des

Buddha so gut verstanden, dass in ihm die Einsicht erwacht war und er die Gewissheit erlangt hatte, dass er nie mehr vom Weg abkommen konnte, der zur Erleuchtung führt.

Nachdem er einige Zeit nachgedacht hatte, sagte er: «Verehrter Meister, ich habe viele Menschen getötet, aber ich habe nie an meinen eigenen Tod gedacht. Vielleicht ist die Zeit, die mir in diesem Leben noch verbleibt, schon bald vorbei. Was kann ich tun, um sie gut zu nutzen? Wie kann ich mich von all dem Leid befreien und wirklich glücklich werden? Wie kann ich erwachen und das Reich ohne Geburt und Tod finden?»

Der Buddha antwortete: «Santati, Ihr habt heute große Einsicht erlangt. Ihr habt großen Einfluss und seid sehr beliebt bei den Menschen. Nutzt Eure Macht, um Gutes zu tun. Euch fehlen nur noch Verdienste, um Euren Weg zu vollenden. Setzt alles daran, allen Wesen Gutes zu tun und sie auf den rechten Weg zu bringen.» Santati verneigte sich vor dem Buddha und kehrte in seinen Palast zurück. Er überlegte: «Was kann ich tun, um die Wünsche anderer zu erfüllen und ihr Leiden zu mindern?» Obwohl er weiterhin dem König als Minister diente, versuchte er Gutes zu tun, wo er nur konnte. Er achtete die Feiertage und spendete sein Einkommen den Bedürftigen sowie den Mönchen und Nonnen. Wann immer es ihm möglich war, besuchte er die Vorträge des Buddha und studierte die Lehren. Mehr und mehr widmete er sein Leben dieser Aufgabe, und die größte Freude für ihn war es, den Menschen die Lehre des Erwachten zu übermitteln. Und stets betonte er: «Es gibt nichts Wertvolleres als die drei Kostbarkeiten, nämlich den Erwachten, seine Lehre und seine Gemeinschaft. Diese drei führen zum Glück, und deshalb sollte man sie verehren.»

Schließlich konnte er sogar den König selbst von der Lehre des Buddha überzeugen, und er gewann damit die größte Unterstützung für die buddhistische Bewegung.

Kurze Zeit darauf wurde er krank, und er ahnte, dass er nicht mehr lange zu leben hatte. So wurde er auf seinen Wunsch hin für seine letzten Tagen in das Kloster des Buddha gebracht. Der stellte ihm noch die Aufgabe, über die Elemente des Körpers zu meditieren. Durch diese Meditation erreichte Santati die tiefsten Stufen der Versenkung und kurz darauf die Erleuchtung. Im gleichen Augenblick starb er.

Nachdem sein Körper verbrannt worden war, breitete der Buddha ein weißes Tuch aus, sammelte etwas Asche darin und veranlasste, dass an einer Wegkreuzung ein Schrein errichtet wurde, in dem man die Asche aufbewahrte. «Verehrt diesen Schrein», sagte er, «denn er birgt die Asche eines Erleuchteten. Wer sich immer wieder daran erinnert, dass Erleuchtung möglich ist, der ist selbst auf dem besten Weg dahin.»

Eines Tages sprachen die Mönche des Buddha in der Versammlungshalle über den ehemaligen Minister und sagten: «Santati war ein Feldherr und Politiker und kam zu uns, geschmückt wie ein König. Er war ein großer und einflussreicher Mann im weltlichen Leben. Er tat viel Gutes, verbreitete die Lehre, und ohne ein Mönch zu sein, erlangte er die Erleuchtung. Nun wurde ihm sogar ein Schrein errichtet. Trotzdem können wir nicht sagen, dass Santati einer von uns war, ein Bruder in unserer Gemeinschaft.»

Als der Buddha davon hörte, sagte er: «Es kommt nicht darauf an, ob man das einfache Leben eines Mönchs führt oder mitten im weltlichen Treiben steht. Entscheidend ist vielmehr, dass man aufrichtig und entschlossen den Weg der inneren Befreiung geht. Es kommt darauf an, dass man den Geist schult, Einsicht erlangt und sich selbst überwunden hat. Wer sich so verhält und kein Lebewesen verletzt oder tötet, der ist einer von uns und gehört unserer Gemeinschaft an. Von so einem können wir mit Recht sagen, dass er unser Bruder ist!»

Quelle: Buddhistische Legenden zum *Dhammapada*, Buch 10, Geschichte 9, Spruch 142.

Der dumme Klein-Wegmann

Es waren einmal zwei Brüder, Klein-Wegmann und Groß-Wegmann, die ihren Namen daher hatten, dass sie beide an einem Wegesrand zur Welt gekommen waren. Sie lebten bei ihren Großeltern und wurden von ihnen aufgezogen.

Der Großvater war ein überzeugter Schüler des Buddha, und als Groß-Wegmann alt genug war, nahm er ihn oft zu Vorträgen und Belehrungen mit. So kam es, dass Groß-Wegmann schon als junger Mann den Entschluss fasste, sich aus der Welt zurückzuziehen, in die Ordensgemeinschaft des Buddha einzutreten und Mönch zu werden. Der Großvater konnte sich nichts Besseres für seinen Enkel vorstellen und ließ ihn mit Freuden gehen.

Der junge Mann wurde in den Orden aufgenommen und bekam als Erstes die Aufgabe, über die fünf grundlegenden Elemente des Körpers zu meditieren. Er lernte viele Lehrreden des Buddha auswendig und meditierte nach ihren Anweisungen. Während der Übungszeiten blieb er im Kloster und übte mit Hingabe. Indem er sich mit Intelligenz und Ausdauer bemühte, erlangte er nach kurzer Zeit die Erleuchtung.

Groß-Wegmann, der nun das Ziel des geistigen Lebens erreicht hatte, dachte an seinen kleinen Bruder und sagte zu sich: «Ich wünsche mir, dass mein Bruder auch diesen Weg geht und das Glück der inneren Befreiung erfährt.» Deshalb ging er zu seinen Großvater und sagte: «Bitte erlaube, dass auch Klein-Wegmann in die Gemeinschaft des Buddha eintreten kann.» Der

Großvater war darüber sehr erfreut und gab gerne seine Einwilligung.

So kam also Klein-Wegmann in den Orden und wurde mit den Regeln vertraut gemacht, die jeder Mönch einhalten muss. Es zeigte sich jedoch sehr bald, dass der neue Mönch schwer von Begriff war. Der Ältere versuchte, ihm einiges beizubringen, aber noch nach einem halben Jahr konnte er sich nicht einmal einen kleinen Text merken. Der Ältere beschränkte sich nun auf folgende Verse:

«Wie der Lotos, der rote Lotos,
am frühen Morgen voll erblüht
und seinen unvergleichlichen Duft verströmt,
verströmt der Buddha
den unvergleichlichen Duft der Wahrheit.
Er glänzt und strahlt
wie die Sonne am blauen Himmel.»

Aber Klein-Wegmann konnte sich auch diese Strophe nicht merken, denn wenn er eine Zeile behalten hatte, löschte diese alle anderen in seinem Kopf.

Deshalb sagte Groß-Wegmann enttäuscht: «Lieber Bruder, dieser Weg ist nichts für dich. Du hast es in einem halben Jahr nicht geschafft, diesen einfachen Spruch zu lernen. Wie kannst du hoffen, jemals das Ziel des geistigen Lebens zu erreichen? Am besten, du verlässt bald das Kloster.» Aber Klein-Wegmann hatte Gefallen an der Gemeinschaft des Buddha gefunden und wollte nicht das Kloster verlassen und wieder ein weltliches Leben führen.

An diesem Tag kam der reiche Kaufmann Jivaka, um den Buddha und all seine Mönche zum Mittagsmahl für den nächsten Tag einzuladen. Groß-Wegmann, dem die Einteilung oblag, nahm die Einladung an. Nur Klein-Wegmann verbot er, sich den Mönchen anzuschließen.

Als dieser das hörte, war er traurig und dachte: «Mein Bruder schließt mich von den Mahlzeiten aus. Nun hat es wirklich keinen Sinn mehr, dass ich im Kloster bleibe. Ich will zurück ins weltliche Leben und den Weg des Buddha weitergehen, indem ich gute Werke tue.»

Am nächsten Morgen nahm er sein Bündel und ging auf die Straße.

Der Buddha aber hatte erfahren, was geschehen war, und begab sich an einen Platz, an dem Klein-Wegmann vorbeikommen musste.

Als dieser den Buddha sah, wunderte er sich und grüßte ihn respektvoll. Der Erwachte fragte: «Klein-Wegmann, was machst du zu dieser Stunde auf der Straße?»

Der Mönch antwortete: «Verehrter Meister, mein Bruder hat mich aus dem Orden ausgestoßen, deswegen will ich ins weltliche Leben zurückkehren.»

Der Buddha sagte: «Klein-Wegmann, ich habe dich in den Orden aufgenommen. Als dein Bruder dich wegschickte, warum bist du da nicht zu mir gekommen? Was hast du im weltlichen Leben zu schaffen? Du sollst bei mir bleiben.» Und freundschaftlich klopfte er ihm auf die Schulter und nahm ihn mit zurück ins Kloster. Auf dem Weg erzählte Klein-Wegmann: «Mein Bruder meint, ich sei zu dumm, um den Weg zu vollenden. Es stimmt auch, ich kann mir nicht einmal eine Strophe merken.» Der Buddha antwortete: «Ich werde dir eine andere Übung geben, die besser für dich geeignet ist.» Im Kloster setzte er ihn in eine Kammer, gab ihm einen frisch gewaschenen, hellen Stoff und sagte: «Bleib hier, das Gesicht nach Osten gewandt, bürste den Stoff, und wiederhole dabei immerzu die Worte: ‹Weg mit dem Schmutz. Weg mit dem Schmutz.›»

Klein-Wegmann setzte sich, bürstete den Stoff und wiederholte die Worte. Es dauerte nicht lange, da wurde der Stoff durch das Reiben schmutzig. Der Mönch dachte: «Vorher war das Stück sauber. Durch mich ist es schmutzig geworden, obwohl ich immerzu sage: ‹Weg mit dem Schmutz.› Vergeblich ist das menschliche Bemühen, denn vergänglich ist doch alles, was existiert.» So erlangte er einen ersten Einblick in die Vergänglichkeit und dadurch geistige Einsicht. Als ihn der Buddha nach einiger Zeit aufsuchte, sah er, was geschehen war, und sagte zu ihm: «Klein-Wegmann, nicht nur der Stoff ist schmutzig geworden und unrein. In dir selbst sind die wahren Unreinheiten, und diese musst du entfernen.»

Dann fuhr er fort: «Nicht der gewöhnliche Schmutz, sondern

das Begehren ist wirklich unrein. Wer den geistigen Weg geht, muss sich von dieser Form der Unreinheit befreien. Befolge vertrauensvoll die Lehre, die von denen verkündet wird, die das Begehren überwunden haben.

Nicht der gewöhnliche Schmutz, sondern der Hass ist wirklich unrein. Wer den geistigen Weg geht, muss sich von dieser Form der Unreinheit befreien. Befolge vertrauensvoll die Lehre, die von denen verkündet wird, die den Hass überwunden haben.

Nicht der gewöhnliche Schmutz, sondern die Unwissenheit ist wirklich unrein. Wer den geistigen Weg geht, muss sich von dieser Form der Unreinheit befreien. Befolge vertrauensvoll die Lehre, die von denen verkündet wird, die die Unwissenheit überwunden haben.»

Am Ende der Belehrung erlangte Klein-Wegmann die Erleuchtung, und auf der Stelle verstand er die Lehre des Buddha. Da er nun ihren Sinn erfasste, erwachte auch die Fähigkeit in ihm, sich die Lehre zu merken und wiederzugeben.

Am nächsten Tag ging der Buddha mit seinen Mönchen zum Mittagsmahl in das Haus des reichen Kaufmanns Jivaka. Vor der Mahlzeit wurde dem Buddha Wasser zum Waschen angeboten, aber er bedeckte die Schale mit der Hand und sagte: «Wir sollten warten, bis alle Mönche da sind. Es fehlt noch derjenige, der heute die Dankesrede halten soll. Er ist im Kloster zurückgeblieben.»

Also sandten sie einen Mönch aus, um den fehlenden Bruder zu holen. Der Bote schaute sich im Kloster um, aber da Klein-Wegmann noch immer in seiner Kammer saß, konnte er ihn nicht finden. So kehrte er zurück und sagte: «Es ist kein Mönch mehr im Kloster.» Der Buddha aber entgegnete: «Geh nochmals hin, und rufe laut nach ihm.» Als nun der Mönch wieder im Klosterhof ankam, rief er laut: «Ist hier jemand?» Klein-Wegmann erwiderte: «Ich bin hier.» Und es hallte von den Klosterwänden zurück, als käme es aus allen Ecken. Da war der Bote ganz verwirrt, lief wieder zurück zum Buddha und berichtete: «Jetzt sind plötzlich ganz viele Mönche da, und sie rufen von allen Seiten.» Der Buddha lächelte und sagte: «Geh nochmals hin, nimm den ersten, den du siehst, bei der Hand und bring ihn her.» So geschah es, und bald kam der Bote zurück und mit ihm Klein-Wegmann.

Nach der Mahlzeit sagte der Buddha zum Hausherrn: «Nimm Klein-Wegmanns Schale, denn er wird heute die Dankesrede halten.» Alle wunderten sich, doch Klein-Wegmann hielt eine gute Rede und zeigte sich bewandert in allen Bereichen der Lehre.

Am Abend versammelten sich die Ordensleute im Kloster und sagten: «Ist es nicht wunderbar? Lange Zeit konnte sich Klein-Wegmann nicht einmal eine Strophe merken. Und nun kennt er plötzlich die Lehre und kann sie korrekt und verständlich weitergeben.»

Der Buddha begab sich ebenfalls in die Halle und fragte die Versammelten, worüber sie redeten. Als sie es ihm erzählten, sagte er: «Dieser Mönch gibt euch ein Beispiel dafür, worauf es ankommt. Wer zunächst seine ganze Kraft darauf richtet, sich tugendhaft zu verhalten, der schafft sich die einzig wahre Grundlage für die Erleuchtung. Die Kenntnis von Texten und das Ansammeln von Wissen sind nicht entscheidend. Wer auf der Grundlage von Tugend seine ganze Kraft auf eine Sache richtet, sich dabei wirklich bemüht und achtsam ist, der wird vorankommen.

Durch diese Ausrichtung wird der Geist gesammelt und ein gesammelter Geist ist zur Einsicht fähig. Diese Einsicht ist wie eine Insel, die von keiner Flut jemals überschwemmt werden kann.»

QUELLE: Buddhistische Legenden zum *Dhammapada*, Buch 2, Geschichte 3, Spruch 25

Bruder Unentschlossen

Es war einmal ein junger Mann, der lebte als armer Bauer auf dem Lande. Eines Tages suchte er einen verloren gegangenen Ochsen und verirrte sich. Schließlich kam er, vor Hunger und Durst völlig erschöpft, zu einem Kloster, in dem Mönche des Buddha ein zurückgezogenes Leben führten. Er dachte sich: «Hier werde ich sicher etwas zu essen und trinken bekommen.» Die Mönche hatten eben gegessen, und die Reste lagen in großen Schüsseln. Sie gaben ihm davon, und er aß sich nach Herzenslust satt. Als er fertig war, fragte er: «Das waren sicher die Reste eines Festessens?» Die Mönche antworteten: «Nein, das gibt es bei uns jeden Tag.» Da überlegte sich der junge Mann: «Ich kann Tag und Nacht schuften, so viel ich will, aber so ein Essen werde ich mir nie leisten können. Warum soll ich mich weiterhin plagen? Ich will auch Mönch werden.»

Er wurde tatsächlich von den Mönchen aufgenommen, erfüllte seine täglichen Aufgaben und aß dabei so viel, dass er bald fett und faul wurde. Da dachte er eines Tages: «Was mache ich hier eigentlich? Immer nur von den Gaben anderer leben? Den tieferen Sinn dieses Lebens begreife ich ohnehin nicht. Ich will wieder in das weltliche Leben zurückkehren, mit meiner Frau leben und arbeiten.»

Nachdem er einige Wochen als Bauer gearbeitet hatte, wurde er zunehmend dünner und lustloser. «Ach, was soll ich mich jeden Tag so anstrengen», sagte er zu sich, «dieses Leben ist zu hart. Ich will wieder Mönch werden und ins Kloster gehen.» Nach einiger Zeit jedoch wurde er wieder unzufrieden und verließ das Kloster. Auf diese Art und Weise ging es viele Male hin und her. Weil er im Kloster seine Aufgaben immer gut erfüllt und die anderen bedient hatte, wurde er auch immer wieder aufgenommen, aber die anderen Mönche gaben ihm den Namen Bruder Unentschlossen.

Zum sechsten Mal schon hatte er das Kloster verlassen. Eines Morgens war es wieder so weit. Er wollte wieder ins Kloster zurück, aber er konnte sich nicht entscheiden. Die ganze Nacht tat er kein Auge zu, denn er wusste nicht, was er machen sollte. Schon sehr früh am Morgen zog er sich an und sah, dass alle Mitglieder seiner Familie, Frau, Kinder, Großeltern und andere, noch tief und fest schliefen. Er sah ihre Körper in seltsamen Stellungen, mit offenen Mündern, schnarchend und stöhnend. Er sah wie sie dalagen, fast ohne Bewusstsein, hilflos und ausgeliefert. Da erkannte er auf einmal die Vergänglichkeit und Unvollkommenheit des menschlichen Lebens. Davon wollte er loskommen, dem wollte er nicht unterliegen, und er wusste, dass Rettung nur im Kloster und von der Lehre des Buddha zu erhoffen war. Da rannte er zurück und dachte immer nur: «Alles ist vergänglich, alles ist unvollkommen.» Und so erreichte er schon auf dem Weg die erste Stufe der Einsicht. Diesmal wollten ihn die anderen nicht wieder aufnehmen, aber er bat sie so lange, bis sie nachgaben. Und schon bald erlangte er weitere tiefe Einsichten. Er übte unermüdlich, überwand alle Hindernisse, und eines Tages erreichte er das Ziel des geistigen Lebens, erwachte vollkommen und erlangte die Erleuchtung.

Nach einiger Zeit sagten die anderen Mönche zu ihm: «Wann wirst du uns wieder verlassen? Du bist jetzt schon ziemlich lange hier für deine Verhältnisse.»

Da antwortete er: «Brüder, früher hing ich an der Welt, aber nun bin ich frei. Ich habe keinerlei Bedürfnis mehr, irgendwohin zu gehen.» Da erzählten sie alles dem Buddha und fragten: «Ist das wahr, oder lügt dieser Mönch?»

Der Erwachte antwortete: «Es ist wahr. Als der Geist dieses Mönches noch nicht gefestigt war, da kam und ging er. Nun aber hat er das Gute und das Böse überwunden.»

Bei dieser Gelegenheit hielt der Buddha eine Lehrrede und

sagte unter anderem: «Drei Dinge braucht man, um die wahre Weisheit zu entfalten und innerlich frei zu werden. Zuerst muss man den Geist sammeln, beruhigen und festigen. Dann benötigt man eine klar verständliche, hilfreiche Lehre. Drittens muss man großes Vertrauen in die Wirksamkeit einer solchen Lehre haben und nicht nachlassen in der Bemühung. Wer sich von allen Wünschen befreit hat, wer jede Ablehnung überwunden hat, der hat sowohl das Böse als auch das Gute gänzlich losgelassen. Wer auf diese Weise erwacht, der braucht nichts mehr zu fürchten, der ist vollkommen frei.»

Die Mönche sprachen über das Vorgefallene und sagten: «Es ist wirklich unglaublich, wie festgefahren die schlechten Gewohnheiten sind, die wir alle in uns tragen. Schaut euch doch diesen Bruder Unentschlossen an. Er war mit allen Fähigkeiten ausgestattet, um erleuchtet zu werden, und ist dennoch sechsmal wieder weggegangen, hat sechsmal den rechten Weg verlassen.»

Der Buddha hörte ihr Gespräch und sagte: «Genau so ist es. Unsere schlechten Gewohnheiten sind wahrlich schwer zu überwinden. Wenn sie eine materielle Form anzunehmen imstande wären, so dass man sie irgendwo hinstellen könnte, so würde die ganze Welt einschließlich des Himmels nicht für sie ausreichen, sie hätten nirgendwo genug Platz. Selbst mich bedrängten sie manchmal. In einem früheren Leben bin ich selbst sechsmal Einsiedler geworden und sechsmal wieder in das weltliche Leben zurückgekehrt, nur wegen ein paar Bohnen.»

Da die Mönche die Geschichte hören wollten, erzählte der Buddha: «Vor vielen hundert Jahren war ich ein Einsiedler, lebte abgeschieden acht Monate in den Bergen und widmete mich nur dem geistigen Leben. Eines Tages, als es lange geregnet hatte und der Boden feucht war, fiel mir ein, dass ich noch einen Topf Bohnen in meinem Haus stehen hatte, um den es mir Leid tat. Also ging ich nach Hause, bearbeitete ein Stück Grund, pflanzte die Bohnen, pflegte sie, erntete reichlich, aß die Bohnen und tat wieder ein Töpfchen auf die Seite für neuen Samen. In dieser Zeit übte ich nicht und kümmerte mich nur um mein leibliches Wohl. Dann wurde ich jedoch unzufrieden mit diesem Leben und zog mich wieder für Monate als Einsiedler in die Berge zurück. Auf diese Weise ging das sechsmal hin und her, bis ich endlich begriff:

‹Immer wieder kehre ich in das weltliche Leben zurück wegen diesen blöden Bohnen. Ich muss sie endlich wegwerfen.›

Also ging ich zu einem Fluss, aber ich hatte Bedenken: Wenn ich wusste, wo ich sie hineingeworfen hatte, könnte es mich reuen und ich könnte versuchen, sie später wieder herauszuholen. Also band ich die Bohnen an einem Spaten fest, wirbelte ihn mehrmals durch die Luft und schleuderte ihn dann weit hinaus in den Fluss. Ohne mich umzudrehen und zu sehen, wo der Spaten versunken war, rief ich dreimal laut: ‹Ich habe gesiegt!›

Zur gleichen Zeit badete der König des Landes, der eben aus einer siegreichen Schlacht zurückgekehrt war, im Fluss und hörte den dreifachen Ausruf. Nun vernehmen Könige nicht gerne den Siegesruf eines anderen, also kam der Herrscher her und sagte: ‹Ich komme gerade aus einer Schlacht und dachte, ich hätte gesiegt. Nun höre ich dich das Gleiche rufen. Was hat das zu bedeuten?›

Da sagte ich: ‹Du hast gegen Feinde von außen gesiegt. Dein Sieg muss immer wieder aufs Neue errungen werden. Ich aber habe einen Feind besiegt, der von innen kommt. Ich habe das Begehren überwunden. Mein Sieg ist endgültig und muss nicht mehr errungen werden. Der Sieg über das Begehren ist der einzige wahre Sieg.›

In diesem Augenblick sah ich zum ersten Mal den Fluss in seiner wahren Natur und erkannte die Unbeständigkeit des Seins.

Der König war so beeindruckt, dass er mich oft besuchte und zeitweise mit mir ein zurückgezogenes Leben führte.»

Am Ende seiner Erzählung sagte der Buddha: «Diese Geschichte lehrt, wie hartnäckig die schlechten Gewohnheiten sein können. Die alten Muster und Tendenzen sind bei allen Menschen sehr stark. Man muss sich wirklich aufs Äußerste anstrengen, um sie zu überwinden.»

QUELLE: Buddhistische Legenden zum *Dhammapada*, Buch 3, Geschichte 5, Spruch 38 und 39.

Die Frau des Räubers

In Rajagaha lebte ein reicher Kaufmann, der hatte eine Tochter von außergewöhnlicher Schönheit, die gerade sechzehn Jahre alt geworden war. Sie wohnte im obersten Stockwerk eines Palastes und wurde von Dienerinnen wohl behütet.

Eines Tages fing man einen jungen Mann von vornehmer Herkunft, einen Räuber und Mörder. Man fesselte ihn und führte ihn zum Richtplatz. An jeder Wegkreuzung wurde er ausgepeitscht. Die Tochter des Kaufmanns hörte die Schreie der Menge, schaute aus dem Fenster und sah den schönen jungen Mann. Auf der Stelle verliebte sie sich in ihn. So groß war ihr Verlangen, dass sie sich ins Bett legte und nichts mehr essen wollte. Ihre Mutter fragte sie besorgt: «Was ist los mit dir, mein liebes Kind?» Da gestand sie: «Wenn ich den jungen Mann nicht haben kann, der hingerichtet werden soll, ist mir mein Leben nichts mehr wert, und ich werde sterben.» «Sprich nicht so», sagte die Mutter, «du wirst einen anderen Mann bekommen, einen, der dir ebenbürtig ist hinsichtlich Herkunft und Besitz.» «Ich möchte aber keinen anderen», erwiderte die Tochter, «wenn ich ihn nicht haben kann, werde ich sterben.»

Die Mutter konnte sie nicht beruhigen und rief den Vater. Aber auch der war nicht imstande, seine Tochter zur Vernunft zu bringen. Da sandte er dem Hauptmann der Wache, die den Räuber hinrichten sollte, tausend Goldstücke und bat ihn, den Mann freizulassen. Der Hauptmann nahm das Geld, ließ einen anderen

Dieb hinrichten und brachte den Räuber heimlich ins Haus des Kaufmanns. Nach kurzer Zeit verheiratete der Kaufmann seine Tochter mit dem Räuber. Das Mädchen wollte die Liebe ihres Mannes gewinnen, und so schmückte es sich jeden Tag mit seinen kostbarsten Juwelen und brachte ihm eigenhändig ausgewähltes Essen. Der Räuber aber war ein schlechter Mensch, sah nur die Edelsteine und dachte: «Was soll ich hier? Wenn ich sie töte und all ihren Schmuck mitnehme, bin ich ein gemachter Mann und kann wieder zu meinen alten Freunden zurückgehen und ein freies Leben führen.»

Deshalb sagte er eines Tages zu seiner jungen Frau: «An dem Tag, an dem ich durch die Straßen zum Richtplatz geführt wurde, rettete ich mein Leben, indem ich den Gott anrief, der vor den Toren der Stadt am Räuberfelsen wohnt. Ich gelobte, ihm ein großzügiges Opfer zu bringen. Nun hat er mir geholfen, und ich frage mich, wie ich mein Versprechen einlösen kann.»

«Ich werde dir helfen», erwiderte sie, «was brauchst du für dein Opfer?»

«Reis, Honig und Blumen», antwortete er, «und zieh dein schönstes Kleid an mit all deinen Juwelen, damit du dem Gott gefällst.» Sie richtete alles her und machte sich mit ihm auf den Weg. Als sie am Fuß des Berges angekommen waren, verlangte er von ihr, dass sie ihre Diener nach Hause schickte, und stieg mit ihr alleine hinauf. Als sie den Gipfel erreicht hatten, konnten sie in einen fürchterlichen Abgrund blicken. «Ist hier nicht der beste Platz, um die Gaben dem Gott zukommen zu lassen?», meinte sie, aber der Mann blieb stumm. Als sie ihre Frage wiederholte, sagte der Räuber: «Ich habe dich betrogen. Ich bin nicht hergekommen, um Reis und Honig zu opfern. Das einzige Opfer wirst du sein. Ich werde nun deine Juwelen nehmen, dich in den Abgrund hinabstoßen und wieder ein freier Mann sein.» In Todesangst erwiderte sie: «Meine Juwelen und ich, wir gehören ohnehin dir.» Er aber antwortete nur: «Ich muss dich töten.» Schließlich flehte sie ihn an: «Was hast du davon, wenn du mich tötest. Nimm meine Juwelen, und schone mein Leben. Wenn du mich nicht als deine Frau willst, werde ich deine Sklavin sein und immer für dich arbeiten.»

Er jedoch sagte: «Wenn ich dein Leben schone, wirst du zu deinen Eltern gehen und ihnen alles erzählen. Leg den Schmuck ab, und hör auf zu jammern. Ich muss dich töten. Gib alles her. Gleich wirst du sterben.»

Da erkannte sie endlich, was für ein bösartiger Mensch er war, und sie begann zu überlegen, wie sie ihr Leben retten konnte. Sie war schon immer sehr klug gewesen und dachte: «Bisher konnte ich meinen Verstand noch nicht einsetzen, nun soll er zeigen, was er vermag», und sie sagte scheinbar gelassen: «Wenn es so sein soll, lieber Mann, dann kann ich wohl nichts tun. Trotzdem liebe ich dich und bete dich an. Stell dich hier auf die höchste Stelle des Berges, damit ich dich entsprechend verehren und richtig von dir Abschied nehmen kann. Wir werden uns wohl nie mehr sehen.» Der Räuber fühlte sich geschmeichelt und folgte ihrer Aufforderung. Sie kniete sich vor ihm hin, verbeugte sich dreimal, und wie es bei der Verehrung einer hoch gestellten Person damals üblich war, umrundete sie ihn dreimal. Als sie beim dritten Mal hinter ihm stand, nahm sie all ihren Mut zusammen und gab ihm einen so kräftigen Stoß, dass er den Halt verlor, taumelte und schließlich in den Abgrund hinunterstürzte und zerschmettert wurde.

Voll Selbstbewusstsein rief sie ihm nach: «Du hast gedacht, du seist schlau, aber ich habe dir gezeigt, dass Frauen auch nicht dumm sind.»

Nach dieser Tat überlegte die junge Frau: «Wenn ich nun nach Hause gehe und erkläre, dass ich meinen Mann getötet habe, werden sie mich verurteilen und sagen: ‹Nun haben wir ihr einen Mann für tausend Goldstücke gekauft, und sie bringt ihn um.› Sage ich aber, dass er mich töten wollte, werden sie mir nicht glauben. Ich kann nicht mehr nach Hause zurück.»

Sie warf ihre Juwelen in den Abgrund und wanderte durch die Wälder. Nachdem sie viele Tage unterwegs gewesen war, kam sie zu einem Kloster, das nur von Frauen bewohnt wurde. Sie blieb einige Tage und fand Gefallen an dem einfachen und geistig ausgerichteten Leben dort. So wurde sie in diesem Frauenorden aufgenommen.

Nachdem sie einige Zeit alle Regeln befolgt und verschiedene Übungen ausprobiert hatte, fragte sie die Leiterin des Klosters: «Was ist das Ziel Eurer spirituellen Übung?» Diese antwortete: «Wir haben zwei mögliche Ziele. Das eine besteht darin, den Geist zu konzentrieren, so dass man durch die Kraft des Willens übernatürliche Fähigkeiten erlangen kann. Das andere ist, alle unsere gesammelten weisen Sprüche und Rätsel, und das sind mehr als tausend, auswendig zu lernen und eine Meisterin in Bezug auf Wissen und Klugheit zu werden.»

Da sagte sie: «Ich glaube nicht, dass ich mich so zu konzentrieren vermag, dass übernatürliche Kräfte geweckt werden, aber ich bin nicht dumm und kann gut lernen. Gebt mir die Sprüche.» Nachdem sie in kurzer Zeit alle gelernt hatte, waren die anderen Nonnen sehr zufrieden und sagten: «Du hast wirklich alle Sprüche und die Antworten gelernt. Nun sollst du in unserem Land herumwandern und unsere unvergleichliche Weisheit verbreiten. Suche Menschen, die fähig sind, dir Frage und Antwort zu stehen. Wenn du jemanden findest, der klüger ist als du und dessen Fragen du nicht beantworten kannst, dann finde heraus, welchen Weg diese Person geht, und versuche, von ihr zu lernen. Von nun an sollst du die Nonne mit dem Apfelzweig heißen.» Sie pflückte sich einen Apfelzweig und verließ dann das Kloster.

Ehe sie in eine Stadt ging, pflegte sie einen Sandhaufen vor dem Stadttor aufzuwerfen und dort ihren Apfelzweig einzupflanzen, indem sie sagte: «Wer mich in Frage und Antwort besiegen kann, der soll diesen Zweig hier niedertreten.» So zog sie durch das Land und verwickelte viele in ihr Frage- und Antwortspiel, aber niemand konnte sie schlagen. Bald war sie überall als Meisterin der Rätsel und Sprüche bekannt. Es dauerte nicht lange, da hatte sie keine Gegner mehr, denn niemand traute sich mehr, mit ihr ein Streitgespräch anzufangen.

So wanderte sie immer weiter, auch in andere Länder, und eines Tages kam sie in ein Königreich im Norden Indiens, dessen Hauptstadt Savatthi war. Dort pflanzte sie wie üblich ihren Zweig ein, sagte ihren Spruch und ging in die Stadt. Eine Gruppe von jungen Leuten blieb stehen und wartete, was geschehen würde. Da kam Sariputta, der ranghöchste Mönch des Buddha, und sah den Auflauf. «Was hat das zu bedeuten?», fragte er, und sie erklärten ihm die Sache. «Dann geht hin, und tretet den Zweig nieder», sagte der Mönch. «Das trauen wir uns nicht», antworteten die Jugendlichen. «Geht schon», erwiderte Sariputta, «ich werde mit ihr das Frage-und-Antwort-Spiel machen.» Da fassten sie Mut und zertrampelten den Zweig und den ganzen Sandhaufen.

Als die Nonne zurückkam und sah, was geschehen war, wurde sie wütend und wies die jungen Leute zurecht. Die aber zeigten auf den Mönch und sagten: «Er hat es uns befohlen.» «Ist das wahr?», fragte sie, und Sariputta bejahte. «Gut, dann müsst Ihr meine Fragen beantworten.» «Ich bin einverstanden», erwiderte er.

Als die Schatten der Dämmerung länger wurden, begab sich die Nonne mit dem Apfelzweig in das Kloster, in dem sich Sariputta aufhielt. Die ganze Stadt war auf den Beinen und wollte den Dialog hören. Als sie sich gegenübersaßen, sagte die gelehrte Frau: «Ich möchte Euch eine Frage stellen.» «Nur zu», erwiderte Sariputta. So fragte sie ihn nach dem Sinn der schwierigsten Sprüche. Aber Sariputta konnte alles richtig beantworten. Als sie endlich fertig war, sagte Sariputta: «Habt Ihr nur diese paar Fragen, oder wisst Ihr noch mehr?» «Das waren meine schwierigsten Fragen», gab sie zu. Da erklärte Sariputta: «Ihr habt viele Fragen gestellt, ich habe an Euch nur eine einzige. Sie lautet: ‹Was ist die grundlegende Wahrheit, die alles betrifft, was entsteht und vergeht?›» Sie dachte bei sich: ‹Diese Frage müsste ich eigentlich beantworten können›, aber es fiel ihr nichts ein, und sie gestand: «Ich weiß es nicht. Sagt mir die Antwort.» «Das ist die erste edle Wahrheit, die uns der Buddha lehrt. Alles, was entsteht und vergeht, ist leidvoll», erwiderte Sariputta. «Wie kann ich das verstehen?», fragte sie nun. «Das ist nur möglich, wenn Ihr dem achtfachen Weg folgt, den uns der Buddha zeigt», antwortete der Mönch. Da sagte sie erfreut: «Eben darum möchte ich Euch bitten. Wollt Ihr mich in Eure Gemeinschaft aufnehmen?» So geschah es, und sie erhielt den Namen Kundalakesi. Aufgrund ihres Wissens war es ihr möglich, die Lehren des Buddha in kurzer Zeit zu verstehen und zu verwirklichen. So vollendete sie den Weg des Studiums und erlangte auf diese Weise die Erleuchtung.

Bald hatte sich ihre Geschichte herumgesprochen, und die Mitglieder der Gemeinschaft des Buddha unterhielten sich darüber, wie es möglich war, dass Kundalakesi die Erleuchtung erlangt hatte. Die einen sagten: «Sie hat uns selbst erzählt, dass sie ihren Mann getötet hat. Wer eine solche Tat begeht, ist doch nicht reif, die innere Befreiung zu erreichen.» Andere meinten: «Da sie so lange Zeit einen ganz falschen Weg gegangen ist, kann es doch nicht sein, dass sie in derart kurzer Zeit alles durchschaut und erleuchtet wird.»

Der Buddha kam dazu und fragte: «Worüber redet ihr?» Nachdem sie es ihm erzählt hatten, hielt der Meister einen Vortrag über das wahre Verstehen. Bei dieser Gelegenheit sagte er unter anderem: «Messt nicht die Lehre, die ich euch gegeben habe, mit Begriffen wie ‹kurz› oder ‹lang›, ‹wenig› oder ‹viel›. Ein einziger Satz der wahren Lehre ist mehr wert als hundert Sätze ohne Bedeutung, wenn er dem Hörer inneren Frieden bringt. Wer alle Räuber der Welt besiegt, hat überhaupt keinen dauerhaften Sieg errungen. Wer aber seine eigene Unwissenheit überwindet, besiegt für immer die wahren Räuber.»

QUELLE: Buddhistische Legenden zum *Dhammapada*, Buch 8, Geschichte 3, Spruch 102 und 103.

AGARWAL
RADIO

Die schöne Schwester Khema

Khema war eine der Frauen des Königs Bimbisara, der der Lehre des Buddha zugetan war und den Wunsch hatte, dass alle Mitglieder seiner Familie seine Begeisterung teilten. Nur Khema war nicht daran interessiert, denn sie war außerordentlich schön und liebte Tanz, Gesang und alles, was Spaß macht, so dass sie über die asketischen, stillen Mönche und Nonnen nur lachte. Sie ging ihnen aus dem Weg, und was immer sie von der Lehre hörte, gefiel ihr nicht. Bei sich dachte sie: «Der Buddha will nur alle Schönheit und Lebensfreude verbieten. Davon mag ich nichts hören.»

Da König Bimbisara wusste, wie sehr Khema von Schönheit angezogen wurde, sagte er eines Tages: «Ist dir eigentlich bekannt, dass im Kloster des Buddha in Veluvana die schönsten Menschen leben?» Khema lachte nur, aber der König brachte andere Familienmitglieder dazu, Khema von den schönen Menschen derart vorzuschwärmen, dass sie neugierig wurde.

Eines Tages suchte sie das Kloster des Buddha auf. Zwar hatte sie sich angekündigt, aber sie kam allein und bescheiden gekleidet. Der Buddha erwartete sie schon, und er hatte zu ihrem Empfang alle erleuchteten Nonnen des Klosters zu sich gerufen. Khema, die sich Zeit ihres Lebens nur mit Schönheit beschäftigt hatte, sah mit einem Blick, dass diese kahlköpfigen, ungeschminkten und einfach gekleideten Frauen eine Schönheit ausstrahlten, neben der die ihre verblasste. «Es stimmt also gar nicht», dachte sie, «dass der

Buddha Schönheit ablehnt. Im Gegenteil, diese Frauen sind noch viel schöner als ich. Solche Schönheit will ich auch erreichen. Aber vielleicht ist das alles nur Illusion und Zauberei.» Der Buddha lächelte und sagte: «Die Schönheit, die du hier siehst, ist keine Illusion. Sie ist Realität. Die materielle Schönheit, die du so sehr liebst, ist Einbildung, denn sie ist unrein, vergänglich und unvollkommen. Die Schönheit, die der befreite Geist zum Ausdruck bringt, dagegen ist vollkommen und vergeht nicht mehr.» In diesem Augenblick fasste Khema ein unerschütterliches Vertrauen zur Lehre des Buddha, und von nun an besuchte sie zur Freude ihres Gatten so oft wie möglich das Kloster. Sie hörte aufmerksam zu und übte unermüdlich, um die wahre Schönheit zu erlangen. Eines Tages hörte sie, wie der Buddha in einer Lehrrede sagte: «Wer nur dem Begehren folgt, ist wie eine Spinne, die ständig ihr Netz spinnt, um die Dinge dieser Welt einzufangen. Wer wirklich weise ist, der schneidet die Fesseln des Begehrens ab. Wenn du Freiheit vom Verlangen gewinnst, wirst du alle Formen des Leidens überwinden.»

Am Ende dieser Belehrung erreicht Khema die wahre Einsicht und wurde erleuchtet. Der König bemerkte die große Veränderung an Khema, und so ging er zum Buddha und sagte: «Am Anfang wollte ich, dass Khema ein wenig von deiner Lehre annimmt, aber nun ist sie ganz und gar davon erfasst. Was ist nun das Beste für sie?»

Da antwortete der Buddha: «Khema hat das Ziel des Weges erreicht, großer König. Wenn du ihr Bestes und das der anderen Menschen willst, so lass sie gehen und in meinem Orden Nonne werden. Sie hat in der gewöhnlichen Welt nichts mehr verloren. Sie muss als Nonne lehren und anderen den Weg zeigen.»

Der König sah das ein und ließ Khema gehen. Sie wurde eine der berühmtesten Lehrerinnen, und bei mancher Gelegenheit lobte sie der Buddha und betonte, dass sie seine Lehre genauso gut vermitteln könne wie er selbst.

QUELLE: Buddhistische Legenden zum *Dhammapada*, Buch 24, Geschichte 5, Spruch 347.

Der Goldschmied und die Lotosblume

Zu Buddhas Zeiten lebte der Sohn eines Goldschmieds. Obwohl er noch sehr jung und ausnehmend schön war, dachte er viel über den Sinn des Lebens nach und strebte nach Wahrheit und Erkenntnis. So kam es, dass er schon in jungen Jahren seinen Beruf als Goldschmied aufgab, in den Orden des Buddha eintrat und nach einiger Zeit als Novize voll ordinierter Mönch wurde. Er wurde Schüler des Sariputta, des ranghöchsten Mönchs nach dem Buddha.

Auf der Suche nach einer geeigneten Meditation für den jungen Mann, überlegte Sariputta: «In dem Alter sind die Leidenschaft und das sinnliche Begehren sehr stark.» Um dem jungen Mann zu helfen, diese Kraft zu bändigen, stellte er ihm die Aufgabe, über die Unreinheit und Unvollkommenheit des Körpers zu meditieren. Nun zeigte sich aber, dass diese Meditation für den jungen Bruder nicht geeignet war, und so sehr er sich auch anstrengte, er hatte es nach einem Monat noch nicht geschafft, sich auf die Aufgabe zu konzentrieren und seinen Geist ein wenig zu sammeln.

Deshalb ging er zu Sariputta und erzählte ihm von seinen vergeblichen Bemühungen. Der erfahrene Lehrer aber antwortete: «Glaub nicht, dass du nicht fähig bist, dich zu sammeln. Glaub auch nicht, dass deine Aufgabe nichts taugt. Du darfst niemals aufgeben.» Und dann erklärte er ihm nochmals ausführlich die gleiche Übung. Wieder zog sich der junge Mann zurück und strengte sich aufs Äußerste an. Aber auch diesmal konnte er nichts erreichen, und so kehrte er nach einem Monat zu Sariputta zurück. Noch einmal sandte ihn Sariputta in die Einsamkeit, nicht ohne ihm die Sache noch genauer und mit ausführlichen Beispielen erklärt zu haben. Ein drittes Mal kam der junge Mann zurück und musste berichten, dass er immer noch keinerlei Fortschritt in seiner Übung erzielt hatte.

Da überlegte der erfahrene Mönch: «Dieser junge Bruder bemüht sich ernsthaft, er ist auf dem Weg. Wer so an sich arbeitet, müsste klar erkennen, was in seinem Geist vorgeht, aber dieser Mönch kann sich überhaupt nicht konzentrieren. Ich sehe nicht, was ihn hindert, weiterzukommen, ich weiß nicht, was in ihm vorgeht. Vielleicht kann der Buddha helfen.» Also nahm er den jungen Bruder mit zum Meister und berichtete diesem den ganzen Vorfall.

Der Buddha sagte: «Es ist nicht so einfach, Sariputta, tief in das Herz eines anderen Menschen zu schauen und zu erkennen, was in ihm vorgeht und welche Hindernisse da sind.» Dann wandte er sich an den jungen Mönch und fragte ihn nach der Art seiner Übung, nach seinen Vorlieben und Abneigungen, nach seiner früheren Arbeit und nach seinen Eltern und Vorfahren. Er erfuhr, dass der junge Mann aus einer Familie kam, die seit vielen Generationen Künstler und Goldschmiede hervorgebracht hatte. Schließlich erkannte er: «Immerzu hat er die schönsten Objekte aus Gold, Silber und Edelsteinen angefertigt. Meditation über Unvollkommenheit und Unreinheit ist nicht geeignet für ihn. Das ermüdet ihn nur, unterdrückt seine besten Eigenschaften und führt so nicht zum Ziel. Um wirklich einen Fortschritt zu erreichen, braucht er ein schönes und erfreuliches Objekt. So könnte er sogar in kurzer Zeit die Erleuchtung erlangen.»

Dann ging er mit ihm in den Garten und suchte die größte und schönste Lotosblüte, die man finden konnte. Er ließ sie abschneiden, überreichte sie dem ehemaligen Goldschmied und sagte: «Nimm diese Blüte, und setz dich an einen abgelegenen Ort, stell sie vor dich hin, und schau sie immerzu an. Betrachte sie so, als ob du sie in allen Einzelheiten nachformen wolltest, und wiederhole im Geist: ‹Diese Blüte ist aus reinem Gold.

Diese Blüte ist aus reinem Gold.›» Kaum hatte der junge Mönch die Lotosblüte in die Hand genommen, da wurde sein Herz schon ruhig.

Er setzte sich vor die Blüte und übte, wie es ihm der Buddha erklärt hatte. Nach kurzer Zeit gelang es ihm, das innere Bild der Blume hervorzurufen, und es war überirdisch schön. So etwas Vollkommenes hatte er noch nie gesehen. Dabei verschwanden alle geistigen Ablenkungen und Hindernisse, und da nur noch das wunderbare Bild der Blüte seinen Geist beherrschte, erlebte er außergewöhnliche Bewusstseinszustände und verweilte in himmlischer Freude. Als der Buddha an einem der nächsten Tage einen Rundgang durch das Kloster machte, sah er den jungen Mönch, der immer noch in völliger Verzückung vor der Lotosblüte saß, reglos und nicht ansprechbar. Da setzte sich der Buddha zu ihm und nahm mit seinem Geist Kontakt auf. Dadurch erwachte der Mönch aus seiner Trance und blickte um sich. Er konnte zunächst nicht begreifen, dass sein schöner Traum zu Ende war. Dann erblickte er die wirkliche Lotosblüte. In der Hitze des Tages und ohne Wasser lag sie verwelkt und braun geworden am Boden. «Diese Blume ist vergänglich», dachte er, «nur von kurzer Dauer ist ihre Schönheit. Aber auch die überirdische Blume, die ich gesehen habe, ist vergänglich, ebenso von kurzer Dauer wie die irdischen Dinge. Ist es nicht so, dass alles, woran das Herz hängt, vergänglich ist und dass es daher zu Leiden führt?» So erlangte er tiefe Einsicht in das Wesen der Vergänglichkeit und Unvollkommenheit. Ihm wurde klar, dass keine Erscheinung in der Welt wirklich ist.

Da sah er den Buddha, der die ganze Zeit neben ihm gesessen hatte. Er stand auf, trat vor ihn, verbeugte sich vor ihm und berührte voll Dankbarkeit dreimal die Erde. Der Buddha lächelte und sagte: «Nun hast du die Aufgabe deiner Meditation wirklich gemeistert.» Und um ihm noch einen Schritt auf dem Weg weiterzuhelfen, fügte er hinzu:

«Das Wichtigste ist, jedes Begehren zu erkennen und nicht aufkommen zu lassen. Schneide jedes Begehren ab, so wie man eine Lotosblüte im Herbst abschneidet. So wirst du weiterschreiten auf dem Weg des inneren Friedens. Die Erleuchteten, die im wahren

Glück weilen, zeigen uns den Weg zu einem Reich, in dem es keine Geburt mehr gibt und keinen Tod.»

Am Ende dieser Belehrung erwachte der Mönch und erlangte die Erleuchtung.

QUELLE: Buddhistische Legenden zum *Dhammapada*, Buch 20, Geschichte 9, Spruch 285.

Die eingebildete Erleuchtung

Häufig gab der Buddha kleineren Gruppen von Mönchen bestimmte Anweisungen und schickte sie damit in die Einsamkeit. Zwei solche Mönche verbrachten eine lange Zeit in einem Wald nahe einem Dorf, und da die beiden sehr ernsthaft übten, erreichten sie nach einiger Zeit durch tiefe Sammlung außergewöhnliche Bewusstseinszustände. Dadurch erwachten bei ihnen verschiedene geistige Fähigkeiten. Sie wurden unabhängig von Schmerzen, konnten die Gedanken anderer Wesen lesen, durch Feuer gehen, ohne Nahrung und Schlaf auskommen und was der wundersame Dinge mehr waren.

Als sie darüber sprachen, kamen sie zu der Überzeugung, dass sie das Ziel der Übung erreicht hatten und vollkommen erleuchtet waren. Daraus schlossen sie: «Nachdem wir nun das Ziel unseres Weges erreicht haben, müssen wir zu unserem Meister zurückkehren und ihm von unserem Erfolg berichten. Er wird stolz auf uns sein und uns loben.»

So wanderten sie zurück. Als sie in dem Kloster angekommen waren, in dem sich der Buddha aufhielt, prahlten sie vor ihren Brüdern mit ihren besonderen Fähigkeiten und zeigten ihre Kunststücke. Das hörte der Buddha, und noch ehe sie bei ihm vorstellig geworden waren, sagte er zu Ananda: «Richte diesen Brüdern aus, dass ich in den nächsten Tagen nicht zu sprechen bin. Sie sollten jedoch ihre Übung zu einem Abschluss bringen, indem sie jeden Tag zum Leichenplatz gehen, die frischen und die alten Leichen betrachten und darüber meditieren. Das wird ihre Erkenntnis vollends sichtbar machen.»

Die Brüder waren zufrieden, dass ihnen der erfahrene Meister eine weitere Übung gab, und sie folgten seinen Anweisungen. Sie schlugen ihr Lager am Verbrennungsplatz auf, sahen, wie die Leichen gebracht wurden, wie man sie entkleidete und einbalsamierte, wie sie zu riechen und verwesen begannen und wie man sie schließlich verbrannte.

Dank ihrer Übung konnten sie all das gut ertragen. Sie sahen die Vergänglichkeit, und es schien, als könne sie kein Anblick erschüttern.

Eines Tages jedoch wurde eine sehr junge und wunderschöne Frau in die Totenhalle gebracht. Auch sie wurde entkleidet, und die beiden jungen Mönche hatten noch nie so einen schönen, zarten und verführerischen Körper gesehen. Nichts war da vom grausamen Tod zu bemerken, und es schien, als würde das Mädchen nur schlafen und warte darauf, wach geküsst zu werden.

Immer näher gingen die beiden Männer, und schließlich berührte der eine ihr glänzendes Haar, und der andere wollte eben ihre Hand nehmen, als sie sich erschrocken ansahen.

«Was machen wir da, Bruder?», sagte der eine, und der andere erwiderte: «Ich wollte sie zur Frau haben.» – «Aber sie ist tot, Bruder. Wie kann man einen toten Körper begehren?»

«Bruder, so lange wir beim Anblick eines nackten Körpers vom Begehren überwältigt werden, sind wir noch nicht innerlich frei. Wir sollten unserem Meister davon berichten.»

Sie gingen kleinlaut in das Kloster zurück, und diesmal empfing sie der Buddha. Er zeigte ihnen den weiteren Weg zur Aufhebung des Begehrens und Anhaftens und sagte: «Ob ein menschlicher Körper lebt oder tot ist – wo ist der Unterschied? Jeder Körper ist ständig dem Verfall unterworfen. Er ist aus Materie und ein Ort von Unreinheiten und Krankheiten. Er vergeht mit Sicherheit. Wie kann man etwas begehren, etwas haben wollen, dass man nicht behalten kann. Auch der begehrenswerteste Körper ist eines Tages ein Haufen stinkender Abfall. Wenn ihr das weise betrachtet, könnt ihr das Begehren wirklich überwinden.»

Die beiden übten dieser Anweisung gemäß weiter und erlangten noch im gleichen Leben die wahre Erleuchtung.

Quelle: Buddhistische Legenden zum *Dhammapada*, Buch 11, Geschichte 4, Spruch 149.

Die wahre Liebe einer Mutter

In Rajagaha lebte Nigaraddha, die Tochter eines Kaufmanns, die schon als junges Mädchen den Wunsch hatte, in die Gemeinschaft des Buddha einzutreten und Nonne zu werden. Aber ihre Eltern erlaubten es nicht und verheirateten sie. Ihr Mann war ein Anhänger des Buddha, und so erkannte er bald, dass die Liebe seiner Frau allein dem geistigen Leben galt. Schließlich gab er ihren Bitten nach und willigte ein, sie Nonne werden zu lassen. Im Rahmen einer großen Zeremonie wurde sie in das Nonnenkloster geführt und in den Orden aufgenommen.

Niemand wusste jedoch, dass sie noch kurz vor ihrem Eintritt in das Kloster von ihrem Mann ein Kind empfangen hatte. Es dauerte nur einige Monate, bis die anderen Nonnen merkten, dass ihre junge Schwester schwanger war. Als die Vorsteherin des Klosters davon erfuhr, sagte sie: «Sie muss den Orden verlassen, das ist klar.» Die junge Nonne aber antwortete: «Verehrte Schwester, bitte macht mich nicht unglücklich. Ich bin Nonne geworden, und ich möchte es bleiben. Bringt die Sache vor den Buddha, der soll entscheiden.» Der Buddha ließ Visakha rufen, mit deren Unterstützung das Nonnenkloster gebaut worden war, übergab ihr die Nonne und sagte: «Diese junge Schwester ist schwanger. Überprüfe, ob sie gegen die Regeln verstoßen hat.»

Die erfahrene Frau untersuchte das Mädchen, befragte sie nach den genauen Umständen und rechnete den Zeitpunkt der Empfängnis aus. So stellte sie ihre Unschuld fest und verkündete das

Ergebnis vor der Versammlung. Da sagte der Buddha: «Es ist deine Entscheidung, Schwester. Wenn du das Kind zur Welt gebracht hast, kannst du weiter Nonne in der Gemeinschaft bleiben. Wo aber soll dein Kind dann aufwachsen?»

Da meldete sich König Pasenadi von Kosala und sagte: «Es wäre mir eine große Ehre, dieses Kind, das in einem Kloster des Buddha geboren wird, in meinem Haus wie mein eigenes Kind aufzuziehen.» Nigaraddha war damit einverstanden.

Sie brachte ein gesundes Kind zur Welt, und nun hörte man zum ersten Mal an diesem stillen Platz das Schreien und Lachen eines Babys, und manche Besucherin wunderte sich. Als das Kind jedoch von der Mutterbrust entwöhnt war, wurde es, wie abgemacht, dem König übergeben, der ihm die beste Erziehung angedeihen ließ. Der Junge bekam den Namen Kumara und entwickelte sich gut, während sich seine Mutter um das geistige Leben bemühte.

Obwohl er wie ein Königssohn erzogen wurde, merkte er bald, dass er nicht das wahre Kind der Familie war, und man erzählte ihm die Geschichte seiner Mutter. Da er nun sozusagen schon mit der Muttermilch die Stille des Klosters gekostet hatte, verspürte er als Jugendlicher eine große Sehnsucht nach der Gemeinschaft der Mönche und bat den König um die Erlaubnis, als Novize ins Kloster gehen zu dürfen. So wurde er nach einiger Zeit ein richtiger Mönch. Da er klug war, verstand er bald die Lehre des Buddha und das Ziel des Weges, aber nichts davon konnte er wirklich erfahren. Er wusste, dass seine Mutter als Nonne nicht weit von seinem Kloster lebte, doch er hatte es nicht geschafft, sie auch nur ein einziges Mal zu besuchen. Tief in seinem Herzen konnte er nicht verstehen, warum sie ihn als kleines Kind weggegeben und das Leben als Nonne vorgezogen hatte. Er wusste, dass dieses Leben ein Ziel hatte, das wohl höher anzusetzen war als die Liebe einer Mutter zu ihrem Sohn, und so bat er den Buddha um eine Anweisung, die geeignet war, ihn zu diesem Ziel zu führen.

Er ging allein in einen abgelegenen Wald und suchte dann eine einsame Höhle auf, meditierte und übte mit Ausdauer, aber es geschah nichts Besonderes. So kehrte er eines Tages wieder ins Kloster zurück.

Die Mutter Kumaras hatte in all den Jahren auch keinen Erfolg bei ihrer Übung gehabt, denn sie musste immer wieder an ihren Sohn denken und wurde von Zweifeln geplagt, ob ihre Entscheidung für das Klosterleben richtig gewesen war. Immer, wenn sie sich auf eine Übung konzentrieren wollte, kam ihr diese Geschichte in den Sinn, und oftmals saß sie stundenlang da und weinte.

Eines Tages begegnete ihr auf einem ihrer seltenen Gänge durch die Stadt zum ersten Mal ihr Sohn. Sie erkannte ihn sofort, lief auf ihn zu, nahm ihn bei den Händen und rief: «Mein Sohn, mein Sohn!» Sie versuchte, ihn zu umarmen, aber der junge Mönch war vom Verhalten seiner Mutter peinlich berührt. Zum einen dachte er, dass er sich als Mönch nicht von einer Frau umarmen lassen sollte, zum anderen war sein Herz immer noch voll Hass und Ablehnung dieser Frau gegenüber. Also kehrte er den jungen, überlegenen Mönch hervor und sagte verächtlich: «Was ist los mit dir? Du willst eine Nonne sein und kannst nicht einmal deine Gefühle beherrschen. Hör auf damit, und geh deiner Wege.» Die Nonne war erschrocken und sagte: «Du bist doch mein lieber Sohn. Sprich nicht so. Ich bin deine Mutter.» Er aber wiederholte seine harten Worte noch unfreundlicher.

Da veränderte sich etwas in ihr, und sie dachte: «So viele Jahre habe ich gelitten, geweint und mir Vorwürfe gemacht. Nun aber sehe ich, dass mein Sohn herangewachsen ist und den Weg des Buddha geht. Noch ist sein Herz voll Bitterkeit, doch eines Tages wird sein Hass verschwinden. Ich aber sollte mich jetzt schon von meinem schlechten Gewissen lösen. Obwohl ich Nonne bin, habe ich immer noch das Heil in meiner Rolle als Mutter gesehen. Diese Liebe hat mich nur gefesselt und von der Übung abgehalten. Wenn ich meinen Sohn wirklich liebe, dann lasse ich ihn jetzt los. Ich muss lernen, mir selbst zu verzeihen. Dann werden wir beide den Weg des Buddha vollenden.»

So ging sie zurück ins Kloster, und zum ersten Mal war ihr Geist so ruhig, dass sie den Anweisungen des Buddha folgen konnte. Sie meditierte, sie übte, sie dachte weise über das Leben und seine Gesetze nach. So gelang es ihr, alle Stufen der Erkenntnis zu durchschreiten, und in wenigen Monaten hatte sie das Ziel des Weges erreicht. Sie wurde eine der erleuchteten Frauen in der Gemeinschaft des Buddha.

Eines Tages hielt der Buddha eine Lehrrede, in der er die Nonne Nigaraddha als Beispiel dafür hinstellte, wie man die persönliche, fesselnde Liebe zu überwinden vermag und lernt, sich selbst zu schätzen und lieben, um das Ziel des Weges zu erreichen. Am Ende sagte er:

«Man muss lernen, sich selbst so anzunehmen, wie man ist. Nur wer sich selbst schätzt, kann andere schätzen. Nur wer sich selbst liebt, kann für sich selbst sorgen, sich beschützen und auf dem wahren Weg weitergehen. Wie könnte man den Weg für einen anderen Menschen gehen? Das ist nicht möglich! Nur wenn man selbst den unvergleichlichen Weg zur Freiheit beschreitet, ist man imstande, anderen Menschen diesen Weg zu zeigen. Dann erst wird man die anderen wahrhaft lieben, sie beschützen und ihnen den größten Dienst erweisen.»

QUELLE: Buddhistische Legenden zum *Dhammapada*, Buch 12, Geschichte 4, Spruch 160.

Der Mönch in der Höhle

Ein Mönch bekam vom Buddha selbst eine Meditationsübung und suchte nun einen geeigneten Platz. Auf seiner Wanderung fand er eines Tages eine Höhle an einem einsamen Ort in den Bergen. Kaum hatte er die Höhle betreten, da wurde sein Geist ruhig, und er dachte: «An diesem Platz könnte es mir gelingen, meine Übung durchzuführen und meine Aufgabe zu erfüllen.»

Nun war es aber so, dass in einer daneben liegenden Höhle eine Frau lebte, die die Ankunft des neuen Bruders mit Unbehagen registrierte. Sie hatte sich diesen einsamen Platz ausgesucht, um verschiedene magische Rituale durchzuführen und mit berauschenden Mitteln zu experimentieren. So dachte sie: «Ich hoffe, das ist nicht einer von diesen tugendhaften Leuten, die immerzu nur meditieren und damit meine Kreise stören. Vielleicht bleibt er ja nur eine Nacht.» Und sie versteckte sich im Innersten ihrer Höhle.

Am folgenden Tag stieg der Mönch von seinem Berg herunter und ging ins Dorf, wo er um Nahrung bettelte. Schließlich bat ihn eine Frau in ihr Haus, gab ihm gutes Essen, erfuhr von seiner Absicht, in der Höhle nach Erleuchtung zu streben, und weil sie Gefallen an ihm gefunden hatte, versprach sie ihm, ihn für die nächsten Wochen mit Essen zu versorgen. «Mit der Unterstützung dieser Frau kann es mir gelingen, die Erleuchtung zu erlangen», dachte der Mönch, nahm ihr Angebot an und kehrte in seine Höhle zurück.

So vergingen zwei Wochen, in denen der junge Mönch jeden Tag ins Dorf ging und wieder zurück, während sich die Frau in der Höhle versteckt hielt und ihn beobachtete. Hin und wieder besuchte sie selbst das Dorf, um sich Nahrung zu besorgen, und dort erfuhr sie, dass der Mönch immer im gleichen Haus verköstigt wurde. Da sagte sie zu sich: «So lange er an diesem Platz wohnt, kann ich hier nicht mehr praktizieren. Ich kann ihn aber auch nicht einfach auffordern: ‹Verschwinde von hier! Das ist mein Platz.› Doch werde ich ihm diese Höhle nicht kampflos überlassen. Wenn er ein Mönch ist, darf er keine Lebewesen verletzen oder töten, darf nicht lügen, nicht stehlen und keine berauschenden Mittel nehmen. Ich muss erreichen, dass er gegen diese Regeln verstößt und die Dorfbewohner schlecht über ihn denken. Dann werden sie ihn nicht mehr versorgen, und er wird verschwinden.»

So ging sie bei ihrem nächsten Besuch im Dorf zu der Frau, die den Mönch versorgte und sagte: «Dieser Asket, den du jeden Tag fütterst, ist ein schlechter Mensch. Er ist es nicht wert, dass du ihn unterstützt.» «Nein, im Gegenteil», antwortete die Frau, «er ist äußerst tugendhaft. Er hat von seinem Meister, dem Buddha, ganz strenge Regeln bekommen, und er hält sich vorbildlich daran. So isst er nur einmal am Tag, und noch nie hat er das kleinste bisschen Essen mitgenommen, um es später zu verzehren. Auch darf er keine berauschenden Mittel anrühren.» «Ach was», sagte die andere Frau verächtlich, «dann gib ihm doch mal Schnaps statt Wasser, und du wirst sehen, wie er ihn trinkt.» «Nein, das würde ich niemals tun. Es wäre ja dann meine Schuld», erwiderte die gute Frau. Da kramte die Zauberin in ihrer Tasche und sagte: «Hier, tu ihm von diesem Mittel heimlich etwas in sein Essen, und du wirst sehen, wie er berauscht durch deine Wohnung tanzt.» «Auch das kann ich nicht tun», beharrte die Frau. Während sie jedoch draußen zu tun hatte, mischte die Zauberin selbst etwas Rauschgift in das Essen und verschwand dann.

Pünktlich kam der junge Mönch, bekam seine Mahlzeit, und seine innere Stärke war durch sein tugendhaftes Verhalten so groß geworden, dass die unwillkommenen Beigaben in seinem Essen nichts bei ihm bewirkten.

Auf dem Rückweg zur Höhle rezitierte er einen Text über die

Bestandteile des Körpers, so dass er in einem sehr tiefen und glücklichen Bewusstseinszustand ankam. Der Frau, die sein Kommen beobachtet hatte, schien nun die rechte Stunde gekommen zu sein. Sie stellte sich an den Eingang der Höhle und sagte: «Oh, großer Zauberer, ich grüße dich. Welches Mittel hast du eingenommen, dass du so glücklich lächelst?» «Ich habe kein Mittel eingenommen», antwortete der Mönch. «Wenn du es nicht weißt», sagte sie, «werde ich es dir verraten.» «Sprich doch», erwiderte der Mönch. «Nun, hast du heute bei einer gewissen Frau im Dorf gegessen?» «Ja, das habe ich», antwortete er. «Gut», freute sie sich, «in diesem Essen war das Mittel, das dich so fröhlich macht. Ich habe es selbst hineingegeben. So ist das also und so hältst du die Regeln ein.» «Du meinst, ich hätte damit gegen meine Regeln verstoßen?», fragte er. «Ja, das meine ich», sagte die Frau triumphierend. «Und weil du die Menschen getäuscht hast, musst du von hier verschwinden.»

Der Mönch hielt inne und prüfte sich. Da sah er, dass er frei war von jedem Vergehen, denn wer nicht mit Absicht gegen eine Regel verstößt, hat keine Schuld. Er sah aber auch, dass er sich seit seinem Eintritt in den Orden vollkommen an die grundlegenden Tugendregeln des Buddha gehalten hatte und sich niemals auch nur des kleinsten Vergehens schuldig gemacht hatte. Sein Verhalten war so rein wie ein frisch gewaschener weißer Umhang. Es überkam ihn eine überirdische Freude, und er erreichte mühelos den Zustand, in dem er sich mit allen Wesen eins fühlte und den er bisher mit all seinen Übungen noch nicht erlangt hatte. Er lächelte die Frau an und sagte: «Mein Verhalten ist fleckenlos und rein, und wenn ich etwas Berauschendes eingenommen habe, so tat ich es ohne mein Wissen und ohne Absicht. Was ohne Absicht geschieht, hat keine Folgen für den Täter. Dein Mittel hat keine Wirkung auf mich gehabt. Klage mich nicht weiter an, denn niemand wird dir glauben, und du schadest damit nur dir selbst. Die Folgen deiner Handlungen werden unweigerlich auf dich selbst zurückfallen.»

Die Frau erkannte, dass sie gegen den Mönch nichts ausrichten konnte, und kurze Zeit später verließ sie den Platz.

Der Mönch vollendete seine Übungsperiode in der Höhle mit Unterstützung der Dorfbewohner und kehrte dann in sein Kloster zurück. Nachdem er seinen geistigen Brüdern von seinem Abenteuer und der Verleumdung durch die Frau berichtet hatte, waren diese ganz aufgebracht, weil diese versucht hatte, mit berauschenden Mitteln einen Mönch vom rechten Weg abzubringen. Er aber antwortete: «So solltet ihr nicht denken. Empört euch nicht. Sie konnte mir nicht im Geringsten schaden.»

Die anderen Mönche aber wollten das nicht glauben und erzählten die Geschichte dem Buddha. Da hielt dieser eine Lehrrede über den Umgang mit Ärger und Ablehnung, in der er unter anderem sagte: «Ablehnung ist die andere Seite des Begehrens. Alles Begehren ist eine Gefahr, ist das Gebiet, auf dem sich Leiden und Tod ausbreiten können, auf dem das Unheil herrscht. Die wichtigste Übung besteht darin, jede Regung von Ablehnung zu erkennen und sie dadurch zu verwandeln. So kann das Herz ruhig werden, still und ungestört im Frieden leben. Wer auch daran nicht hängt, der kann weiterschreiten bis zur Erleuchtung.» Am Ende seiner Rede fügte er noch hinzu: «So wie mein Sohn dem Ärger keinen Raum gab und damit tugendhaftes Verhalten vollendete, so solltet ihr es auch machen. Streitet niemals mit den weltlichen Menschen, und auch nicht mit euren Brüdern und Schwestern. Haltet euch von Auseinandersetzungen und Konflikten fern. Wenn ihr dennoch hineingeratet, dann achtet darauf, dass ihr kein Begehren aufkommen lasst. Seid zufrieden und einverstanden mit dem, was kommt. Wer sich hier so verhält, dem wird nichts schaden, und himmlische Freude wird sein Leben begleiten.»

Quelle: Buddhistische Legenden zum *Dhammapada*, Buch 26, Geschichte 21, Spruch 404.

Fürst Kappina und seine Frau gehen ins Kloster

In einem kleinen Fürstentum in Südindien lebte ein Herrscher namens Kappina mit seiner Gemahlin Anoja. Ihr Regiment brachte sowohl ihnen selbst als auch den Bürgern Wohlstand und Frieden. Der Fürst und seine Frau waren weise und großzügig, und sie unterstützten alle geistigen Bestrebungen. Sie gründeten Schulen und Universitäten und hielten Ausschau nach weisen Männern und Frauen, die sie als Lehrer an ihren Hof einluden. Auf diese Weise hatten sich die beiden große Verdienste erworben und die Grundlagen für ein erwachtes Leben geschaffen.

Eines Tages erschienen zwei müde Wanderer in ihrem Reich, die von weit her kamen. Sogleich lud sie Kappina in seinen Palast ein, bewirtete sie reichlich, und nachdem sie sich ausgeruht hatten, sprach er mit ihnen und fragte sie nach ihrer Herkunft und ihren Erlebnissen. Als die Männer Auskunft gegeben hatten, waren der Fürst und seine Frau sehr beeindruckt. «Ich habe selten so tiefe Wahrheiten gehört», sagte Kappina. «Wollt ihr nicht in meinem Reich bleiben und die Menschen unterrichten?» «Wir wissen selbst noch sehr wenig», antwortete der eine, «unser Lehrer weiß viel mehr. Er hat die Gesetze des Lebens wirklich durchschaut. Deswegen können wir dein geschätztes Angebot auch nicht annehmen, denn wir wollen wieder zurück und weiter bei unserem Meister studieren.» «Wir sind weit gereist, aber einen weiseren Menschen haben wir nicht getroffen», erklärte der andere. «Wie heißt euer Lehrer und wo wohnt er?», fragte Kappina ganz aufgeregt. «Er wird der Buddha, das heißt der vollkommen Erleuchtete, genannt, und er hält sich im Norden Indiens auf, im Gebiet von Kosala.»

Kaum hatten der Fürst und seine Gemahlin den Namen Buddha gehört, da wurden sie von einem nie zuvor gekannten Glücksgefühl erfasst. Es war, wie wenn ein Verdurstender plötzlich eine Oase mit einer kühlen Quelle findet.

«Wie unterrichtet euer Meister?», fragte Kappina begierig. «Kann man ihn einladen?» «Das wird wohl zu weit sein», sagten die beiden, «denn er geht nur zu Fuß, und einen Teil des Jahres verbringt er an festen Plätzen, die Bürger für ihn und seine Gemeinschaft gebaut haben.» «Er hat also auch eine Gemeinschaft?», wollte die Fürstin wissen. «Gibt es in ihr auch Frauen?» Nun erzählten die Wanderer: «Er unterrichtet alle, hält viele Lehrreden und gibt genaue Anweisungen, aber für die, die es wirklich ernst meinen, hat er einen Orden gegründet, einen für Männer und auch einen für Frauen. Es sind alles heilige Leute, die nach bestimmten Regeln ein einfaches Leben führen und alles Weltliche aufgegeben haben. Sie widmen ihre ganze Existenz der Suche nach dem wahren Sinn und versuchen, die große Befreiung zu finden und ebenfalls erleuchtet zu werden.»

Der Fürst und seine Frau belohnten die Wanderer mit reichen Geschenken und berieten sich mit ihrem Hof und allen Verwandten. Der Bericht der beiden hatte in ihnen eine derartige Sehnsucht nach solch einem Leben geweckt, dass sie ihr Fürstentum ihren Kindern übergeben wollten. Sie bereiteten alles vor, um die weite Reise zu machen und in die Gemeinschaft des Buddha einzutreten. Mit ihrer Begeisterung hatten sie jedoch noch weitere Männer und Frauen ihres Reiches angesteckt, so dass eines Morgens eine ganze Gruppe mit Pferden und Wagen aufbrach. Kappina ritt auf einem edlen Ross mit den Männern voraus, und die Frauen folgten in immer größer werdendem Abstand in ihren Wagen.

Nach einigen Tagesreisen kam der Fürst mit seiner Gruppe an einen breiten, reißenden Fluss. Sie suchten eine Furt oder eine Fähre, konnten aber keine entdecken. «Am besten wäre es, so lange flussaufwärts zu reiten, bis wir eine geeignete Stelle gefunden haben», meinten einige, und andere sagten: «Wir wollen warten, bis sich der Fluss beruhigt hat.» Kappina setzte sich ans Ufer und überlegte: «Am Fluss entlangzureiten, kann uns Tage kosten. Dabei werden wir älter, und wer weiß, wie viel Zeit uns noch bleibt, um beim Buddha zu lernen. Ich habe nicht der Welt entsagt, um hier herumzusitzen. Wenn es einen Erleuchteten gibt, eine Lehre und eine Gemeinschaft, dann werden uns diese auch beschützen und sicher durch den Fluss führen.» Und genau an der Stelle, an der sie standen, trieb er sein Pferd hinein, und die anderen folgten ihm. Tatsächlich befand sich eben dort eine Furt, und auch wenn sie manchmal beinahe von der Strömung mitgerissen wurden, erreichten sie doch alle heil das andere Ufer und ritten weiter.

Einige Zeit später kam Fürstin Anoja an die gleiche Stelle. Sie sah die Spuren der Pferde, die in den Fluss führten, doch die anderen Frauen sagten: «Man kann nicht erkennen, ob es sich um eine Furt handelt, und wir wissen nicht, ob unsere Männer die Durchquerung geschafft haben. Lasst uns warten!» Aber auch die Fürstin überlegte, und ihr Vertrauen zum Buddha war so groß, dass sie zu dem gleichen Schluss kam wie ihr Mann. Also fuhren sie mit ihren Wagen durch das wilde Wasser, und alles ging gut.

Schließlich erreichte die ganze Reisegesellschaft Kosala und die Stadt Savatthi, in der der Buddha mit seinem Gefolge weilte. Schon die erste Lehrrede, die der Fürst und seine Frau hörten, bewirkte, dass sie ein unerschütterliches Vertrauen zu diesem Weg fassten. So baten sie um Aufnahme in den Orden und wurden Mönch und Nonne, so wie sie es sich vorgenommen hatten. Sie übten eifrig und befolgten alle Anweisungen.

Eines Tages machte Kappina eine solch überwältigende Erfahrung innerer Freude, dass er den ganzen Tag herumlief und immerzu murmelte: «Oh, welch eine Freude, oh, welch ein Glück!» Das berichteten einige Mönche dem Buddha und sagten: «Wahrscheinlich spricht der Fürst über das Glück, ein weltlicher Herrscher zu sein.»

Der Buddha ließ in der abendlichen Versammlung Kappina zu sich kommen und sprach: «Ist es wahr, wie man mir berichtete, dass du immerzu sagst: ‹Welch eine Freude, welch ein Glück.› Von welcher Freude und von welchem Glück sprichst du?» Da antwortete Kappina: «Nur ein Erwachter weiß, von welcher Freude und von welchem Glück ich spreche. Ich kann es nicht benennen und nicht in Worte fassen.»

Da hielt der Buddha eine Lehrrede über das geistige Glück, und zum Schluss sagte er: «Mein Bruder Kappina spricht nicht über die Freude zu herrschen und nicht über weltliches Glück. Wer von der wahren Lehre gekostet hat, dessen Geist erfährt Freude und weilt im Glück. Dieses Glück zeigt den Weg zur Erleuchtung. Wer beginnt, die Lehre wirklich zu verstehen, die von den Erleuchteten übermittelt wird, der wird diese überweltliche Freude erfahren.»

QUELLE: Buddhistische Legenden zum *Dhammapada*, Buch 6, Geschichte 4, Spruch 79.

Ein ehemaliger Mönch wird verurteilt

In der Gemeinschaft des Buddha lebte einst ein Mönch, der Schüler von Kassapa war. Kassapa war dafür bekannt, dass er alle außergewöhnlichen Bewusstseinszustände, die man durch intensive Meditation erreichen kann, beherrschte. So kam es, dass sein Schüler nach einiger Übung die sogenannten ersten vier Vertiefungen in der Meditation mühelos erreichen konnte.

Eines Tages war dieser Mönch zu Besuch im Haus seines Onkels, eines Goldschmieds. Er fühlte sich von dem wertvollen Schmuck derart angezogen, dass er trotz seiner Fortschritte in der Meditation immerzu daran denken musste. Schließlich konnte er es im Kloster nicht mehr aushalten, legte die Robe ab und kehrte ins weltliche Leben zurück.

Zunächst lebte er in der Familie des Goldschmieds, aber er wollte nichts arbeiten, so dass ihn der Onkel eines Tages vor die Tür setzte. Da zog er herum und geriet in schlechte Gesellschaft. Schließlich lebte er von Raub und Diebstahl. Eines Tages jedoch wurde er auf frischer Tat ertappt und gefangen genommen. Man machte keinen langen Prozess mit ihm, und nach wenigen Tagen im Gefängnis wurde er zum Tode verurteilt. So brachten ihn einige Soldaten unter der Führung eines Hauptmanns am frühen Morgen zum Richtplatz vor der Stadt.

Sein ehemaliger Lehrer Kassapa kam an eben diesem Tag durch die Stadt und sah den Aufzug. Er sprach die Wächter an und erreichte, dass sie anhielten und die Fesseln des Gefangenen lockerten. Die Soldaten ließen die beiden miteinander reden, und Kassapa erinnerte den Verurteilten an die Zeiten, in denen er noch Mönch und sein Schüler gewesen war. Er sagte: «Das Einzige, was ich dir raten kann, ist Folgendes. Damals im Kloster konntest du ohne Mühe die ersten vier Vertiefungen in der Meditation erreichen. Angesichts deines bevorstehenden Todes solltest du dich mit allen Kräften bemühen, diese Meditation jetzt und hier, auf deinem Weg zum Richtplatz, wieder aufzunehmen.» Damit verließ er ihn.

Der Gefangene nahm diese Worte ernst und begann auf der Stelle zu üben. Er versenkte sich in die Meditation beim Gehen und beim Stehen, und als sie am Richtplatz angekommen waren, hatte er alle vier Vertiefungen erreicht. Die Soldaten umringten ihn, hoben ihre Schwerter und Lanzen und sagten: «Nun werden wir dich töten!» Der Verurteilte zeigte jedoch keine Anzeichen von Angst oder Sorge. Im Gegenteil – er lächelte in heiterer Gelassenheit, als habe er etwas Wunderbares zu erwarten.

Das verwunderte die Soldaten so sehr, dass sie es nicht wagten, ihn niederzustechen. So holten sie ihren Hauptmann, aber auch dieser war nicht imstande, den lächelnden Mann umzubringen. Schließlich ging der Hauptmann zum Stadthalter und berichtete ihm von dem seltsamen Verhalten des Verurteilten. Da kam auch der Stadthalter zum Richtplatz und sah sich den Mann an, der inmitten der Soldaten saß, in aufrechter Haltung und so versunken, dass er nichts um sich herum wahrnahm.

«Was soll man mit ihm tun?», fragte der Hauptmann. «Ich kenne nur einen, der uns hier raten kann», murmelte der Stadthalter und begab sich auf den Weg zum Kloster, um den Buddha aufzusuchen. Als er dem Erwachten den Fall berichtet hatte, nahm dieser seinen Umhang und begab sich selbst zum Richtplatz, wo sich inzwischen schon eine große Menschenmenge eingefunden hatte. Der Buddha erkannte seinen ehemaligen Mönch, und um ihn in seiner Versenkung zu erreichen, sagte er: «Es gab einmal einen Mönch, der hatte schon das Land der Wünsche verlassen und sich in das Reich des inneren Friedens begeben. Aber kaum hatte er den Geschmack der Freiheit gekostet, da lief er wieder zurück in das alte Leben und verlor schließlich alles. Seht ihn euch an! Ist dieser Mönch nicht wie ein Mann, der aus dem Gefängnis entlassen wurde und freiwillig wieder dorthin zurückkehrt?»

Als der ehemalige Mönch dies hörte, verstand er sofort, was gemeint war. Mitten auf dem Richtplatz und immer noch in Fesseln, meditierte er über diese Worte und erlangte die Gewissheit, dass er von nun an nie mehr von dem Weg abkommen konnte, der zur Erleuchtung führt. Der Stadthalter war von dem tiefen inneren Frieden, den der Gefangene ausstrahlte, sehr beeindruckt. Als ihm der Buddha erklärte, dass er bereit sei, den Mann wieder als Mönch in seine Gemeinschaft aufzunehmen, begnadigte er den Verurteilten und ließ ihn ins Kloster zurückkehren. Dort übte er weiter und fand noch in diesem Leben die Erleuchtung.

Quelle: Buddhistische Legenden zum *Dhammapada*, Buch 24, Geschichte 3, Spruch 344.

Meister Mondschein

Zu Buddhas Zeiten lebte ein Mann, der wegen guter Taten in vergangenen Leben ein auffallendes Kennzeichen besaß. Von der Mitte seines Körpers ging nämlich ein sanfter Lichtschein aus in der Form einer Mondscheibe, so dass er bald im ganzen Land bekannt war. Schließlich entdeckten ihn die Brahmanen, nannten ihn Meister Mondschein und nutzen seine Besonderheit für ihr eigenes Ansehen. Sie reisten mit ihm durch die Dörfer und Städte und sagten: «Wer den strahlenden Körper dieses Brahmanen berührt, wird heil und gesund, bekommt Kraft und Energie, wird reich und glücklich.» Bald gaben die Menschen viel Geld dafür, Meister Mondschein sehen und berühren zu dürfen, und die Einzigen, die dadurch reich wurden, waren die Brahmanen selbst. So zogen sie durch verschiedene Länder, und eines Tages kamen sie nach Savatthi, wo sich eben der Buddha in seinem Kloster aufhielt.

In Savatthi war es üblich, dass die Einwohner die Mönche und Nonnen der Gemeinschaft des Buddha mit Essen versorgten. Nach dem Mahl gingen viele Menschen festlich gekleidet mit Blumen und Geschenken in das Kloster, um in der Versammlungshalle eine Lehrrede des Buddha zu hören. Als die Brahmanen mit ihrem Meister Mondschein dies herausfanden, stellten sie sich vor die Halle und sagten: «Kommt, ihr Leute, was habt ihr davon, wenn ihr zu einem Vortrag geht? Der Buddha hat keine übernatürlichen Kräfte, so wie sie unser Meister Mondschein besitzt. Wer seinen Körper berührt, wird heil und gesund, mächtig und reich. Kommt und seht ihn euch an!»

Die Anhänger des Buddha jedoch entgegneten: «Was bringen uns die übernatürlichen Kräfte eures Meisters? Der einzige wahre Meister ist der Buddha.» So begann ein heftiger Streit, aber keine der beiden Parteien konnte die andere überzeugen. Schließlich sagten die Brahmanen: «Gut, dann lasst uns in euer Kloster gehen und sehen, wer von den beiden Meistern über die größeren übernatürlichen Kräfte verfügt.»

Als die Brahmanen mit Meister Mondschein ins Kloster kamen, geschah etwas Seltsames. Der strahlende Lichtschein aus seinem Körper verschwand. Er wurde so unscheinbar wie eine Krähe in einem schwarzen Korb. Die Brahmanen drängten ihn schnell aus der Gegenwart des Buddhas, und vor den Toren des Klosters begann das Licht wieder zu scheinen. Daraufhin ging Meister Mondschein zurück, und wie zuvor erlosch das Mondlicht. Er überlegte: «Dieser Meister kennt ohne Zweifel einen Zauberspruch, durch den mein Strahlenglanz verschwindet.» Deshalb fragte er den Buddha: «Warum verschwindet mein Strahlenglanz in deiner Gegenwart? Verwendest du einen Zauberspruch?» «Ja, so ist es!» – «Kannst du mir diesen Zauberspruch geben?» – «Ja, das könnte ich, aber nur, wenn du in meine Gemeinschaft eintrittst und so übst, wie ich es dir sage.»

Meister Mondschein besprach sich nun mit den Brahmanen und sagte: «Sobald ich den Zauberspruch gelernt habe, werde ich der größte Meister im ganzen Land sein. Am besten ist es, ihr geht zurück in den Ort, und ich bleibe einige Tage hier in seiner Gemeinschaft und versuche, recht schnell den Zauberspruch zu bekommen.»

Meister Mondschein ging zurück, bat den Buddha um Aufnahme in die Gemeinschaft und wurde nun als Bruder Mondschein akzeptiert. Der Buddha gab ihm daraufhin eine Meditationsübung, die die Betrachtung der Bestandteile des Körpers beinhaltete. «Was soll ich damit?», fragte Bruder Mondschein erstaunt. «Das ist eine Übung, die man meistern muss, ehe man den Zauberspruch erhalten kann», antwortete der Buddha.

Bruder Mondschein übte nun eifrig, vertiefte sich darein und erreichte höchste Sammlung. Schließlich führte ihn die Sammlung zur Einsicht in die wahre Natur des Körpers und des Geistes, und in wenigen Wochen erlangte er die wahre Erleuchtung.

Immer wieder waren die Brahmanen gekommen und hatten vergeblich nach dem Zauberspruch gefragt. Doch an dem Tag, an dem er erwacht war, sagte Bruder Mondschein zu ihnen: «Geht nun, und kommt nicht wieder. Ich werde nicht mehr mit euch ziehen. Ich habe etwas erreicht, das ich nie mehr verlieren kann. Was jetzt in mir strahlt, kann man nicht von außen sehen, aber es ist imstande, die ganze Welt zu erleuchten, und wird nicht mehr vergehen. Ich bleibe hier.»

Andere Mönche der Gemeinschaft hörten davon und berichteten den Vorfall dem Buddha, indem sie Zweifel äußerten: «Bruder Mondschein sagt, er habe etwas erreicht, das er nie mehr verlieren könne. Er behauptet, sein Strahlen erleuchte die Welt und vergehe nie mehr. Das ist doch nicht wahr.»

Der Buddha aber antwortete: «Brüder, mein Sohn Bruder Mondschein hat kein Verlangen mehr nach Ansehen, Macht und Reichtum. Seinen Mondschein konnte er verlieren, aber was jetzt in ihm strahlt, das kann er nicht mehr verlieren. Er spricht die Wahrheit.»

Dann hielt er eine Lehrrede über das wahre Strahlen, an deren Ende er sagte:

»Erst der ist ein echter Brahmane und wahrer Meister, der kein Verlangen mehr kennt. Wer innerlich frei ist, dessen Geist leuchtet und strahlt wie der helle Mond. Obwohl man diesen Glanz nicht sehen kann, vermag er doch die ganze Welt zu erleuchten.»

QUELLE: Buddhistische Legenden zum *Dhammapada*, Buch 26, Geschichte 31, Spruch 413.

Die streitenden Mönche

In einem Kloster des Buddha in Kosambi lebten zwei Mönche, die beide anerkannte Lehrer waren, und jeder von ihnen hatte eine große Zahl ergebener Schüler. Der eine war ein Kenner der Lehrreden, der andere verfügte über ein umfassendes Wissen hinsichtlich der Ordensregeln.

Eines Tages ließ der Erstere sein Waschwasser in einem Gefäß stehen und wurde daraufhin vom anderen wegen einer Verletzung der Regeln gerügt. Der Meister der Lehrreden antwortete: «Wenn es ein Vergehen war, tut es mir Leid, und ich bitte um Verzeihung.» Da sagte der andere versöhnlich: «Wenn du es nicht absichtlich getan hast, war es auch kein Vergehen.»

Bei nächster Gelegenheit aber sagte er zu seinen Schülern: «Der Kenner der Lehrreden hat gegen die Ordensregeln verstoßen und es gar nicht bemerkt.» Das sprach sich bald herum, und der beschuldigte Mönch erklärte seinen Schülern: «Das ist seltsam. Zuerst sagt er zu mir, es sei kein Vergehen, und nun behauptet er öffentlich, es sei doch eins. Also ist er ein Lügner.»

Auch das sprach sich herum, und bald war ein heftiger Streit ausgebrochen. Es kam so weit, dass der Kenner der Regeln den anderen öffentlich aus dem Orden ausschloss, was dieser aber nicht akzeptierte, und so formierten sich zwei Parteien, die sich feindlich gegenüberstanden. Im ganzen Kloster gab es bald keinen mehr, der nicht entweder die eine oder die andere Seite unterstützte, und für das benachbarte Nonnenkloster galt dasselbe. Schließlich brachte ein Mönch die Geschichte vor den Buddha. Der ließ den feindlichen Mönchen zweimal die Botschaft überbringen: «Versöhnt euch wieder.» Jedes Mal erhielt er jedoch zur Antwort, sie seien nicht bereit, sich zu einigen. Da rief der Buddha aus: «Die Gemeinschaft darf sich nicht spalten!», und er berief eine Vollversammlung ein. Er hielt eine Rede und versuchte, sowohl der einen als auch der anderen Partei ihr falsches Verhalten zu demonstrieren. Er empfahl ihnen, sechs Dinge, die zu Frieden und Eintracht führen. Nämlich die anderen mit liebevollen Handlungen zu unterstützen, mit liebevollen Worten zu ermutigen und das eigene Herz für die Bedürfnisse der anderen zu öffnen; außerdem das, was man bekommt, mit den anderen zu teilen, die Regeln genau einzuhalten und schließlich das gemeinsame Ziel, das Erwachen, nicht aus den Augen zu verlieren. Dann stellte er eine neue Regel auf: dass jeder, der in öffentlichen Räumen Streit anfing, seine Mahlzeit nicht im gleichen Raum mit den anderen einnehmen durfte.

Dennoch hörten sie nicht auf zu streiten, und nach einigen Tagen hielt der Buddha nochmals eine Rede und sagte: «Es ist genug, ihr Mönche. Hört auf zu streiten. Streitigkeiten, Hader, Zank und Auseinandersetzungen bringen nichts. Durch Streitigkeiten sind schon mächtige Reiche untergegangen.» Und er berichtete von einigen Beispielen aus alter Zeit. Aber sie wollten nicht auf ihn hören, und einer, der den Buddha schonen wollte, sagte: «Verehrter Meister, der Erwachte sollte sich nicht um uns kümmern, sondern ruhig in seiner Kammer sitzen. Der Erwachte sollte ein Leben des Friedens und der himmlischen Ruhe führen können. Dieses Problem müssen wir alleine lösen. Es kann nur einer Recht haben. Um das herauszufinden, müssen wir weiter reden und diskutieren, argumentieren und streiten.»

Da erzählte der Buddha folgende Geschichte: «Vor langer Zeit regierte in Benares ein König namens Brahmadatta, der eroberte das Reich eines anderen Königs namens Dighati und tötete ihn. Einige Jahre später kam der Sohn des getöteten Königs mit einer großen Streitmacht und besiegte Brahmadatta. Obwohl er wusste, dass er es mit dem Mörder seines Vaters zu tun hatte, schenkte er ihm das Leben. Von diesem Moment an herrschte Frieden. Wenn es aber möglich ist, dass sich Könige, die mit Zepter und Schwert regieren, so friedlich verhalten, sollten sich da meine Mönche, die sich aus der bunten Welt zurückgezogen haben, die über eine gute Lehre und ebensolche Regeln verfügen, nicht noch viel weniger streiten? Ihr solltet euer Licht scheinen lassen und der Welt zeigen, dass ihr friedlich zusammen leben könnt.»

Trotz aller Ermahnungen aber gelang es dem Buddha nicht, die streitenden Parteien zu versöhnen. Deshalb sagte er sich: «Unter diesen Umständen ist es nicht gut, in dieser Gemeinschaft zu leben. Ich habe alles getan, doch sie hören nicht mehr auf mich. Ich sollte mich zurückziehen und ein friedliches Leben in der Einsamkeit führen.»

Eines Morgens, nachdem er seinen Almosengang beendet hatte, machte er sich auf den Weg, ohne sich von den Mönchen verabschiedet zu haben. Nachdem er in einigen Dörfern Lehrreden gehalten hatte, kam er schließlich in einen wunderbaren Wald. Er beschloss, dort die folgenden Monate zu verbringen. Am frühen Morgen ging er in die umliegenden Dörfer, um Almosen zu sammeln, und den Tag verbrachte er meistens unter einem riesigen Sala-Baum. Da er mitten in dem Gebiet von Elefanten lebte, gewöhnten sich die Tiere bald an ihn, und einer wurde schließlich ganz zutraulich. Er versorgte ihn sogar mit frischen Früchten und Wasser zum Waschen, beschützte ihn vor anderen wilden Tieren und begleitete ihn auf seinen Gängen zu den Dörfern, wobei er seine Bettelschale trug. Mit der Zeit stellte sich noch ein Affe ein, der auch zahm wurde und den Buddha mit Honig versah. So lebte der Erwachte friedlich, und es fehlte ihm an nichts.

In der Zwischenzeit hatten die Menschen in Kosambi bemerkt, dass sich ihr verehrter Lehrer nicht mehr im Kloster befand. Sie stellten die Mönche zur Rede, und als sie von dem Vorfall hörten, sagten sie ganz aufgebracht: «Ihr wurdet vom Buddha selbst in den Orden aufgenommen, und trotzdem habt ihr nicht auf ihn gehört und nicht das befolgt, was er euch geraten hat. Es ist allein eure Schuld, dass unser Lehrer nicht mehr da ist. Von nun an werden wir euch nicht mehr versorgen.»

Als die Mönche merkten, dass sie kein Essen mehr bekamen und hungern mussten, besannen sie sich recht schnell. Sie setzten sich zusammen, einigten sich, begruben allen Streit und berichteten den Bürgern der Stadt davon. Die aber sagten: «Erst wenn es euch gelungen ist, unseren Lehrer zu versöhnen, und wenn er euch verziehen hat, werden wir euch wieder angemessen versorgen.» Bald sprach sich der neue Aufenthaltsort des Buddha im ganzen Land herum, und viele Menschen baten Ananda, den Vertrauten des Buddha, den Erwachten aufzusuchen und ihn zur Rückkehr zu bewegen. Ananda versammelte die schuldigen Mönche um sich und machte sich mit ihnen auf die Reise. Als sie den stillen Wald erreicht hatten, ließ er die Mönche zurück und ging allein auf die Suche. Schließlich fand er den Buddha zufrieden unter einem großen Baum sitzend, in seiner Nähe ein mächtiger Elefant, der bedrohlich auf den unbekannten Besucher zuging. «Halt!» sagte der Buddha zu dem Elefanten, «Das ist mein vertrauter Schüler.» Und der Elefant legte sich friedlich auf den Boden. Nachdem Ananda Platz genommen hatte, fragte der Buddha: «Bist du allein gekommen?» – «Nein, die streitenden Mönche sind mitgekommen und wollen dich um Verzeihung bitten.» «Dann lass sie kommen», antwortete der Buddha.

Nachdem die Mönche den Buddha begrüßt hatten, sagten sie: «Verehrter Meister, wir haben unseren Fehler eingesehen und uns versöhnt. Es tut uns so Leid, dass Ihr unseretwegen in der Wildnis wohnen musstet. Ihr hattet sicher eine schreckliche Zeit, denn hier gibt es niemanden, der die kleineren und größeren Dienste für euch verrichten konnte, niemanden, der Euch versorgte und der Euch beschützte.»

«Das stimmt nicht, ihr Mönche», erwiderte der Buddha, «die Tiere des Waldes haben mir gedient. Vor allem dieser Elefant hier hat mir geholfen. Er hat mir Wasser und Nahrung gebracht und mich beschützt. Wer einen solch aufrechten und treuen Gefährten hat, der ist glücklich, der kann achtsam sein, der ist geschützt vor allen Gefahren. Wer keinen solchen Freund findet, der sollte besser alleine sein. Wer in der Einsamkeit lebt und nichts Böses tut, dem wird alles leicht. Mit Narren sollte man nicht seine Zeit verschwenden.»

Jetzt erst verstanden die streitenden Mönche den wahren Sinn der Worte des Buddha. Dann brachte Ananda den Wunsch der

Menschen nach der Rückkehr des Buddha vor, und der verehrte Meister willigte ein. Während sie durch den Wald schritten, folgte der Elefant dem Buddha und trug, wie gewöhnlich, seine Bettelschale. Als sie an den Rand des Dorfes kamen, blieb der Buddha stehen und sagte zu dem Elefanten: «Bleib hier, lieber Freund. Ich muss nun für immer gehen. In dieser Form der Existenz ist es dir leider nicht möglich, die Vertiefungen der Meditation zu erfahren, ebenso wenig geistige Einsicht und Befreiung.» Als der Elefant das gehört hatte, steckte er seinen Rüssel ins Maul, weinte und sah sehr traurig aus. Der Buddha fuhr fort: «Du kannst leider nicht mit mir kommen, denn die Menschen würden dich nicht schätzen und hätten nur Angst vor dir. Folge mir nicht weiter.»

Als der Buddha gegangen war, legte sich der Elefant im Wald unter einen Baum und starb an gebrochenem Herzen. Der Buddha erklärte später, der Elefant werde seiner guten Taten wegen als ein mächtiger Gott im Himmel wieder geboren werden.

Nach einigen Tagen erreichten der Buddha und in seinem Gefolge die reumütigen Mönche das Kloster bei Savatthi. Am Eingang standen die Bewohner der Stadt und fragten: «Ehrwürdiger Meister, sind das die streitenden Mönche von Kosambi?» Und als der Buddha das bejahte, erklärten sie: «Wir werden nicht erlauben, dass diese aufsässigen Mönche, die den Orden spalten wollten, dieses Kloster betreten.» Da antwortete der Buddha: «Liebe Bürger, hört zu. Diese Mönche sind gute Menschen. Nur weil sie sich in einer Sache nicht einigen konnten, waren sie so sehr mit Streiten beschäftigt, dass sie nicht mehr auf meine Worte hören konnten. Aber sie sind gekommen, um mich um Verzeihung zu bitten. Lasst sie ruhig eintreten.» Im Kloster versammelten sich alle Mönche, Nonnen und Bürger, und vor aller Augen warfen sich die streitbaren Mönche vor dem Buddha zu Boden und baten um Verzeihung. Da ermahnte sie der Buddha, indem er sagte: «Euer Vergehen war groß, o Mönche. Von mir wurdet ihr in den Orden aufgenommen, und trotzdem seid ihr meinen Anweisungen nicht gefolgt. Zuletzt habt ihr mir überhaupt nicht mehr zugehört. So wäre es euch beinahe gelungen, den Orden zu spalten. Das ist eine schwere Verfehlung.» Am Ende sagte er: «Die meisten Menschen verstehen nicht, wie wichtig es ist, sich selbst zu beherrschen. Wer weiß, wie man sich selbst bezähmt, der wird jeden Zank und Streit in kurzer Zeit beenden.»

Nach dieser Rede fassten die Anwesenden ein tiefes und unerschütterliches Vertrauen in die Lehre und den Weg des Buddha.

QUELLE: Buddhistische Legenden zum *Dhammapada*, Buch 1, Geschichte 5, Spruch 6 sowie Spruch 328, 329 und 330. Mittlere Sammlung, 5. Teil, Rede 48.

Die schöne Nonne Rupananda

Janapada war ein außergewöhnlich schönes Mädchen und die Cousine des Buddha, mit dem sie zusammen aufgewachsen war. Sie erlebte, wie der Mann, den sie als ihren älteren Bruder empfand, im ganzen Land bekannt wurde, eine große Gemeinschaft um sich sammelte, einen Orden für Mönche und für Nonnen gründete und von vielen Menschen als erleuchteter Meister verehrt wurde. Sie erlebte auch, wie Rahula, der Sohn des Buddha, Mönch wurde und ihre Mutter die erste Nonne im Orden der Frauen. Da dachte sie eines Tages: «Alle meine Verwandten leben in der Gemeinschaft des Buddha und widmen sich einem geistigen Leben. Warum soll ich allein ein häusliches Leben führen? Ich will auch dem Orden beitreten und Nonne werden.» So schloss sie sich der Gemeinschaft an, allerdings nicht aus Begeisterung für den Weg, sondern um bei ihrer Familie zu sein. Wegen ihrer Schönheit bekam sie den Namen Rupananda, das heißt «vollkommene Form».

Eines Tages hörte sie von den anderen, dass der Buddha gesagt hatte: «Alles, was uns schön erscheint, ist unbeständig, ist dem Leiden unterworfen, ist unwirklich.» Da dachte sie: «Wenn das so ist, wird es ihm nicht gefallen, dass ich so schön anzuschauen bin.» Von da an vermied sie es, dem Buddha vor die Augen zu treten.

Regelmäßig hielt der Buddha Lehrreden, und die Nonnen und Mönche, die sich abends versammelten, waren immer voll des Lobes darüber und ganz begeistert von den Worten des Erwachten.

Eines Tages überlegte Rupananda: «Sie loben meinen Bruder über alles, sind alle ganz begeistert – ich möchte ihn auch einmal hören. Wie wäre es, wenn ich morgen mitginge, mich aber hinter den anderen Nonnen verbärge?» So sagte sie am nächsten Tag: «Heute will ich mitgehen und die Lehre hören.» Da antworteten die Nonnen: «Es hat lange gedauert, bis in dir der Wunsch aufgetaucht ist, unseren Lehrer zu hören. Heute wird er sicher eine besondere Lehrrede halten.» Und sie freuten sich darauf.

Als sie die Halle betraten, verbarg sich Rupananda hinter den Nonnen. Der Buddha sah sie dennoch und überlegte: «Meine Schwester ist heute gekommen. Wie kann ich ihr mit meiner Rede am besten helfen? Diese Frau weiß, dass sie sehr schön ist, und deshalb haftet sie in einer tiefen Weise an ihrer schönen Erscheinung. Ich muss ihr die Vergänglichkeit und Bedeutungslosigkeit einer schönen Gestalt vor Augen führen.»

Der Buddha begann nun mit seiner Rede und erzählte von einer jungen Frau von 16 Jahren, die so schön war, wie man es sich nur vorstellen konnte. Er beschrieb sie so deutlich, so bildhaft, dass die Nonne Rupananda auf einmal vermeinte, das schöne Mädchen leibhaftig neben dem Buddha stehen zu sehen. Vor Erstaunen riss sie ihre Augen auf und flüsterte: «Oh, wie wunderschön ist ihr Haar, wie wunderschön ihr Gesicht.» Zum ersten Mal in ihrem Leben kam sie sich wie ein hässliches Entlein neben einem herrlichen Schwan vor. Sie war so fasziniert von der Erscheinung, dass sie sich auf der Stelle wünschte, ebenso schön zu sein.

Der Buddha erzählte nun weiter von dieser Frau und verwandelte sie in eine Zwanzigjährige. Rupananda betrachtete sie und spürte eine leichte Enttäuschung: «Die Schönheit ist nicht mehr so makellos», dachte sie. Der Buddha aber setzte seine Schilderung fort und verwandelte die Frau weiter. Zunächst in eine Frau, die schon ein Kind geboren hatte, dann in eine Frau mittleren Alters, schließlich in eine hinfällige alte Frau. Rupananda beobachtete jede Veränderung, und als sie schließlich glaubte, eine uralte Frau zu sehen, ohne Zähne, mit grauem Haar, den Körper gebeugt, auf einen Stock gestützt und zitternd, da empfand sie nur noch Abscheu.

Der Buddha ließ nun die alte Frau krank werden. Sie fiel zu Boden, stöhnte laut und wälzte sich in ihren eigenen Exkrementen. Schließlich erzählte der Buddha vom Tod der alten Frau. Ihr Körper verweste, und Krähen und Hunde fielen über sie her und zerrissen den leblosen Leib. Rupananda dachte: «So wie dieser Frau wird es mir auch ergehen. Mein Körper wird alt werden, krank, und ich werde sterben.» So erkannte sie die Illusion jeder Schönheit und die Vergänglichkeit ihres eigenen Körpers. Als Folge dieser Erkenntnis sah sie auch, dass ihr Körper dem Leiden unterworfen war und keine beständige Substanz besaß.

Da erkannte sie, dass alle Formen der Existenz brennenden Häusern glichen, und ihr Geist öffnete sich der Meditation. Der Buddha aber sah, dass sie noch nicht alleine den tiefsten Grund des Verstehens erreichen konnte, und um ihr zu helfen, sprach er:

«Man muss erkennen, dass diese Ansammlung von Elementen, die wir Körper nennen, im Grunde höchst unvollkommen ist. Was wir als fest ansehen, ist ständig in Bewegung. Was wir als jung und gesund ansehen, hat immer schon den Keim der Krankheit in sich. Was wir als rein und schön ansehen, ist in Wirklichkeit unrein, und während es noch lebt, ist es schon im Verfaulen begriffen.

Wer daran hängt, danach voll Begehren greift, ist wirklich närrisch. Man muss erkennen, dass diese Ansammlung von Elementen keine unvergängliche Substanz hat, keine wahre Bedeutung, dass nichts dahinter steckt, was wir nicht selbst hineinlegen. In Wirklichkeit sind alle Erscheinungen leer.

Deshalb hänge dich nicht an weltliche Erscheinungen. Lass das Begehren nach allem los, was schließlich doch vergehen muss – dann wirst du im inneren Frieden unter uns wandeln.»

Rupanandas Herz öffnete sich für diese Worte, und unerschütterliches Vertrauen zur Lehre des Erwachten ergriff sie.

Der Buddha fuhr fort: «Glaubt nicht, dass dieser Körper wirklich ist. Er ist unbeständig; er ist nicht das, als was er erscheint, er ist nur eine Illusion. Es gibt in diesem Körper nicht das kleinste Teilchen, das man ergreifen könnte.

Der Körper des Menschen ist mit einer Stadt zu vergleichen, die gebaut ist aus Knochen, gepflastert mit Fleisch, gefüllt mit Blut.

In dieser Stadt wohnen nur Alter und Tod, Stolz und Verblendung.»

Am Ende dieser Belehrung konnte Rupananda alle Anhaftungen loslassen, und sie erkannte die Wahrheit über die Vergänglichkeit der Form. Von da an übte sie eifrig, meditierte ausdauernd und folgte den Anweisungen des Buddha und ihrer Lehrer. So geschah es, dass sie noch in diesem Leben das Ziel des geistigen Lebens als Nonne erreichte und eine der erleuchteten Frauen in der Gemeinschaft des Buddha wurde.

QUELLE: Buddhistische Legenden zum *Dhammapada*, Buch 11, Geschichte 5, Spruch 150.

Der mächtige Novize

Anuruddha, einer der erleuchteten Mönche des Buddha, verbrachte einmal eine Regenzeit in der Nähe eines kleinen Dorfes und wurde von einem Mann namens Munda vorbildlich versorgt. Dieser Mann hatte zwei Söhne, von denen der ältere etwa 14 Jahre alt war, der jüngere, der Sumana hieß, erst zehn.

Nachdem die Regenzeit vorüber war, wollte sich Anuruddha wieder auf die Wanderschaft begeben. Da brachte Munda verschiedene Essensvorräte, legte sie dem Mönch vor und sagte: «Bitte nehmt dies mit, verehrter Meister.» «Ich habe genug von dir erhalten», antwortete der Mönch. «Ich nehme keine Vorräte mit.» – «Aber alle Wanderer nehmen Vorräte mit, denn hier gibt es nicht viele Dörfer.» «Nach meinen Regeln darf ich selbst keine Vorräte bei mir tragen, dazu müsste mich schon jemand begleiten», erwiderte der Mönch. «Dann nehmt meinen älteren Sohn mit», schlug Munda vor. «Den brauchst du doch selbst in deinem Haushalt», gab der Mönch zurück, «das wäre nicht in Ordnung.» «Und wie wäre es mit meinem jüngeren Sohn?», fragte der Hausvater.

«Das wäre mir recht, aber das geht nur, wenn dein Sohn Novize in unserem Orden wird.»

Nun hatte der kleine Sumana schon lange eine große Neigung für das geistige Leben und brachte die besten Voraussetzungen dafür mit, so dass er sehr erfreut war über diese Wendung in seinem Leben und sofort begeistert zustimmte.

Er wurde von Anuruddha als Novize in den Orden aufgenommen, und die beiden zogen von nun an gemeinsam durch das Land. Sumana versorgte den Meister und beobachtete alles ganz genau, was der erleuchtete Anuruddha tat, wie er sich verhielt und was er zu den Leuten sagte. Der Meister belehrte ihn gerne und freute sich über den eifrigen Schüler, der jede Anweisung mit Hingabe ausführte. Wenn der ältere Mönch meditierend unter einem Baum saß und Sumana keine sonstigen Aufgaben hatte, tat er es ihm gleich und übte eifrig. Als er merkte, dass der Meister nur wenige Stunden schlief, machte er es ebenso. So bekam er nach einigen Monaten der Wanderschaft tatsächlich Einsicht in die Grundlagen der Lehre des Buddha, verstand den Weg und erreichte eine hohe Stufe der Sammlung. Obwohl er noch so jung war und noch nie den Buddha gesehen oder gehört hatte, wusste er, dass er nie mehr von dem Weg abkommen konnte, der zur Erleuchtung führt.

Eines Tages machte Anuruddha Rast, und Sumana merkte, dass es ihm nicht gut ging. «Was fehlt Euch, verehrter Meister?», fragte er besorgt. «Ich habe Magenschmerzen», sagte der Mönch. «Wie kann ich Euch helfen? Gibt es eine Medizin? Sagt es mir, ich hole sie Euch!», rief der Novize. Der geschwächte Meister antwortete: «Nun, es gibt eine Medizin. Nicht weit von hier befindet sich eine berühmte Heilquelle. Sie wird von einem Mann namens Pannaka bewacht. Geh zu ihm, sag, warum du kommst, und hol mir einen Krug von diesem Wasser. Das wird mich mit Sicherheit heilen. Es ist etwa eine Tagesreise von hier.»

Sogleich lief Sumana los, und als er die Quelle erreicht hatte, sah er, dass sie von einem Zaun umgeben und der Zugang abgeschlossen war. Der Wächter wollte sich eben zur Ruhe begeben. Als er nun das Kind kommen sah, das heftig an das Tor klopfte, wurde er sehr ärgerlich. Er war ein großer, mächtiger Mann und war er es gewohnt, dass man ihn respektierte. «Dieses Bürschchen wagt es, mich zu dieser unmöglichen Zeit zu stören? Der soll schön brav am nächsten Tag wiederkommen. Und wenn er nicht gleich verschwindet, bekommt er überhaupt nichts von mir», brummte er in seinen Bart.

Der Novize aber hatte den Wärter schon entdeckt und rief mit lauter Stimme: «Hör mich an, Wächter der Quelle! Füll mir einen Krug mit deinem Wasser. Ich brauche es als Medizin!» Der Wächter fiel ihm ins Wort: «Du kleiner Lümmel, du kommst zur falschen Zeit. Wenn du Wasser brauchst, geh zum Ganges. Dort fließt genug für dich.» Der Novize überlegte: «Freiwillig wird er mir das Wasser nicht geben. Ich muss ihn irgendwie bezwingen. Vielleicht hilft mir jetzt das, was ich in der Meditation gelernt habe.» Und laut rief er über den Zaun: «Hier werde ich das Wasser holen und sonst nirgendwo! Nur dieses Wasser will ich haben! Wenn du wirklich die Kraft und Macht hast, mich daran zu hindern, dann komm heraus, und zeig es mir!» Da musste der Wächter lachen, weil er von diesem eingebildeten Zwerg herausgefordert wurde. Er trat aus dem Tor, umgürtet mit einem mächtigen Schwert, stellte sich breitbeinig hin und schrie: «Dann hol dir doch das Wasser, wenn du kannst!»

Allein schon seine Erscheinung hätte jeden anderen in die Flucht geschlagen, aber der Novize fragte: «Meinst du das wirklich so?» «Natürlich meine ich das so!», brüllte der Wächter. Da konzentrierte der Novize seinen Geist, ließ die Gedanken daraus verschwinden und richtete seine ganze Willenskraft auf das begehrte Ziel. In vollkommener Achtsamkeit auf jeden Schritt ging er los, und nichts anderes konnte seinen Geist erreichen. Der Wächter griff nach seinem Schwert, aber, wie seltsam – er konnte den Arm nicht heben. Der Junge ging um ihn herum durch das offene Tor und füllte seinen Krug mit dem kostbaren Wasser. Der Wächter wollte ihn daran hindern, doch er vermochte seine Füße nicht vom Boden zu lösen. Erst als der Junge fast außer Sichtweite war, konnte sich der Wächter wieder bewegen. Voll Scham und Wut schaute er ihm nach, denn er hatte sich von einem Kind besiegen lassen.

Nachdem Sumana seinem Meister das Wasser zu trinken gegeben hatte, wurde dieser schnell wieder gesund. Sumana erzählte ihm die Geschichte, und Anuruddha sagte: «Als Nächstes werden wir den Wächter Pannaka aufsuchen. Es ist nicht gut, Menschen in Scham und Ärger zurückzulassen. Du musst dich mit ihm versöhnen.»

Als sie bei der Quelle angekommen waren, begrüßte Anuruddha den Wächter wie einen alten Freund. Doch kaum hatte dieser den Novizen gesehen, schrie er: «Das ist der Junge, der es gewagt hat, mein Wasser zu stehlen. Jetzt werde ich ihn töten und seinen Körper in den Ganges schleudern.»

«Ist es wahr, dass du das Wasser gestohlen hast?», fragte Anuruddha streng. «Nein Meister, das ist nicht wahr. Der Wächter selbst hat es mir erlaubt.» «Was für eine Lüge!», schrie der Wächter erbost. «Mein Novize lügt nicht», sagte Anuruddha sanft, «hast du nicht zu ihm gesagt: ‹Dann hole dir das Wasser, wenn du kannst.› Nun, mein Novize ist deiner Einladung gefolgt und hat sich das Wasser geholt. Er kann noch viel mehr, mehr, als du dir vorstellen kannst. Er hat so viel Macht, dass du ihn trotz deiner außergewöhnlichen Körperkraft niemals besiegen kannst. Deshalb brauchst du dich nicht zu schämen. Er kann noch viel Stärkere besiegen. Er hat das Wasser für mich geholt und nur meinen Wunsch erfüllt. Deine Medizin hat mich geheilt, und dafür danke ich dir. Nun schließe Frieden, und versöhne dich mit dem Novizen Sumana. Wenn ihr Freunde werdet, könnt ihr euch gegenseitig helfen.» Da schlossen sie Frieden und versöhnten sich. Der Wächter Pannaka versprach: «Wenn du jemals wieder mein Heilwasser brauchst, dann komm, wann immer du willst. Ich werde zu jeder Tages- und Nachtzeit für dich da sein.»

Kurze Zeit darauf setzten die beiden ihre Wanderung fort, und nach einiger Zeit kamen sie in das Kloster, in dem sich der Buddha und viele seiner Mönche aufhielten. Diese begrüßten voll Respekt ihren alten Freund Anuruddha, aber als sie sahen, dass er in Begleitung eines Kindes war, machten sie Scherze und nahmen den kleinen Novizen nicht ernst. Obwohl er eine höhere Stufe des Weges als viele von ihnen erreicht hatte, kamen sie gar nicht auf den Gedanken, in ihm einen Gleichgestellten zu sehen, und behandelten ihn nicht mit dem notwendigen Respekt.

Nach dem Essen war Anuruddha zu einem Gespräch beim Buddha eingeladen, und bei dieser Gelegenheit erzählte er dem Erwachten die Geschichte von Sumanas Kampf mit dem Wächter. Der Buddha betrachtete Sumana und stellte fest, dass dieser tatsächlich auf dem sicheren Weg zur Erleuchtung war und Respekt verdiente.

Am nächsten Tag ließ der Buddha während der großen Versammlung allen Novizen des Klosters einen Platz in der vordersten Reihe anweisen. Dann sagte er lächelnd: «Ich habe gehört, eine bestimmte Quelle soll sehr heilsam sein. Ich würde gerne davon trinken. Wer von euch jungen Novizen könnte mir den

Gefallen tun und mir davon einen Krug holen?» Da sprang der junge Sumana auf und erklärte: «Ich kann das tun, verehrter Meister. Ich kenne die Quelle.» – «Aber sie wird von einem mächtigen Krieger bewacht, der Kindern bestimmt keinen Zugang gewährt.» «Kein Problem», sagte Sumana, «ich habe ihn schon einmal besiegt, und außerdem ist er seitdem ein guter Freund von mir. Wenn ich will, bringt er sogar das Heilwasser her.» Die anwesenden Mönche, Nonnen und Bürger waren ziemlich erstaunt über die vorlauten Worte des Kleinen und zweifelten daran.

Da aber ertönte aus der hintersten Reihe ein tiefer Bass, und eine mächtige Kriegergestalt trat nach vorn und sagte: «Das stimmt! Mein Freund hat Recht. Ich bin Pannaka, der Wächter der Quelle, und der Novize Sumana hat mich in ehrlichem Kampf besiegt. Nun aber sind wir Freunde, und ich wollte ihm einen Krug Heilwasser vorbeibringen. Wie ich sehe, komme ich gerade recht, denn es scheint, dass es hier eben gebraucht wird.» Er überreichte dem Knaben den Krug und trat wieder zurück. Sumana gab sogleich das Wasser an den Buddha weiter, und dieser nahm es an und sagte dann: «Wie alt bist du, Novize Sumana?» «Ich bin zehn Jahre alt», antwortete der Gefragte. «Gut, Sumana, du bist noch sehr jung. Aber du sollst von heute an kein Novize mehr sein, sondern ein voll ordinierter Mönch. Ich selbst nehme dich in den Orden auf, und vom jetzigen Zeitpunkt an bist du allen Mönchen hier gleichgestellt.»

Die Leute sprachen noch lange über dieses Ereignis, und die einen lobten die großen Fähigkeiten sowie die außergewöhnliche Macht des kleinen Sumana, während andere immer noch Zweifel hegten. Da hielt der Buddha eine Lehrrede darüber, dass das Erreichen des wahren Ziels des Weges nicht vom Alter abhängig ist. Am Ende sagte er: «Was man auf dem Weg erreichen kann, das können alle erreichen, egal, in welchem Alter sie sind; wichtig ist nur, mit welcher Hingabe man sich der Lehre widmet, wie aufrichtig und entschlossen man den Weg geht. Solch ein Mensch, auch wenn er noch sehr jung ist, wird die Welt ebenso erleuchten wie der Vollmond die Erde, wenn er hinter den Wolken hervortritt.»

QUELLE: Buddhistische Legenden zum *Dhammapada*, Buch 25, Geschichte 12, Spruch 382.

Das Volk der Shakya

Als der Buddha durch Nordindien wanderte und dort lehrte, hielt er sich oft im Gebiet von Kosala auf, wo der König Pasenadi herrschte. In der Stadt Savatthi fand er viele Anhänger, und er wurde von zahlreichen Einwohnern unterstützt. So wuchs seine Gemeinde rasch.

Auch der König beobachtete den großen Zulauf, und eines Tages lud er den Buddha und eine Anzahl von Mönchen und Nonnen in seinen Palast ein. Er bewirtete sie vorzüglich, hörte alle Lehrreden und sagte nach einiger Zeit zum Buddha: «Von nun an sollst du mit deinen Mönchen nur noch zu mir kommen.» «Ich habe viele Verpflichtungen», antwortete der Meister. «Viele wollen mich sehen. Ich kann nicht allein zu dir kommen.» «Nun, dann sende wenigstens jeden Tag einige Mönche», entgegnete der König, und so geschah es.

Aber schon nach kurzer Zeit ließ die Begeisterung des Königs nach. Er hatte anderes im Kopf, vernachlässigte die Mönche und blieb den Mahlzeiten fern. Da seine Diener die Regeln der Mönche nicht kannten, wurden diese im Hause des Königs nicht mehr bedient. Deshalb blieben die Mönche und Nonnen schließlich weg.

Als der König eines Tages wieder einmal zu einer Mahlzeit kam und keine Mönche und Nonnen sah, ärgerte er sich und suchte den Buddha auf, um sich über die Undankbarkeit der Ordinierten zu beklagen. Der Erwachte entgegnete: «Wir haben gewisse Regeln und leben streng danach. Wir nehmen nichts, was uns nicht gegeben wird. Wer uns Essen gibt, muss es in unsere Schale tun, sonst sind wir nicht sicher, dass es gegeben wird. Wenn in einem Haus niemand ist, der uns zu einem Platz einlädt oder Wasser zum Waschen reicht, betrachten wir das als Zeichen, dass wir nicht willkommen sind, und ziehen weiter. Wenn meine Mönche und Nonnen in einem Haus Essen bekommen, so möchten sie sich bedanken, indem sie die Lehre verkünden. Wenn niemand da ist, um zuzuhören, verlassen sie solch ein Haus und kommen nicht wieder.»

Zwar hatte der König zugehört, aber er hatte es nicht verstanden und dachte bei sich: «Das allein wird wohl nicht der Grund dafür sein, dass seine Leute nicht mehr kommen. Ich glaube, sie haben kein Vertrauen zu mir. Der Buddha war einst ein König wie ich. Sein Reich grenzt an meines. Wenn ich eine seiner Schwestern heirate, werden mich auch die Mönche und Nonnen respektieren.» So nahm er Kontakt zu den Shakya auf, dem Volk des Buddha, und heiratete eine Verwandte des Erwachten. Auf diese Weise versuchte Pasenadi auch, den Frieden zwischen den beiden Königreichen aufrechtzuerhalten. Dennoch gab es immer wieder Konflikte, und die Ratgeber des Königs behaupteten, die neue Frau des Königs sei wegen ihrer Mutter von niedriger Geburt. Der Buddha konnte auch diesen Streit schlichten, aber eines Tages starb der König überraschend, und es ging das Gerücht um, sein Neffe Vidudabha habe ihn ermorden lassen. Dieser bestieg auch sogleich den Thron, und es dauerte nicht lange, da grub er die alten Geschichten wieder aus. Er behauptete, die Shakya hätten sein Volk betrogen, und zog mit einer Armee aus, um das Nachbarvolk zu überfallen.

Der Buddha hörte davon, und als die Armee vor der Hauptstadt der Shakya lagerte, setzte er sich vor das Zelt des jungen Königs. Als dieser den hoch geachteten Lehrer sah, begrüßte er ihn ehrfürchtig, setzte sich zu ihm und sagte: «Warum sitzt Ihr hier in der prallen Sonne, verehrter Meister. Kommt in mein Zelt.» «Macht Euch keine Gedanken, großer König», antwortete der Buddha. «Der Schatten meines Volkes sorgt dafür, dass mir nicht zu heiß wird.»

Da erkannte Vidudabha, dass der Buddha gekommen war, um sein eigenes Volk zu schützen, und er kehrte mit seinem ganzen

Heer zurück in sein Land. Aber nach einiger Zeit hatte er wieder den Wunsch, die Shakya zu besiegen und sein Königreich zu vergrößern. Auch dieses Mal konnte ihn der Buddha davon abhalten. Doch als der König ein drittes Mal mit einer Armee anrückte, sah der Buddha, dass es nicht möglich war, das Schicksal von seinem Volk abzuwenden. Er erkannte, dass schlechte Handlungen aus der Vergangenheit zur Reife gekommen waren, und seinem Volk Krieg und Leid bevorstand. Deshalb mischte er sich nicht mehr ein.

So kam es, dass Vidudabha die Shakya, von denen viele Gewaltlosigkeit praktizierten, mühelos unterwarf und viele von ihnen tötete. Auf dem Heimweg lagerte er auf einer Insel in einem mächtigen Fluss. Die Männer waren erschöpft und sanken in tiefen Schlaf. In der Nacht zog ein gewaltiges Unwetter herauf, und in kürzester Zeit ging so viel Wasser nieder, dass der Fluss zu einem wilden Strom anschwoll, der Pferde, Geräte, Krieger und auch den König selbst mit sich riss.

Nach diesen Schicksalsschlägen auf beiden Seiten schloss man schließlich Frieden und fragte den Buddha, weshalb alles so hatte kommen müssen. Der Erwachte erklärte in einer Rede, dass die Shakya die Folgen von bösen Taten aus vergangenen Leben zu erleiden hätten. Den Untergang des Heeres und des jungen Königs aber nahm er als Beispiel für die Unsicherheit des Lebens. Er sagte: «Ehe man sich alle Wünsche erfüllt hat, kommt plötzlich der Tod und trägt einen hinweg. In jedem Augenblick des Lebens, gerade wenn wir uns sicher wähnen und glücklich sind, kann uns der Tod wegreißen, wie eben diese Flut alle Männer überwältigt hat.»

QUELLE: Buddhistische Legenden zum *Dhammapada*, Buch 4, Geschichte 3, Strophe 47.

Moggallanas Tod

Als der Buddha lehrend durch Indien zog, verbreitete sich sein Ruhm sehr rasch, und die Zahl seiner Anhänger wuchs jeden Tag. Er gründete viele Klöster, und sein Orden war bald die größte geistige Gemeinschaft im ganzen Land. So kam es, dass Angehörige anderer religiöser Gruppen manchmal nicht mehr ausreichend unterstützt wurden, sich benachteiligt fühlten und neidisch waren.

Eines Tages versammelte sich eine radikale Gruppe von Asketen und überlegte, was den Erfolg des Buddha bewirkt haben könnte. Schließlich stellten sie fest: «Das liegt nur daran, dass Bruder Moggallana bei ihm ist. Dieser Mönch hat überweltliche Fähigkeiten und ist ein großer Magier. Er begibt sich in Himmelswelten, und dort fragt er die Götter, welche Taten Gewinn und Erfolg bringen. Er wandelt in Höllenwelten, und dort fragt er die Teufel, welche Taten Unglück und Verderben nach sich ziehen. Danach richten sich dann die Anhänger des Buddha, und so erwerben seine Mönche und Nonnen Ansehen und werden reich. Wenn wir nun Moggallana ausschalten, werden auch wir wieder unterstützt und können in Wohlstand und ohne Sorgen leben.» Sie waren so von dieser Theorie überzeugt, dass sie daran gingen, ihr Vorhaben in die Tat umzusetzen. Es gelang ihnen, so viel Geld aufzutreiben, dass sie eine Gruppe von Mördern anheuern konnten, die den Auftrag bekamen, Moggallana zu töten.

Moggallana lebte zu dieser Zeit in einer einsamen Hütte außerhalb des Klosters, in dem sich der Buddha aufhielt. So schien es der Bande leicht, den Mönch zu überraschen, und eines Nachts schlichen sie sich leise an. Nachdem sie in die Hütte eingedrungen waren, mussten sie feststellen, dass ihr Opfer nicht zu Hause war. Moggallana war von mitfühlenden Menschen gewarnt worden und hatte die Nacht im Kloster verbracht.

Als er am nächsten Tag in seine Hütte zurückkehrte, sah er noch die Spuren der Eindringlinge. Einige Tage später kamen die Mörder wieder, aber auch dieses Mal hatte der Bruder eine Warnung erhalten und war nicht in seinem Heim geblieben. Es vergingen ein paar Tage, da wurde er zum dritten Mal gewarnt. «Warum verfolgen sie mich so hartnäckig?», dachte Moggallana und setzte sich zur Meditation hin, um die Ursache dieser Vorfälle zu ergründen. Er ließ seine vergangenen Leben vorbeiziehen, und da sah er eine abscheulich böse Tat, die er vor langer, langer Zeit begangen hatte. «Den Folgen dieser Tat kann ich nicht entkommen», sagte er zu sich, «diese bitteren Früchte muss ich auf jeden Fall ernten.» So beschloss er, nicht mehr zu fliehen, und blieb gelassen in seiner Hütte sitzen. Tatsächlich kamen am Abend die Mörder wieder. Von der Gier nach dem Geld getrieben, machten sie nicht viele Umstände und schlugen auf ihn ein, bis er aus vielen Wunden blutend zu Boden fiel und reglos liegen blieb. Da waren sie von seinem Ende überzeugt und verließen den Schauplatz ihres Wütens.

Moggallana aber war nicht tot, und kraft seiner Geistesbeherrschung gelang es ihm, das Blut zum Stillstand zu bringen und das fliehende Leben in seinen schwer verletzten Körper zurückzuzwingen. Er dachte: «Ehe ich in das Reich ohne Geburt und Tod gehe, will ich mich von meinem Lehrer verabschieden.»

Mit übermenschlicher Anstrengung richtete er sich auf und schleppte sich den vertrauten Weg entlang bis in das nahe gelegene Kloster. Als er endlich den kleinen Raum erreicht hatte, in dem der Buddha am Abend zu sitzen pflegte, brach er an der Tür zusammen. Der Buddha selbst hob ihn auf und bettete ihn auf ein bequemes Lager. Moggallana öffnete die Augen und sagte: «Verehrter Lehrer, mit meinem Körper geht es zu Ende. Ich bin dabei, das Reich ohne Geburt und Tod zu betreten.» Der Buddha antwortete: «Kannst du noch eine Weile unter uns bleiben, lieber

Bruder?» «Ich will es versuchen, verehrter Lehrer», erwiderte der tödlich Verletzte.

«Kannst du uns noch eine Lehrrede halten?», fragte der Buddha. «Denn so einen Schüler wie dich werde ich nicht mehr haben, und solch eine Rede wird man nicht mehr hören.» Der ehrwürdige Mönch nickte, und der Buddha veranlasste eine Versammlung seiner besten Schüler, zu denen Moggallana noch einmal sprach. Dann aber war die Zeit für ihn gekommen, und der erleuchtete Mönch verließ dieses Leben, um nicht mehr wiederzukehren.

Sofort verbreitete sich die Neuigkeit im ganzen Land: «Gemeine Mörder haben Moggallana den Großen umgebracht.»

Die Verbrecher aber waren so dreist, sich bei einem Trinkgelage mit ihrer Tat zu brüsten. So verrieten sie sich. Da sandte König Ajatasattu Soldaten aus, und schon bald hatte man die Mörderbande aufgespürt. Sie wurden eingesperrt, und kurz darauf verhaftete man auch die Asketen, die sie zu dem Verbrechen angestiftet hatten. Als Folge ihrer bösen Tat wurden sie grausam gefoltert, und ihre Anführer wurden öffentlich bei lebendigem Leib verbrannt.

Im Kloster des Buddha kam die Gemeinde in der großen Versammlungshalle zusammen und besprach den Vorfall. «Moggallana hat einen Tod gefunden, den er nicht verdient hat», sagten sie. Als der Buddha hörte, worüber sie sprachen, sagte er: «Brüder und Schwestern, wenn ihr nur das gegenwärtige Leben von Moggallana anschaut, dann habt ihr Recht. Aber die Art seines Todes war das Ergebnis einer bösen Tat aus einem früheren Leben.»

«Was hatte er denn getan?», wollten die Brüder wissen.

«Vor langer, langer Zeit», berichtete der Buddha, «war Moggallana ein junger Mann, der bei seinen Eltern lebte und für sie sorgte. Eines Tages geriet er jedoch in schlechte Gesellschaft. Seine Eltern waren ihm nun im Weg, und eines Tages führte er sie in den Wald und ermordete sie dort. Diese schreckliche Tat bewirkte, dass er für tausende von Jahren in den Höllenwelten leben musste. Doch selbst in seinem jetzigen tadellosen Leben musste er noch einmal die Frucht seiner Tat ernten. Nun aber ist er frei und wird nicht mehr geboren werden und nicht mehr sterben.

Auch die bezahlten Mörder und ihre Auftraggeber werden für lange Zeit großes Leid erdulden müssen.»

Bei dieser Gelegenheit hielt der Buddha eine Rede, in der er unter anderem sagte:

«Wer Unschuldige quält und tötet, den wird schon bald die eine oder andere dieser zehn Folgen treffen:

Er wird schreckliche Schmerzen erleiden müssen. Sein Körper wird gefoltert oder verstümmelt werden.

Er wird schwere Krankheiten erleben. Er wird geistig umnachtet sein oder gänzlich den Verstand verlieren.

Er wird von den Herrschern und Behörden verfolgt werden. Er wird angeklagt und verurteilt werden.

Er wird seine Verwandten und seine liebsten Mitmenschen verlieren. Seine Reichtümer werden verschwinden.

Sein Besitz und seine Haus werden ein Raub der Flammen werden.

Nach seinem Tod wird solch ein Unwissender im Bereich der Höllenwelten wieder geboren werden.»

QUELLE: Buddhistische Legenden zum *Dhammapada*, Buch 10, Geschichte 7, Strophe 137 bis 140. Mittlere Sammlung, 2. Teil, Rede 15.

Devadatta will den Orden spalten

Nachdem sich der Ruf des Buddha als erleuchteter Meister über das ganze Land verbreitet hatte, folgten viele adelige junge Männer seinem Beispiel, da der Buddha selbst der Sohn eines Landesfürsten war. Auch die begabtesten Mitglieder seiner eigenen Familie traten in den Orden ein. Obwohl sie wussten, dass sie dann mit ihren Dienern, mit Bürgern und Bauern gleichgestellt waren und ihr Leben als Bettelmönche verbringen mussten, nahmen sie freudig alles auf sich, um die Erleuchtung, das hohe Ziel des Weges, zu erlangen.

Eines Tages schlossen sich sechs Männer der Kriegerkaste zusammen, unter ihnen Devadatta, ein Neffe des Buddha. Sie zogen aus und ließen ihr weltliches Leben hinter sich, um Mönche des Buddha zu werden. Sie wurden alle aufgenommen, bekamen ein einfaches Gewand, eine Bettelschale und vom Buddha selbst Belehrungen. Sie machten schon bald große Fortschritte auf dem Weg und hatten tiefe Einsichten. Nach kurzer Zeit gehörten sie zu den ranghöchsten Mönchen des Buddha und wurden von den Menschen wegen ihrer Weisheit besonders geschätzt und verehrt.

Devadatta wurde ein guter Redner mit starker Überzeugungskraft. Allerdings war er nicht frei geworden von der Lust, zu herrschen und auf andere einzuwirken. Als er sah, welchen Einfluss der Buddha auf die politischen Herrscher seiner Zeit ausübte, wollte er auch solche Macht besitzen.

Zu dieser Zeit hatte gerade in einem benachbarten kleinen

Königreich ein junger, unerfahrener König namens Ajatasattu mit Gewalt die Regierung übernommen. Zu ihm ging Devadatta, schmeichelte sich ein, überzeugte ihn durch seine Reden und wurde für ihn ein wichtiger Ratgeber. Er gewann Macht und Einfluss, wurde geehrt und immer eingebildeter. Bald fühlte er sich dem Buddha ebenbürtig und war überzeugt davon, ein ebenso großer und erleuchteter Meister zu sein. So war es kein Wunder, dass er eines Tages auf die Idee kam, Nachfolger des Buddha werden zu wollen und der neue Meister der ganzen Gemeinschaft.

Als der Buddha eine Regenzeit in Veluvana verbrachte, kam Devadatta mit seinem Gefolge zu Besuch. Nachdem der Buddha vor vielen tausend Menschen in Anwesenheit von Fürsten und Königen gesprochen hatte, stand Devadatta auf, verbeugte sich vor dem Buddha und sagte: «Verehrte Gäste, liebe Brüder und Schwestern, ich glaube, ihr werdet mir alle zustimmen, dass der Buddha unser aller verehrter Meister ist. Er gibt uns seine ganze Kraft und Ausdauer und geht bis an seine Grenzen. Ich denke, es wird Zeit, dass wir ihn etwas schonen und entlasten. Seht doch, auch vor ihm macht das Alter nicht Halt; ich bin der Meinung, wir sollten dafür sorgen, dass er nicht mehr so schwer arbeiten muss, und ihm ein angenehmes Dasein ermöglichen. Er soll das Ende seines Lebens genießen und sich nicht mehr um alles kümmern müssen. Dennoch müssen wir bedenken, dass der Orden eine Führung braucht, eine weise Lenkung und eine ordnende Hand.

Obwohl das eine große Verantwortung darstellt, schwer zu tragen und nicht leicht zu erfüllen ist, habe ich mich nach langer Prüfung doch entschlossen, diese Aufgabe zu übernehmen und den Orden zu führen.»

Viele Zuhörer waren erstaunt, denn sie wussten, dass der Buddha keinen Nachfolger bestimmt hatte. Da erhob sich der Erwachte und ergriff das Wort. Er lehnte Devadattas Vorschlag ab und enthüllte mit wenigen Worten die wahren Absichten des Mönchs, seine Gier nach Herrschaft und Anerkennung. Er nannte ihn vor der großen Versammlung einen Heuchler und Lügner, der hinter schönen Worten seine unheilvolle Sucht nach Macht und Einfluss verberge.

Derart abgewiesen und bloßgestellt, war Devadatta natürlich

zutiefst gekränkt und reiste sofort ab. Nun erst begann er den Buddha zu hassen und sann darüber nach, wie er ihm Schwierigkeiten bereiten konnte. Das ging so weit, dass er schließlich selbst davon überzeugt war, den Orden viel besser leiten zu können als der alternde Buddha. Schließlich sah er nur noch eine Möglichkeit: Er musste etwas unternehmen, um den starrsinnigen, alten Führer der Gemeinschaft zu beseitigen.

So gab er einigen Leuten Geld mit dem Auftrag, den Erleuchteten zu töten, doch sie kehrten alle nicht mehr zurück. «Ich kann mich auf niemanden verlassen», dachte er, «der Buddha verhext sie alle, also muss ich es selbst tun.»

Als er von einer Reise des Buddha erfuhr, versteckte er sich bei einer Schlucht, und als die Mönche unten angekommen waren, rollte er einen großen Felsbrocken in den Abgrund. Der Stein polterte ins Tal und verfehlte den Buddha nur knapp, so dass dieser zwar von Staub und Geröll getroffen wurde, aber unverletzt blieb.

Nach diesem Fehlschlag kam Devadatta auf eine andere Idee. Er richtete einen kampferprobten Elefanten ab, auf sein Wort zu hören, und als der Buddha eines Tages mit Ananda eine schmale Straße entlangging, hetzte er den Elefanten auf ihn. Als das Tier heranstürmte, stellte sich Ananda schützend vor den Buddha. Sobald aber das wilde Tier in die Reichweite der liebevollen Ausstrahlung des Buddha kam, beruhigte es sich und blieb stehen.

Obwohl man Devadatta nichts nachweisen konnte, begannen die Leute zu reden und ihn zu verdächtigen. Schließlich verlor er auch die Gunst des jungen Königs, und so kehrte er eines Tages in die Gemeinschaft des Buddha zurück. Er versuchte nun, mit seiner alten Fähigkeit, der Überzeugungskraft seiner Worte, im Orden wieder Fuß zu fassen.

Aber es gelang ihm nicht, das Vertrauen der anderen Mönche zu gewinnen und eine einflussreiche Position in der Gemeinschaft zu erlangen. Da dachte sich der ehrgeizige Mönch etwas anderes aus. Er trat vor die versammelten Brüder, beklagte den verweichlichten Lebensstil der Mönche des Buddha und sagte: «Sollten die wahren Mönche nicht im Wald leben statt in festen Klöstern? Sollten sie nicht wirklich Bettler sein und von Abfall leben, als sich in feine Häuser einladen zu lassen? Sollten sie nicht echte Lumpen anziehen, aus dem Müll gefischt, statt sich kostbare Roben schenken zu lassen? Sollten sie nicht auf Fisch und Fleisch verzichten, statt sich von den Fürsten mit fetten Brocken verwöhnen zu lassen und den Anschein zu erwecken, als hätten sie mit dem Töten von Lebewesen nichts zu tun, während sie die Tiere genüsslich verspeisen? Wer also wirklich Mönch sein will, wer tatsächlich die Befreiung vom Leiden finden möchte, der komme mit mir!» So stellte er also fünf Forderungen auf. Der Buddha aber sagte: «Devadatta, wer nach solchen Regeln im Wald als Einsiedler leben möchte, der soll das tun. Diese können aber keine verbindlichen Regeln für alle sein.»

Devadatta antwortete: «Meine Regeln sind die wahren Regeln. Wenn ihr nicht danach lebt, so machen wir uns selbständig, gründen unseren eigenen Orden und trennen uns von der alten Gemeinschaft. Wir werden die wahren Mönche sein, die den Weg der Befreiung gehen, und mich werden die Menschen als den Meister anerkennen.»

Unter den Mönchen gab es viele, denen Devadattas Rede gefiel, und nicht wenige, die sich ihm anschlossen. Obwohl ihn der Buddha ermahnte und davor warnte, die Gemeinschaft zu spalten, sammelte er zahlreiche Anhänger um sich und verließ mit ihnen das Kloster. Als der Buddha davon hörte, sagte er: «Devadatta wird dem Orden keinen großen Schaden zufügen, und die meisten, die ihm folgen, werden bald wieder zurückkehren, aber sich selbst wird er in diesem Leben und in zukünftigen Existenzen in schlimmster Weise schaden. Eine Gemeinschaft von Menschen, die die Chance haben, erleuchtet zu werden, zu spalten und aus Machtstreben auf den falschen Weg zu führen ist ein großes Vergehen.»

Devadatta versuchte nun, seinen eigenen Orden zu führen, und er imitierte den Buddha in Rede und Art, aber nach und nach merkten viele, dass er kein gutes Vorbild war und ihnen den Weg zur Erleuchtung nicht zeigen konnte. So verließen sie ihn wieder. Schließlich wurde Devadatta ernsthaft krank und verlor alle seine Schüler. Einsam lag er nun da, hatte viel Zeit, um nachzudenken, und am Ende erkannte er, dass er Unrecht getan hatte. Jetzt hatte er nur noch einen Wunsch: den Buddha noch einmal zu sehen und ihn um Vergebung zu bitten. Zunächst fand er niemanden, der ihn dorthin bringen wollte, aber schließlich luden ihn einige alte Freunde aus Mitleid auf eine Trage und machten sich mit ihm auf den Weg.

Unterwegs ruhten sie sich an einem See aus und erfrischten sich. Trotz seiner Schwäche ging auch Devadatta zum Ufer. Während die anderen badeten, rutschte er im Schlamm aus, glitt in den See, und ehe ihm jemand helfen konnte, war er versunken. Seltsamerweise kam sein Körper nicht mehr hoch. Er blieb verschwunden, so, als habe ihn der schlammige Boden des Sees verschluckt.

Als der Buddha davon erfuhr, sagte er zu seiner Gemeinschaft: «Devadatta war es nicht vergönnt, mich in diesem Leben noch einmal zu sehen. Er wollte meine Vergebung, aber ich habe ihn nie gehasst. Die bösen Taten haben Devadatta schon in diesem Leben ein schreckliches Ende beschert, und er wird in vielen weiteren Existenzen schreckliche Leiden erfahren. Doch eines Tages, in ferner Zukunft, wird auch er ein Buddha werden.»

QUELLE: Buddhistische Legenden zum *Dhammapada*, Buch 1, Geschichte 12, Spruch 17.

Der Tod des Buddha

Der Buddha war schon achtzig Jahr alt und reiste immer noch zu Fuß durch das nördliche Indien, betreut von seinem treuen Schüler und Assistenten Ananda und meistens von vielen Mönchen begleitet. Wo immer er war, belehrte er unermüdlich zahlreiche Menschen, gab Herrschern gute Ratschläge, bekehrte Fürsten und Adlige, ermahnte seine Mönche und Nonnen und beantwortete Fragen. Obwohl ihn viele Menschen sehen wollten, hatte er immer noch Zeit für persönliche Gespräche. Vor allem achtete er darauf, dass die Mönche und Nonnen gutes, vorbildliches Benehmen zeigten und die Grundlagen seiner Lehre verstanden. Falsche Auslegungen prangerte er unbarmherzig an, und in vielen Streitgesprächen beschämte er seine Gegner. Den im weltlichen Leben stehenden Menschen führte er immer wieder die Vorteile eines tugendhaften und großzügigen Lebens vor Augen.

Vielen Leuten war bekannt, dass der Erwachte in die unsichtbaren Welten sehen konnte und wusste, in welche Welten verstorbene Menschen gelangt waren, und so kam es, dass sie ihn oftmals mit solchen Fragen belästigten. Deshalb versuchte ihnen der Meister immer wieder zu zeigen, wie sie in sich selbst solches Wissen und solche Weisheit finden konnten.

Der Buddha belehrte alle Menschen aus jeder Kaste, und er nahm auch von allen Einladungen an. Bei Königen und Fürsten war er zu Gast, bei Brahmanen und Ministern, bei Kaufleuten und Bauern, bei Handwerkern und Ausgestoßenen. In Vesali nahm er sogar die Einladung einer bekannten Kurtisane an und verärgerte damit die Adligen, die ihn ebenfalls zu sich gebeten hatten.

Einmal verbrachte er einige Tag alleine mit Ananda in einem kleinen Dorf, und dort befiel ihn eine schwere Krankheit. Da wusste der Buddha, dass sein Körper sehr alt und schwach geworden war und der Tod nahe bevorstand. Er wollte aber nicht sterben, ohne sich von seiner Gemeinschaft zu verabschieden und letzte Anweisungen zu geben, und so gelang es seinem Willen, seinen Körper noch einmal gesund werden zu lassen. Ananda hatte sich während der Krankheit große Sorgen gemacht, und als er sah, dass sein Lehrer wieder genesen war, sagte er: «Verehrter Meister, während Eurer Krankheit war ich völlig verzweifelt. Nur eines hat mich aufrecht gehalten: Ich war mir sicher, dass Ihr nicht in das Nirvana eingehen würdet, ohne Anordnungen hinsichtlich Eurer Nachfolge gegeben zu haben.»

Da antwortete der Buddha: «Ich bin hochbetagt, mein Körper ist schwach, ich werde nicht mehr lange leben. Die Gemeinschaft sollte daher auf meinen baldigen Tod vorbereitet sein. Aber Anordnungen bezüglich meiner Nachfolge habe ich keine zu treffen. Ich habe euch die Lehre gegeben – sie soll in Zukunft eure Leitung sein. Ich habe den Orden nicht alleine geführt, er hat sich nach den gegebenen Regeln selbst geführt. Da ich nicht euer Führer war, braucht auch niemand nach mir die Führung zu übernehmen. Ihr benötigt keinen, der euch lenkt und schützt. Die Lehre selbst soll euer Schutz sein. Das genügt vollkommen. Seid euch des Körpers bewusst, seid euch der Empfindungen bewusst, seid euch der Gedanken bewusst, seid euch aller Erscheinungen bewusst. Wenn ihr das ständig übt, dann habt ihr den besten Schutz, die beste Führung. Mehr braucht ihr nicht.»

Ananda war tief betroffen und sagte: «Verehrter Meister, könntet Ihr nicht aus freiem Willen und aus Mitleid für uns arme Menschen doch noch eine Wiedergeburt anstreben. Könntet Ihr nicht nochmals als Mensch erscheinen, um in einem weiteren Leben unzählige Wesen zu belehren und zu retten?»

Da antwortete der Erwachte: «Wenn du mich früher einmal gefragt hättest, als ich noch jünger war, da hätte ich vielleicht eine solche Entscheidung treffen können. Jetzt aber, Ananda, ist es zu spät. Es ist beschlossene Sache, dass ich nicht mehr wiederkehre.

Habe ich nicht immer gesagt, dass alles, was geboren wurde, auch vergehen muss. In drei Monaten wird dieser Körper sterben, und ich werde in das Reich gehen, in dem es keine Geburt und keinen Tod mehr gibt.»

Auf Wunsch des Buddha berief Ananda eine Versammlung ein, und viele hundert Mönche und Nonnen erschienen zur angegebenen Zeit. Ihnen hielt der Buddha eine Lehrrede über das rechte Bemühen, das rechte Nachdenken, die Bedingungen für die Erleuchtung und den achtfachen Pfad. Am Ende verkündete er ihnen sein bevorstehendes Ableben, und diese Nachricht sprach sich schnell im ganzen Land herum. Viele Mönche und Nonnen waren traurig, weinten und klagten. Es gab aber auch welche, die diese Nachricht zum Anlass nahmen, intensiv zu üben, um noch zu Lebzeiten ihres Meisters die Erleuchtung zu erlangen. Von ihnen sagte der Buddha bei einer passenden Gelegenheit: «Diejenigen, die in Erwartung meines baldigen Todes intensiv üben, sind auf dem richtigen Weg. Sie erweisen mir die größte Ehre, und das Geschenk, das sie mir durch ihren Fortschritt auf dem Weg machen, ist mehr wert, als alle anderen Gaben. Wer auf diese Weise übt, wird allerdings selbst mit dem größten Geschenk bedacht werden, nämlich mit der inneren Freiheit. Das wird ihm die größte Freude bereiten und bereitet auch mir große Freude. Das ist die Art von Verehrung, die ich mir wünsche.»

Der Buddha wanderte weiter durch das Land, besuchte viele kleinere und größere Orte und hielt wichtige, bis heute überlieferte Lehrreden. Einmal fragten ihn Mönche, wie denn die rechte Lehre von anderen zu unterscheiden sei. Der Buddha antwortete: «Was immer ihr von einem Mönch, einer Nonne oder einem anderen Lehrer hört und wovon gesagt wird, es sei meine Lehre, das müsst ihr prüfen. Prüft, ob ihr es in einer Lehrrede, die ich gehalten habe, ebenso gehört habt, und prüft, ob es mit den Regeln, die ich aufgestellt habe, zusammenpasst. Wenn nur eines von beiden nicht zutrifft, so ist es sicher nicht meine Lehre, die verkündet wird.»

Schließlich kamen sie in die Stadt Pova und wurden dort im Hause eines Schmieds namens Cunda bewirtet. Unter den Speisen war jedoch ein Gericht, das nicht in Ordnung war. Der Buddha hatte schon davon gegessen, als er dem Schmied den Rat gab, diese Speise wegzuwerfen. Kurz nach dieser Mahlzeit wurde der Buddha wieder krank und von einem starken Durchfall geplagt. Trotzdem zog er schon bald mit Ananda weiter, um die Stadt Kusinara aufzusuchen. Unterwegs trafen sie einen ehemaligen Schüler des Alara Kalama, bei dem auch der Buddha einst gelernt hatte, und in einem längeren Gespräch machte ihn der Erwachte mit seiner eigenen Lehre bekannt und überzeugte ihn davon.

Danach schlugen sie ein Lager unter Bäumen auf, und der Meister sagte zu Ananda: «Die Mahlzeit des Schmiedes Cunda war das Letzte, was ich in diesem Leben zu mir genommen habe. Aber macht bitte dem Schmied keinen Vorwurf. Im Gegenteil. Es ist ein ganz besonders verdienstvolles Werk, einem Erleuchteten vor seinem Eingang in das endgültige Nirvana die letzte Mahlzeit gegeben zu haben.»

Ananda war sehr betrübt und fragte am Abend: «So viele Menschen kommen jeden Tag, um uns zu besuchen. Wo sollen sie hingehen, wenn der Erwachte nicht mehr unter uns weilt?» Der Buddha lächelte: «Oh, Ananda, es gibt mindestens vier Stätten, die ihr besuchen könnt, wenn ich nicht mehr bin. Da ist der Ort meiner Geburt, dann der meiner Erleuchtung, der Ort, an dem ich die erste Lehrrede hielt, und schließlich der Ort, an dem ich sterben werde. Wer diese Orte mit offenem Herzen besucht, wird meine Gegenwart spüren und noch lange nach meinem Tod belehrt und reich beschenkt werden.»

Nun wollte Ananda wissen, wie man mit dem Leichnam des Buddha verfahren solle. Darauf antwortete der Erwachte: «Tut das, was eben üblich ist bei einem Erleuchteten. Lasst ein Grabmal und Gedenkstätten errichten, damit sich die Menschen an mich erinnern und dadurch zur inneren Ruhe gelangen. Aber viel wichtiger als alle äußeren Zeichen ist es, Ananda, dass ihr alle weiter bemüht seid, meiner Lehre zu folgen, mit ganzem Herzen und größtem Einsatz.»

Da konnte sich Ananda nicht mehr zurückhalten und verließ den Erleuchteten, stellte sich an eine Mauer und weinte und klagte laut: «Ach, ich bin noch ein Schüler, ich bin nicht erleuchtet, und mein Meister verlässt mich. Wer wird sich nun um mich kümmern?» Nach einiger Zeit fragte der Buddha nach Ananda, und ein anderer Mönch machte sich auf die Suche und brachte schließlich den Trauernden zurück. Der Buddha strich ihm sanft über den Kopf und tröstete ihn: «Genug, Ananda, sei nicht traurig. Alles, was entstanden ist, muss vergehen, habe ich das nicht immer wieder gesagt? Du hast mir nun schon so lange Zeit zur Seite gestanden, hast mir in allem geholfen, warst immer freundlich und gut gelaunt. Damit hast du schon ein unermesslich gutes Werk getan. Außerdem kennst du alle meine Reden, hast sie dir gemerkt und gibst sie auf beste Weise weiter. Das ist ein Dienst für die ganze Menschheit. Fahre nur fort in deinem Streben, und bald schon wirst du die Erleuchtung erlangen.» So lobte und pries und ermutigte er Ananda vor der ganzen Versammlung.

Nun fiel Ananda noch etwas ein, und er sagte: «Dieses Kusinara ist doch recht klein und kein würdiger Ort für den Erwachten, um ins Nirvana einzugehen. Sollten wir nicht weiterziehen und eine der großen, mächtigen Städte des Landes aufsuchen, wo unser Meister mit allen Ehren behandelt wird?» «Sag das nicht», antwortete der Buddha, «Kusinara war einstmals eine mächtige Königsstadt, und auch wenn es jetzt unbedeutend ist, so verfügen seine Einwohner doch über viel Kultur, verstehen meine Lehre und schätzen mich. Geh nur in die Stadt, und verkünde ihnen meinen Abschied. Sie werden alle kommen, um mich noch einmal zu sehen, und nach meinem Tod werden sie alles Notwendige veranlassen.» So ging Ananda nach Kusinara und übermittelte die Worte des Buddha, und alle Einwohner kamen, um den Erwachten während seiner letzten Stunden auf der Erde zu begleiten. Ananda versuchte, die Menschenmenge in eine vernünftige Ordnung zu bringen, da kam ein bettelnder Asket namens Subhoddha, der noch gewisse Zweifel bezüglich der Lehre hatte, und fragte, ob es wohl möglich wäre, den Buddha noch einmal zu sprechen. «Siehst du nicht all die Menschen hier», herrschte ihn Ananda an, «sie alle wollen den Buddha sehen. Es ist keine Zeit mehr für ein persönliches Gespräch. Das ist ein unverschämtes Begehren.» So entstand ein kleiner Tumult, den auch der Buddha bemerkte, und als er den Anlass erfuhr, bat er den Asketen Subhoddha zu sich. Er hörte sich seine Zweifel an, belehrte ihn, zeigte ihm den achtfachen Pfad, und schließlich war Subhoddha von diesem Weg überzeugt und bat darum, in den Orden aufgenommen zu werden. Er war der Letzte, der noch vom Buddha selbst zum Mönch gemacht wurde.

Nun schien die Zeit des Abschieds wirklich gekommen. Noch einmal ergriff der Meister das Wort und fragte die versammelte Gemeinschaft: «Gibt es noch irgendjemanden unter euch, der einen Zweifel hat, eine Frage, der etwas nicht versteht, was mit der Lehre, der Gemeinschaft und dem Weg zu tun hat? Fragt nur, denn noch kann ich antworten, und ihr braucht euch nachher nicht den Vorwurf zu machen, ihr hättet geschwiegen, solange ich lebte.» Aber niemand rührte sich. Da fuhr der Buddha fort: «Ich weiß nun, dass niemand unter euch noch irgendeinen Zweifel hegt. Ihr seid alle auf dem rechten Weg. Das Tor zur Erleuchtung steht weit offen. Ich sage euch noch einmal: Alles was entstanden ist, ist dem Vergehen unterworfen. Lasst bitte nicht nach in eurem Bemühen.»

Das waren die letzten Worte des Erwachten.

QUELLE: Längere Sammlung, 2. Teil, Rede 16 (Zur Erlöschung).

Der frühere Diener des Buddha

Channa war der Diener und Wagenlenker, der den Buddha bei seinem Auszug aus dem Palast und dem Gang in die Einsamkeit begleitet hatte. Nachdem der Buddha schon viele Jahre gelehrt hatte und etliche seiner Verwandten und ehemaligen Gefährten Mönche oder Nonnen in seiner Gemeinschaft geworden waren, kam auch Channa, der nun schon ein älterer Mann war, und wurde ebenfalls Mönch. Er war aber sehr eingebildet und pflegte stets zu sagen: «Als ich damals mit unserem edlen Meister in die Einsamkeit ging, als ich ihn begleitete, da gab es niemanden außer mir. Ich war dabei, als der Buddha seine königlichen Gewänder ablegte und ein Asket wurde. Ich war der erste und einzige Vertraute des Buddha.»

Besonders ärgerte er sich über die ranghöchsten Mönche, die den anderen Vorbild waren und neben dem Buddha am meisten respektiert wurden. Er beklagte sich bei den anderen Mönchen: «Nun aber gibt es zwei Brüder hier, Sariputta und Mogallana, die laufen herum und sagen, sie seien die vom Buddha ernannten Stellvertreter, sie seien die Ersten. Darüber muss ich lachen. Wo waren sie denn, als ich mit dem Buddha in die Einsamkeit zog? War ich nicht der Erste?»

Die anderen Mönche fühlten sich durch Channas Gerede gestört und berichteten dem Buddha davon. So sprach der Buddha mit ihm und ermahnte ihn, die beiden obersten Mönche nicht zu beleidigen. Channa war danach eine Zeit lang ruhig, aber irgendwann begann er aufs Neue mit seinen Vorwürfen. Wieder sprach der Buddha mit ihm und sagte: «Die beiden Mönche sind gute Männer, die besten, die es gibt. Sie sind dir wohlgesinnt. Versuche, sie zu deinen Freunden zu machen, und folge ihren Anweisungen. Das wird gut für dich sein.»

Bei dieser Gelegenheit hielt der Buddha eine Lehrrede über wahre Freundschaft und schloss mit folgenden Worten: «Pflege keine Freundschaften mit Menschen, die Schlechtes tun. Pflege Freundschaften mit guten Menschen. Suche nach den besten, edelsten, weisesten Menschen, die du finden kannst, und versuche, ihr Vertrauen und ihre Freundschaft zu gewinnen.»

Channa verhielt sich nun einige Zeit ruhig und klagte nicht mehr über die anderen. Aber dann begann er neuerlich mit seinen Beleidigungen, und schließlich schimpfte er wie zuvor.

Nachdem sich die Mönche immer wieder über Channa beschwert hatten, sagte der Erwachte eines Tages: «Brüder, solange ich am Leben bin, wird sich Channa nicht ändern und keiner wird ihn eines Besseren belehren können. Eine Änderung seines Verhaltens ist jetzt nicht möglich. Trotzdem soll Channa nicht ausgeschlossen werden, auch wenn er nicht die rechte Rede übt. Liebe Brüder, lasst ihn einfach so, wie er ist. Seid freundlich, aber schenkt seinen schlechten Worten keine Aufmerksamkeit. Hört nicht, was er sagt, und wenn ihr es hört, ermahnt ihn nicht, und sprecht nicht dagegen. Gebt seinen negativen Aussagen keinen Boden, um zu gedeihen. Das wird für ihn die größte Lehre sein. Ich bin auch schon alt, und die wenige Zeit, die mir noch bleibt, werdet ihr Channa wohl ertragen müssen. Das wird eine gute Übung für euch sein. Erst wenn ich gestorben bin, werdet ihr bei ihm Erfolg haben. Dann wird sich Channa ändern und ein wertvolles Mitglied unserer Gemeinschaft werden, ein Vorbild an Weisheit und rechter Rede für alle.»

Als der Buddha gestorben war, wurde Channa tatsächlich von tiefer Reue und Traurigkeit überwältigt. Sein einziger Bezugspunkt und der Sinn seines Lebens waren nun nicht mehr da, und er sah plötzlich, dass er keine Freunde hatte und von allen nur geduldet wurde. Jetzt verstand er die Ermahnungen des Buddha und erkannte, dass er die weisesten Männer zu Unrecht beschimpft hatte, statt ihre Freundschaft zu suchen. Von da an änderte er sein

Verhalten, so wie es der Buddha vorausgesagt hatte. Vor der Versammlung bekannte er seine Schuld und bat um Verzeihung. Er erfüllte von nun an gewissenhaft seine Pflichten, sagte kein böses Wort mehr, widmete sich der Meditation und wurde für alle ein Vorbild an Freundlichkeit, rechter Rede und wahrer Freundschaft.

QUELLE: Buddhistische Legenden zum *Dhammapada*, Buch 6, Geschichte 3, Spruch 78.

Anmerkungen zu den Texten

Zu den Quellen

Die wunderbaren Verse des *Dhammapada* gehören zu jenem Teil des Pali-Kanons, der Khuddaka-Nikaya heißt, und beinhalten 423 Sprüche, die dem Buddha zugeschrieben werden und die sich auch in den grundlegenden Texten anderer buddhistischer Traditionen finden. Das *Dhammapada* enthält in konzentrierter und poetischer Form die Essenz der buddhistischen Lehren, und es verwundert daher nicht, dass dieses Grundlagenwerk am häufigsten von allen Schriften des Pali-Kanons ins Deutsche übertragen worden ist.

Die meisten Geschichten der vorliegenden Sammlung habe ich dem so genannten «Kommentar zum *Dhammapada*» entnommen, der im deutschen Sprachraum fast gänzlich unbekannt ist. Dabei handelt es sich um einen wahren Schatz buddhistischer Legenden und Erzählungen. Dieser Kommentar ist offenbar erst im 5. Jahrhundert entstanden, wobei die Autorschaft nicht eindeutig geklärt ist. Es scheint so, als hätten sich gelehrte Mönche die Arbeit gemacht, die doch sehr komprimierten Sprüche des *Dhammapada* zum besseren Verständnis mit Geschichten aus Buddhas Leben zu illustrieren. Dabei griff man offensichtlich auf die verschiedenen Sammlungen buddhistischer Lehrreden zurück (besonders auf den Samyutta-Nikaya), aber auch auf die so genannten Jatakas (Wiedergeburtsgeschichten) sowie auf alte hinduistische Märchen und Mythen.

Verschiedene Übertragungen der Jatakas liegen auch in deutscher Sprache vor und werden zumeist als buddhistische Märchen und Geschichten für Kinder angeboten. Was die Motive angeht, so weisen sie manche Parallelen zu den hier versammelten Legenden auf, doch unterscheiden sie sich grundsätzlich von diesen. Sie zeigen den Buddha vorwiegend in zurückliegenden Existenzen (oft auch in Tiergestalt) und haben zumeist eine moralische Botschaft. Die hier vorgestellten *Dhammapada*-Legenden hingegen zeigen ausschließlich lebendige Szenen aus Buddhas Leben und dienen dazu, die wichtigsten Inhalte der buddhistischen Lehre in anschaulicher Form zu vermitteln.

Zu jedem einzelnen Spruch findet sich im Kommentar zum *Dhammapada* eine illustrierende Erzählung, doch handelt es sich oftmals nur um kurze Fragmente und Wiederholungen, so dass schließlich 66 Geschichten übrig blieben, die vom Aufbau her diese Bezeichnung verdienen und deren Inhalt so interessant ist, dass sie uns auch heute noch anzusprechen vermögen.

Der Aufbau folgt diesem Schema: In einer Art Einleitung, einem festen Versatzstück, wird erklärt, auf welche Person(en) und welches Ereignis sich der anschließende Spruch des Buddha bezieht. Im Mittelpunkt der darauf folgenden Geschichten stehen immer eine oder mehrere Personen (vielfach Mönche und Nonnen, oft aber auch Laien), die auf die eine oder andere Weise vom Buddha in einer oder mehreren Strophen belehrt werden. Sehr oft führen diese Belehrungen dazu, dass diese Personen die so genannte Erleuchtung – oder eine hohe Stufe auf dem Weg dorthin – erfahren. Zumeist am Ende der Geschichte folgt dann der *Dhammapada*-Spruch, sehr oft mit einem Zusatz, in dem die Freude der belehrten Person(en) ausgedrückt wird. Nicht selten ist die Belehrung das Resultat von Fragen der versammelten Gemeinschaft und wird von einer (nicht wörtlich zitierten) Lehrrede begleitet. Manchmal folgt dann auf weitere Fragen der Versammelten noch eine (Jataka-)Geschichte, die die handelnden Personen in einer früheren Existenz mit ähnlichen Problemen darstellt und erklärt, wie vorangegangene Handlungen zu diesen oder jenen Folgen führten.

Als weitere Quellen dienten natürlich die Lehrreden selbst, vor allem die Mittlere und die Längere Sammlung, in denen insbesondere auch der Beginn von Buddhas Leben als Asket und die Jahre vor seiner Erleuchtung, der Anfang der Lehrtätigkeit sowie das Ende des Erwachten beschrieben werden.

Zur Bearbeitung der Übertragung

Ausgehend von zwei Übersetzungen des Kommentars ins Englische und unter Einbeziehung von Pali-Texten habe ich mich schließlich für eine sehr freie Bearbeitung entschieden, da es nur darum gehen konnte, um so genauer den (für mich!) wahren und eigentlichen tieferen Sinn der Belehrungen des Buddha zum Leuchten zu bringen, Orientierungspunkt war stets die Frage: Was ist wirklich gemeint, worum geht es, was ist hilfreich?

Die Anordnung der Erzählungen hält sich nicht an die thematische Bündelung der Verse. Stattdessen habe ich versucht, eine chronologische Reihenfolge herzustellen, die freilich bei vielen kleineren Begebenheiten nur ungefähr oder gar nicht möglich ist. Immerhin war es einfach, den Anfang zu finden, der aus einer kurzen Geschichte von Buddhas Leben bis zur Erleuchtung besteht, dasselbe gilt für die anschließenden Geschichten über seine ersten Schüler und den Aufbau des Ordens. Weitere Orientierungsmarken lieferten die Gründung eines Ordens für Nonnen und schließlich das Lebensende des Buddha.

Ein Problem, das den Fortgang der Arbeit einige Zeit verzögerte, lag in den Versen als solchen. Obwohl es so viele Übersetzungen gibt, schien mir doch keine zu dem einfachen Stil der von mir anvisierten Nacherzählungen zu passen. Obwohl ich zum Beispiel die Übertragung von Nyanaponika sehr schätze, leuchtete es mir nicht ein, den Buddha selbst diese Sprache sprechen zu lassen. Die Lösung ergab sich wiederum aus der Frage nach dem eigentlichen Sinn. Wie schon erwähnt, dürften die Verse des *Dhammapada* die Essenz der Lehren des Buddha enthalten. Wenn dem so ist, muss etwas vorausgegangen sein, das später verdichtet wurde. Wir können wohl annehmen, dass den Versen ursprünglich weit ausführlichere Texte zugrunde lagen und dass diese in Reden des Buddha bestanden. So nahm ich mir schließlich die

Freiheit, das Wesentliche dieser Belehrungen in Form von freier Rede des Buddha wiederzugeben. Ich hoffe, der Buddha und seine erleuchteten Nachfolger werden mir diese Anmaßung verzeihen, mein aufrichtiges Bemühen in die Waagschale ihrer Beurteilung werfen und über meine Fehler mit einem Lächeln hinwegsehen.

Eine weitere Schwierigkeit lag in der Übertragung der buddhistischen Fachbegriffe, besonders im Bereich der geistigen Fortschritte auf dem Weg. Zuletzt fand ich hier eine Lösung in einer weitgehenden Vereinfachung und Beschränkung, die im Prinzip nur unterscheidet, ob eine hohe Stufe auf dem Weg erreicht wurde oder die Erleuchtung selbst. Was die verschiedenen Stufen auf dem Weg betrifft, so habe ich mich für folgende Formulierungen entschieden: Wenn der Buddha eine Rede hielt, so gab es viele Menschen, die anschließend «Zuflucht» zum Buddha (dem Erwachten), zum Dhamma (der Lehre) und zum Sangha (der Gemeinschaft) nahmen. Dies habe ich mit «Vertrauen» zur Lehre des Buddha ausgedrückt. Auf dem Weg der Meditation kann es geschehen, dass man die so genannten «Vertiefungen» erreicht. Diese habe ich auch als «besondere Bewusstseinszustände» bezeichnet. Ein charakteristisches Merkmal auf dem Weg der inneren Entwicklung ist der «Stromeintritt». Hier habe ich folgende Formulierung gewählt: Er oder sie haben die Gewissheit erlangt, dass sie nie mehr von dem Weg abkommen können, der zur Erleuchtung führt. Die so genannten Silas oder «Tugendregeln» bezeichne ich bevorzugt als Richtlinien oder ethische Grundlagen. Obwohl die Termini Mönch und Nonne eigentlich irreführend sind, habe ich sie für die in die Gemeinschaft Eingetretenen beibehalten, zumal in den Texten selbst öfters erklärt wird, was man darunter zu verstehen hat und welche Lebensweise damit verbunden ist. In der gegenseitigen Anrede habe ich jedoch die Wörter Bruder und Schwester verwendet. Auf den Begriff Laie habe ich völlig verzichtet und gebe stattdessen meist den Beruf des Betreffenden an oder schreibe «Anhänger» der Lehre, der im weltlichen Leben steht. Der Buddha selbst wird in den Texten mit vielen Beinamen versehen, vor allem ist es in der Anrede üblich, ihn als den «Erhabenen» zu bezeichnen. Ich habe fast durchgängig die Anrede «verehrter Meister» gewählt, manchmal auch «Lehrer».

Zuweilen wird er auch «der Erwachte» oder «der Erleuchtete» genannt.

Was übrigens den Begriff Erleuchtung betrifft, so hätte ich es vorgezogen, von Erwachen zu sprechen, aber in diesem Fall habe ich mich der Verständlichkeit wegen für den bereits eingeführten Terminus entschieden. Hin und wieder habe ich aus Gründen der Abwechslung auch den Begriff «innere Freiheit» verwendet, «Befreiung» oder eben «Erwachen». Ist ausdrücklich vom Nirvana die Rede, so schien mir die poetische Formulierung «das Reich jenseits von Geburt und Tod» am geeignetsten.

Anmerkungen zu den Abbildungen

Die Fotografien in diesem Buch hat mein Freund Prof. Detlef Kantowsky gemacht. Die meisten Bilder sind in Indien, vor allem in dem Gebiet von Benares, in der Zeit von 1964 bis 1987 entstanden. Prof. Kantowsky lebte einige Jahre in Indien, um im Rahmen seiner wissenschaftlichen Tätigkeit über «Dorfentwicklung und Dorfdemokratie in Indien» Material zu sammeln. Auch später besuchte er noch oft das Land, besonders auch in Verbindung mit seiner Arbeit für soziale Projekte und zuletzt in der Form von Pilgerreisen.

Er selbst sagt von seinen Bildern, dass sie überwiegend eine Welt wiedergeben, die sich im Grunde bis in Einzelheiten seit Buddhas Zeiten nicht wesentlich verändert hat. Als Kenner der Lehre des Buddha und des heutigen Indiens sieht er, «dass wir hier die gleiche materielle Grundausstattung, die gleichen Hausformen, die gleichen kastentypischen Lebensweisen wie ehedem» vorfinden.

Das alleine war für meine Wahl noch nicht entscheidend. Ich war vor allem von der künstlerischen Einfühlung dieser Schwarzweißbilder und von den im charakteristischen Moment eingefangenen Menschen und Landschaften fasziniert. Bei der Auswahl selbst war ich immer wieder erstaunt zu sehen, wie sehr sich einzelnen Bildern Geschichten hinzugesellten und tatsächlich begannen, diese zu illustrieren. Hier tauchte die arme Kisa Gotami auf, mit ihrem Kind an die Hüfte gebunden, hier war der Schüler, der nach Anweisung des Buddha versuchte, ein Tuch durch Reiben sauber zu machen, hier saßen die Asketen und Brahmanen, mit denen sich der Buddha immer wieder auseinander setzen musste. Auf diese Weise sind die Bilder keine touristischen Aufnahmen der heiligen Plätze, obwohl tatsächlich viele von ihnen Orte und Stätten zeigen, an denen der Buddha einst gelebt und gelehrt hat und die vermutlich damals nicht viel anders ausgesehen haben.

Ich bin sicher, dass das liebevolle Auge des Fotografen das Herz des Betrachters in jene Stimmung zu versetzen vermag, in der sich die Bereitschaft zum Verstehen der Lehre des Erwachten öffnen kann.

Thera Nyanaponika/Hellmuth Hecker

Die Jünger Buddhas

Leben, Werk und Vermächtnis der 24 bedeutendsten Schüler
und Schülerinnen des Erwachten

416 Seiten, gebunden mit Schutzumschlag
ISBN 3-502-61019-3

Thera Nyanaponika und Hellmuth Hecker, zwei der bedeutendsten zeitgenössischen Kenner der ältesten buddhistischen Traditionen, erzählen die zum Teil abenteuerlichen, zur Legende gewordenen Lebensgeschichten der 16 Männer und acht Frauen, die dem Buddha am nächsten standen und die Entscheidendes zur Ausformung seiner Lehre beitrugen. Zu diesen Buddhisten der ersten Generation gehören:

- Ananda, der Cousin und Gefährte des Buddha, berühmt für sein phänomenales Gedächtnis, in dem er alle Lehrreden des Buddha bewahrte
- Anathapindika, der reiche Kaufmann und wichtigste Gönner des Buddha
- Angulimala, der vom Mörder zum Heiligen wurde
- Ambapali, die schöne Kurtisane
- Mahamoggallana, der Meister der übersinnlichen Kräfte
- Anuruddha, der große Theravada-Gelehrte und Psychologe

Ayya Khema

Die Suche nach dem Selbst

Poṭṭhapāda-Sutta

224 Seiten, gebunden mit Schutzumschlag
ISBN 3-502-61017-7

Ayya Khemas Interpretation des Dialogs zwischen Buddha und seinem Schüler Poṭṭhapāda ist geprägt von den Erfahrungen ihrer jahrzehntelangen Meditations- und Lehrpraxis. Durch ihre lebensnahen Vergleiche und Beispiele zeigt sie den Suchenden von heute einen nachvollziehbaren Weg zu Selbst-Erkenntnis und Selbst-Transformation.

«Wenn wir in die Tiefen unseres Selbst gehen, lernen wir dort eine Wahrheit kennen, die das Weltliche transzendiert.»

Ayya Khema

Harish Johari

Die Affen und der Mangobaum

Die schönsten Erzählungen der spirituellen Lehrer Indiens

144 Seiten, gebunden mit Schutzumschlag
ISBN 3-502-61050-9

Geschichtenerzählen ist so alt wie die Geschichte der Menschheit selbst. Harish Johari hat 25 der schönsten Parabeln aus der langen Weisheitstradition Indiens ausgewählt – einige davon Tausende von Jahren alt, andere von Heiligen Indiens in diesem Jahrhundert zum ersten Mal erzählt.

Dalai Lama

Der Mensch der Zukunft – Meine Vision

Die Botschaft des Buddhismus für die Welt von morgen

256 Seiten, gebunden mit Schutzumschlag
ISBN 3-502-61009-6

«Zurückgeblieben in seiner inneren Entwicklung» lautet das Urteil des Dalai Lama über den Menschen an der Schwelle zum neuen Jahrtausend. Seine Stimme wird gehört, weil er Integrität und Weisheit verkörpert und der Vertreter einer Religion ist, die heute auf großes Interesse stößt. Wer könnte das Kernproblem unserer Welt so prägnant auf den Punkt bringen wie der Dalai Lama? Er kehrt zu seinen spirituellen Wurzeln zurück, um jedem von uns zu helfen, den Widerspruch zwischen innerer und äußerer Evolution des Menschen zu überwinden.
Dieses Buch des Dalai Lama ist von ganz besonderem Gewicht.